Ana Masako Haraguchi

Glossário de combinações fixas, *phrasal verbs* e expressões com partículas
ALLTOGETHER

© 2011 *Ana* Masako Haraguchi

Revisora de inglês: Margaret Clark Jackson

Revisor de português: Luciano Espírito Santo da Silveira

Projeto Gráfico, Capa e Diagramação: Patricia Tagnin / Milxtor Design Editorial

Assistente editorial: Aline Naomi Sassaki

Dados Internacionais de Catalogação na Publicação (CIP)
(Câmara Brasileira do Livro, SP, Brasil)

Haraguchi, Ana Masako
　　All together / Ana Masako Haraguchi. -- Barueri, SP : DISAL, 2011.
　　Bibliografia.
　　ISBN 978-85-7844-077-0
　　1. Inglês - Estudo e ensino I. Título.
11-05632　　　　　　　　　　　　　　　　　　　　　　　CDD-420.7

Índices para catálogo sistemático:
1. Inglês : Estudo e ensino 420.7

Todos os direitos reservados em nome de:
Bantim, Canato e Guazzelli Editora Ltda.

Alameda Mamoré 911 – cj. 107
Alphaville – BARUERI – SP
CEP: 06454-040
Tel. / Fax: (11) 4195-2811
Visite nosso site: www.disaleditora.com.br
Televendas: (11) 3226-3111

Fax gratuito: 0800 7707 105/106
E-mail para pedidos: comercialdisal@disal.com.br

Nenhuma parte desta publicação pode ser reproduzida, arquivada ou transmitida de nenhuma forma ou meio sem permissão expressa e por escrito da Editora.

Agradecimentos especiais aos colaboradores:

Eric e Vanessa Birkmeyer, Laurie Brandão e William Tetrault, Maria Irene Montezzo e José Henrique Lamensdorf colaboraram na revisão. Agradeço também a Laura Faro e Malú Cardoso que com seus conhecimentos bilíngues ajudaram a aprontar os manuscritos.

SUMÁRIO

APRESENTAÇÃO 7

    A 11

    B 45

    C 71

    D 97

    E 115

    F 121

    G 141

    H 151

    I 159

    J 189

    K 193

    L 197

    M 211

    N 219

    O 223

    P 267

    Q 285

    R 287

    S 303

    T 339

    U 367

V..377

W...379

Y..392

Z..392

ANEXO...393

Obras consultadas..398

APRESENTAÇÃO

All Together apresenta-se como um grande glossário de termos que empregam partículas*. Contém 2.600 entradas com termos de uso corrente, úteis e interessantes para que estudantes de inglês possam aprimorar o conhecimento da língua. Entre outras, *All Together* inclui as seguintes partículas: as, at, away, back, for, from, in, of, off, on, out, over, to.

Este glossário único, em ordem alfabética, é composto por:

➤ 1.000 combinações de verbos, substantivos e adjetivos com partículas*

➤ 1.000 expressões em geral, principalmente locuções e frases fixas

➤ 400 phrasal verbs

Um menor número de entradas – em torno de 200 - consiste em:

➤ palavras cujos prefixos ou sufixos são partículas

➤ partículas com função de substantivo, adjetivo, verbo, conjunção

➤ palavras de ligação: foram incluídas algumas das principais *linking words*. São locuções como: as a result, as long as, regardless of, according to, etc.. Por ser oportuno, foram listados também advérbios e as principais conjunções (não partículas): however, though, although, thus, hence, regarding, nevertheless, etc.

* Partículas = preposições puras no caso das Combinações/Regência, ou partículas preposicionais, adverbiais, adjetivas. A terminologia linguística foi evitada ao máximo.

Com o livro, os estudantes passarão a conhecer melhor os significados carregados pelas partículas , além de aceitar com naturalidade os seus diversos usos. Além disso, vão aprimorar muito a compreensão de textos, a redação, a comunicação em geral.

Chame um médico! Mesmo os phrasal verbs não decodificáveis – aqueles com sentido difícil de adivinhar pelo significado do verbo mais a(s) partícula(s) - podem se tornar mais fáceis de entender. Até mesmo o estranho, incongruente phrasal verb *send for* (mandar vir). Em "Let's send for pizza?" e "Send for a doctor!", o conhecimento da essência de "for" ajuda a aceitar que o primeiro é uma sugestão: "Vamos mandar vir uma pizza?" e o segundo, no imperativo, quer dizer "Chame um médico!". Tudo "em prol, para uso ou benefício de alguém", como está nos conceitos e nos exemplos do cabeçalho de FOR.

Em suma, estudar as preposições e partículas adverbiais não é útil apenas para estudantes de letras, mas sim para todos os que têm o inglês como idioma de comunicação internacional.

O livro também serve como referência para a solução de questões pontuais e dúvidas que possam surgir durante o estudo da língua inglesa.

1. **Uso de preposições puras:** focado nas pessoas cujo primeiro idioma é o português, houve a preocupação de colocar as combinações mais diferentes de palavras com preposições puras (beneficiar-se de = benefit from; assistant to = assistente de), assim como as principais intransitivas em português e em inglês (aprovar = approve of, arrepender-se de = regret).

2. **Os 400 phrasal verbs** são mais do que suficientes para os que se preparam para exames internacionais como TOEFL, FCE, IELTS, GMAT e outros, além de vestibulares, concursos, testes em empresas. Constam no livro phrasal verbs que aparecem em textos para leitura e interpretação, livros recomendados, artigos e reportagens sobre atualidades, na internet ou em publicações especializadas.

3. **Expressões em geral, frases fixas, locuções**: foram selecionadas as mais úteis e interessantes (about time = está na hora, já era hora, on purpose = de propósito, upon request = por solicitação, iron out the differences = acertar as diferenças).

Informações de interesse:

1. **Limites**. Por não ser possível abranger tudo, a maioria dos usos e combinações básicas, tais como com about, around, away, back, in, on, from, with, without, under, etc., não foi incluída. As variações e os significados são uma seleção para esta obra, que não substitui dicionários.

2. **Alguns verbos são intransitivos**, não são seguidos de nenhuma partícula, e estão seguidos de: -x-. Ex.:

   ➤ PASS -x- (Passar em)

   ➤ APROVAR -x- (Approve of)

   ➤ CALL -x- (Ligar para)

3. É importante estar ciente de que **nem sempre as partículas são necessárias.** Lembre-se de que as formas simples são também muito usadas e corretas. Pode-se "run copies = imprimir, tirar cópias" e não obrigatoriamente "run off copies", assim como apenas "start a race, give a donation, help", em vez de "start off /start out, give out, help out".

4. Não se confundir com **palavras que controlam** a escolha da partícula. Por ex.: para On the staff, temos She is **on the staff** (ela está no time; está **on**). Mas também temos They made changes **in** the staff (Fizeram mudanças no time). Neste último exemplo, não se usa **on**, porque a palavra que controla é o verbo **change,** que combina com **in** (mudanças **dentro** de algo).

5. **Expressão ou phrasal verb?** Stick up one's neck for someone, be sick in the head ou to the head, feel sick to the stomach - são expressões, ou são verbos frasais?

    ➤ Resposta: Não tomar as classificações como uma palavra da Bíblia. Por ex.: Iron out é um phrasal verb que significa "acertar, deixar liso", porém "Iron out the differences" entrou como uma expressão fixa muito batida: "acertar as diferenças".

6. **Contexto e intenção** têm de ser levados em conta, ao mesmo tempo em que o uso de preposições e partículas adverbiais não é uma "festa": não é exatamente *anything goes*.

7. **Sugestões para estudo:** a) estudar a partícula desejada pelo cabeçalho: a essência, conceitos. Atenção aos conceitos que desconhecia; os exemplos sublinhados constam no corpo do livro; b) focar o estudo por área, por ex., começar pelas entradas com preposições puras. Depois de estudar um tanto de cada vez, testar-se cobrindo a metade em inglês; proceder da mesma forma com foco em phrasal verbs, locuções, etc.

8. **Algumas Notas e seus assuntos:** a questão *adv. x prep* em Fade away from; *uso popular x uso formal* em Like x As; a questão *to x for* sob Important, Listen, Read e Secretary; a questão da *ênfase* e do *adv. no final* em Open up; uso das *várias partículas e suas diferenças* em Make of, out of, from, with; os *perigos* de Substitute; *on x in* em On somebody's arm. Há dezenas de Notas que de modo geral buscam responder dúvidas que ocorrem a estudantes com conhecimento acima do básico; algumas não envolvem uso de partículas, por ex. sob Smile at, o uso de *gonna, leggo, ain't*; e sob Wed –x -, a diferença com Marry.

LEGENDA

PREPOSIÇÃO - CONCEITOS	ABOUT*
V/S/ADJ +PREPOSIÇÃO PURA	**ABIDE BY**
Verbos Frasais	**Account for**
Locuções e expressões com partículas	*About time*

➤ Categorias gramaticais
❝ *Formas básicas*
💬 *Usos e observações*
⇆ Igual a, tão frequente quanto ____
⇅ Oposto à ____
⇒ Prefira ____, mais comum, popular
⇐ Use em vez de ____, forma menos usada
👁 Veja também ____

▮ Exemplos em inglês	◢ Exemplos em português
🐟 **Nota:**	

* Os exemplos sublinhados constam no corpo do livro, seguindo a ordem alfabética.

A

A for America	**A de America**
I'm Ian and I'll spell out my name for you: "I for idea, A for America and N for Nancy: Ian"	Eu sou o Ian e vou soletrar meu nome para você: "I de ideia, A de América e N de Nancy: Ian".
ABIDE BY (laws, rules, decisions)	**Acatar, aceitar, aderir a, sujeitar-se, submeter-se a (Leis, regras, decisões)**
Abide, abode ou abided; abiding	
⇒ COMPLY WITH, follow, go by, stick to	⇒ cumprir, seguir, agir de acordo com, ficar firme com
Everyone must abide by the rules.	Todos devem acatar as regras.
ABILITY AT, IN, WITH	**Habilidade para, em, com**
⇒ ability to + v. inf.	➤ s.
His ability at ball games, along with a privileged body-build, made Pelé the king of soccer fields.	Sua habilidade nos jogos com bola, juntamente com o físico privilegiado, fizeram de Pelé o rei dos campos de futebol.
Ability in sports.	Habilidade em esportes.
Ability with languages.	Habilidade com línguas.
Ability to learn new skills is required.	Requer-se habilidade para aprender novas técnicas.

ABOUT
➤ prep., adv.

(i) **Sobre, a respeito de** *(ii)* **Em volta de, relaxadamente, "aprontando"** *(iii)* **Por todo** *(iv)* **Quase** *(v)* **Virada**

Acerca de, a respeito de, sobre; perto, nas cercanias, em volta (hang about);, folgadamente (lie about, wait about), de forma não apropriada (mess about) ; a ponto de, quase, prestes a (ABOUT to); aproximadamente, quase; em volta de, por toda a parte, de um lado para outro; circundação, giro, virada (about face), direção contrária. Uso intercambiável com "Around" na maioria dos phrasal verbs.

About face	**Meia volta, volver**
About time	**Está na hora, já era hora**
I've heard the rules are going to change, and it's about time.	Ouvi dizer que as regras vão mudar, e já estava na hora.
ABOUT to + *v. inf.*	**Estar a ponto de, quase para**
I was about to give up.	Eu estava a ponto de desistir.

ABOVE
➤ prep., adv., s., adj.

(i) **Mais** *(ii)* **acima**

Superior, mais de, acima, acima de, por cima, sobre; no alto, em cima, em nível mais alto, anteriormente; o céu, o alto; o acima mencionado, supracitado.

Above average

👁 On average, below average

▰ Steve's grades in physics were way above average.

Acima da média

👁 Na média, abaixo da média

▰ As notas do Steve em física eram muito acima da média.

Aboveboard

▰ I can certainly recommend her to you: she is aboveboard.

Honesto, claro, franco; fora de suspeita, de alto nível

▰ Posso com certeza recomendá-la a você. Ela é muito honesta, franca.

Above face value, Above par, Above value (business)

▰ Above face value, above par, at a premium: in plain language, they all mean paying more.

Mais que o valor nominal, superior à média

▰ Acima do valor nominal, acima da média, com ágio. Em linguagem simples, tudo quer dizer pagar a mais.

ABSCOND WITH
⇆ make off with

▰ He absconded with the senator's wife from their hometown.

Fugir com, sumir levando de algum lugar

▰ Ele fugiu com a mulher do senador da cidade natal deles.

ABSENT FROM

▰ He has been absent from work.

Ausente de, faltar a

▰ Ele tem estado ausente do trabalho.

ABSTAIN FROM

▰ All through Lent, Catholics abstain from eating red meat, drinking alcohol, and partying.

Abster-se de

▰ Durante todo o período da Quaresma, os católicos abstêm-se de comer carne vermelha, beber álcool, festejar.

ACCORDING TO
⇆ In accordance with

▰ According to the weather report, it will be drizzling all day long.

De acordo com, conforme, segundo, consoante

▰ De acordo com a previsão do tempo, teremos chuvisco o dia todo.

A

ACCORDINGLY
> adv.

▸ I make a point of being on time for my appointments. Accordingly I get out of bed at once when necessary.

▸ To keep a good reputation you must act accordingly.

Assim, dessa forma; conformemente

◂ Faço questão de chegar na hora exata para os meus compromissos. Dessa forma, eu levanto da cama imediatamente quando necessário.

◂ Para manter uma boa reputação você deve agir de acordo.

ACCOUNT FOR

▸ Brazilians are experts in accounting for inflation.

Fazer lançamentos contábeis levando em conta, considerando algo

◂ Os brasileiros são especialistas em fazer lançamentos contábeis considerando a inflação.

Account for

▸ What?! You take three showers a day? That accounts for the high water consumption. By the way, who pays the light bill?

Responder por, explicar, justificar, prestar contas

◂ O quê?! Você toma três banhos de chuveiro por dia? Isso explica o elevado consumo de água. A propósito, quem paga a conta de luz?

ACCUSTOMED TO
⇆ Get used to

▸ Make an effort and get accustomed to taking just one shower per day.

Acostumado a
⇆ ficar acostumado a

◂ Faça um esforço e acostume-se a tomar apenas um banho por dia.

ACQUAINTED WITH

▸ Though I'm not well-acquainted with computers, I'll try to help you.

Conhecer, ter familiaridade, estar acostumado com

◂ Embora não seja muito familiarizado com computadores, tentarei ajudá-la.

ACROSS (i) **Cruzando** (ii) **por todo**
> Prep., adv., adj.

Através de, de lado a lado; do outro lado, cruzando; transversalmente, no outro lado; cruzado

Across-the-board
⇒ all over

▸ There have been across-the-board cuts.

Abrangente, completo, generalizado, por toda parte

◂ Tem havido cortes generalizados.

Across the country

De uma parte a outra; por todo o país

A

Act out ⇆ play out ▶ Frequently spanked children tend to act out more in the long run. ▶ Sometimes they act out during therapy.	**Representar (especialmente através de expressões corporais); pôr para fora (esp. sentimentos), agir "descontando"** ◢ Crianças frequentemente espancadas tendem mais a agir pondo isso para fora a longo prazo. ◢ Às vezes, elas fazem representações durante a terapia.
Act up ⇆ play up ▶ (1) My gout has been acting up.	**(1) Causar problemas, enguiçar (máquinas)** **(2) Portar-se mal (ver play up)** ◢ (1) Minha gota tem me dado problemas.
ADDICTED TO ▶ People can become addicted to being addicted.	**Viciado em** 💬 um viciado (s.) = an addict (n.) ◢ As pessoas podem ficar viciadas em serem viciadas.
ADD TO ▶ Alcohol adds to the problem.	**Adicionar a, acrescentar a; ser mais um elemento que vem somar-se a** ◢ O álcool vem somar-se ao mal.
Add something up ▶ Take these figures and add them up.	**Somar algo** ◢ Pegue esses números e some-os.
Add up [to] ▶ It added up to more than we had planned to pay. ▶ All our effort added up to nothing.	**Montar a, atingir, chegar a (número, valor), resultar em; aumentar (também no sentido figurado)** ◢ A soma atingiu um valor acima do que tínhamos planejado pagar. ◢ Todo o nosso esforço não resultou em nada.
Add up ▶ The figures do not add up.	**Fazer sentido, "bater"** ◢ Os números não batem.
ADDRESS -x- ▶ Are you addressing me?!	**Dirigir-se a, falar com** ◢ Você está se dirigindo a mim?!

ADEPT AT, IN	**Conhecedor de, saber fazer muito bem, ser versado em**
▰ You are adept at using colloquial expressions.	▰ Você é versado no uso de termos coloquiais.
▰ Those adept in the manipulation of individuals got all they could from Susan.	▰ Aqueles versados em manipular as pessoas já tiraram tudo o que podiam da Susan.
ADEQUATE FOR	**Suficiente para certa finalidade**
▰ I bought two meters of cloth whose width is 60 cm. I wonder if that is adequate for a dress.	▰ Comprei 2 metros de tecido cuja largura é de 60 cm. Será que isso é suficiente para fazer um vestido?
ADEQUATE TO	**Adequado a, em relação a algo**
▰ Punishment must be adequate to the crime committed.	▰ A punição deve ser adequada ao crime cometido.
ADJUST FOR	**Ajustar levando em conta, considerando**
▰ The index must be adjusted for age and gender	▰ O índice deve ser ajustado levando em conta a idade e o sexo.
(1) ADMIT -x- , ADMIT TO; **(2) ADMIT TO, INTO** **(3) ADMIT OF** ⇌ to accept ▰ (1) It is not usual to admit committing a crime. ▰ (1) The candid boy was driven from the confessional when he admitted to his sins. ▰ (2) Years later, he was admitted into NYU. ▰ (3) The board cannot admit of such practices.	**(1) Admitir, reconhecer, confessar** **(2) Ser admitido, aceito em** **(3) Tolerar, admitir algo, aceitar situações** ▰ (1) Não é usual confessar ter cometido um crime. ▰ (1) O garoto franco e ingênuo foi mandado para fora do confessionário quando admitiu os seus pecados. ▰ (2) Anos mais tarde, ele foi admitido na New York University. ▰ (3) A direção não pode aceitar tais práticas.

ADMITTED FROM	**Ser admitido/transferido, a partir de um local como, por exemplo, hospitais, para outra instituição**
⫶ Some aged patients are admitted from hospital wards or emergency rooms into nursing homes, with their medicines.	◢ Alguns pacientes idosos são admitidos, ou seja, vêm transferidos para as casas de repouso, das enfermarias ou prontos-socorros hospitalares, com seus remédios.)
ADVANTAGES IN, TO (doing something) ⇆ to joining ⫶ What are the advantages in joining this club over the other ones?	**Vantagens em** ◢ Quais são as vantagens de entrar para este clube ao invés dos outros?
ADVICE ABOUT, ON ⫶ Would you accept my free, unsolicited advice on your problem?	**Conselho(s) sobre** ➢ s. ◢ Você aceitaria meu conselho gratuito, não solicitado, sobre o seu problema?
ADVISE ABOUT, AGAINST; ON To + v. inf. ⫶ The kids want to make a homemade bomb. Who could advise us on this issue? ⫶ I would advise them to go to their classes instead.	**Aconselhar a respeito, contra; sobre questões específicas** ➢ v. ◢ Os garotos querem fabricar uma bomba caseira. Quem pode nos aconselhar sobre esta questão? ◢ Eu os aconselharia a ir para suas aulas ao invés disso.
ADVISED OF [keep] ⫶ Keep me advised of the results.	**Informado sobre, a respeito de** ◢ Mantenha-me informado (a respeito) dos resultados.
AFFILIATED WITH ⫶ The company is affiliated with national security	**Afiliado a** ◢ A empresa é afiliada à segurança nacional.
AFFIX TO ⫶ A seal must be affixed to the document.	**Afixar a** ◢ Um selo deve ser afixado ao documento.

A

AFFORD -x- to + v. inf.

▶ We cannot afford to eat out too often in expensive restaurants.

Poder pagar, estar ao alcance financeiramente

◢ Não podemos (nos dar o luxo de) comer em restaurantes caros com muita frequência.

AFFORDABLE FOR

▶ Let's make do with popcorn. That's affordable for us.

Possível, disponível, ao alcance de, para

◢ Vamos quebrar o galho com pipoca. Isso está ao nosso alcance.

AFRAID OF
Afraid to + v. inf.

⇆ afraid to let them proceed

▶ We are afraid of letting them proceed.

▶ Actually, I'm afraid of the consequences, of having some major accident.

Ter receio de, ter medo, temer o que possa ocorrer

◢ Temos receio de deixá-los seguir adiante.

◢ Na verdade, eu tenho medo das consequências, de ter algum grande acidente.

AFTER
▶ Prep., adv., adj., conj.

(i) **Depois, atrás** *(ii)* **pós, após, posteriormente**
(ii) **cuidar, em homenagem a**

Atrás de, após, depois de, em seguida a, no encalço de; inferior, abaixo de; conforme, segundo, do jeito de; em honra, em homenagem a (name after); atrás, cuidar (look after); em seguida, depois; subsequente, posterior; depois que, logo que.

After all

▶ Depois de tudo, afinal de contas

Depois de tudo, afinal de contas

◢ Depois de tudo, afinal de contas

(the) Afterburning
▶ s.

O pós-chama

After that

▶ We did our homework and after that we played until midnight.

Depois disso

◢ Fizemos nossos deveres de casa e depois disso, jogamos até meia-noite.

AFTERWARD(S)
▶ Adv.
⇆ After that, later, later on, then, subsequently

(i) **Mais tarde**

Depois, mais tarde, posteriormente, subsequentemente.

AGAINST > Prep.	*(i)* **Contra, contraste, oposição** *(ii)* **Mediante, por** *(iii)* **Prevenção, previsão**
	Contra, tocando; contrário, em oposição a, oposto a (argue for or against); em contraste, defronte; perante, comparando (check against), por, em pagamento de (against documents); para prevenir-se contra, em previsão de, para quando algo ocorrer (against deprivation); para compensar, para descontar de (debit against)

Against all odds	**Contra todas as probabilidades, apesar de pouca chance.**

Against deprivation, lack, famine, drought, etc.	**Prevenção contra; para quando houver privação, falta, fome, seca, etc.**
▶ I'm storing up for the hard times, against all kinds of deprivation.	◀ Estou armazenando para os tempos difíceis, prevenindo-me contra todos os tipos de privação.

Against documents	**Em pagamento pelos documentos; contra apresentação dos documentos**
▶ To pay "cash against documents" in export/import jargon means that the buyer must first pay for the goods to have the import documents.	◀ "Pagamento pelos documentos ou contra apresentação dos documentos" no jargão de exportação/importação significa que o comprador deve primeiro pagar pela mercadoria para ter os documentos de importação.

AGONIZE ABOUT, OVER	**Agoniar-se por, ficar agoniado em virtude de**
▶ Stop agonizing over it.	◀ Pare de agoniar-se com isso.

AGREE -x-	**Entrar em acordo, concordar sobre algo como planos, preços**
" *To agree, agreed, agreed; agreeing*	
▶ The practice of agreeing prices has been banned by law.	◀ A prática de fazer acordos de preços foi proibida por lei.

AGREE ABOUT	**Concordar sobre, a respeito de (é mais geral)**
⇆ disagree	
▶ We agree about almost everything, except for this one.	◀ Nós concordamos a respeito de quase todos os assuntos, menos este.

A

AGREE ON	**Chegar a um acordo, concordar sobre tópicos como data, preço (é mais específico)**
▰ Let's try to agree on the best date for the meeting.	▰ Vamos tentar chegar a um consenso sobre a melhor data para a reunião.
▰ Everybody must agree on the prices charged.	▰ Todos devem estar de acordo sobre os preços cobrados.
"AGREED UPON" Formal, jur.	**"Aceito/ entendido/ acordado"**
AGREE TO, ou Agree with something	**Concordar em relação a algo como propostas, solicitações, regulamentos, usos**
▰ I wonder if they will agree to/with our proposal to change the rules in force.	▰ Será que eles concordarão com a nossa proposta para mudar as regras vigentes?
▰ The parties agreed to the salary freeze.	▰ As partes concordaram com o (com respeito ao) congelamento salarial.
Agree with people ABOUT something	**Concordar com pessoas, com opiniões, a respeito de algo**
▰ I entirely agree with you about/on this subject. But I don't agree with the current opinion about/on it.	▰ Concordo plenamente com você a respeito deste assunto. Porém, não concordo com a opinião geral sobre ele.
Agree with	**(1) Cair bem, combinar.**
	(2) Não se dar bem com certo alimento
▰ (1) Green just doesn't agree with my complexion.	▰ (1) O verde simplesmente não combina com a minha pele.
▰ (2) Shrimp doesn't agree with me.	▰ (2) Camarão não me cai bem.
AHEAD OF	**À frente de; adiantado**
⇌ in front of	
▰ They were a few steps ahead of us.	▰ Eles estavam alguns passos à nossa frente.
AIDE TO	**Auxiliar, assistente de**
▰ He is an aide to the President and sometimes speaks for him.	▰ Ele é assistente do Presidente e, às vezes, fala por ele.
AIM AT	**Mirar, fazer mira em algo**
▰ I aimed at the gist of the problem.	▰ Mirei o cerne do problema.

A

AIM FOR	**Mirar buscando partes, estar em busca de algo, para conseguir algum objetivo**
▶ The cops aimed for the rioters' legs.	◢ Os policiais buscavam (acertar) as pernas dos baderneiros.
▶ Aiming for lower cholesterol levels they gave up eating pork.	◢ Em busca de níveis de colesterol mais baixos, eles desistiram de comer carne de porco.

AIM TO + *v. inf.*	**Ter em vista, planejar fazer**
▶ He aims to take some renowned MBA course abroad.	◢ Ele tem em vista fazer algum MBA de renome no exterior.

ALARMED AT, BY	**Alarmado com, pelo**
▶ The prospective investors were alarmed at the amount of taxes payable.	◢ Os possíveis investidores ficaram alarmados com a quantidade de impostos a pagar.

ALBEIT conj. ⇒ although, though	**Se bem que, embora, apesar que, mesmo se**

ALIEN TO	**Estranho a, alheio a**
▶ "Nothing human is alien to me", said Terentius.	◢ "Nada dos humanos me é estranho", disse Terêncio.

All along	**Durante o tempo todo, Por todo (percurso, viagem, etc.)**
▶ All along the journey his mind was paralyzed, preoccupied as it was by the disheartening news.	◢ Durante toda a viagem, sua mente estava paralisada, de tão preocupado que estava pela notícia desalentadora.

All over again	**Fazer tudo de novo, recomeçar tudo**

All set up	**Tudo pronto, acertado, montado, instalado (alguma ação, processo, sistema)**
▶ Are you all set up?	◢ Vocês já instalaram tudo? Está tudo montado?

ALLOCATED ON	**Alocado, designado por**
▶ Seats are allocated on a first-come, first-served basis.	◢ Os lugares são designados pela ordem de chegada.

A

Allow for	**Considerar, levar em consideração, dar desconto por**
⇆ make allowance for	
▶ We have to allow for their tender age, said the judge.	◢ "Temos que levar em consideração a pouca idade deles", disse o juiz.

ALONG	*(i)* **Segue junto** *(ii)* **dá-se bem**
➤ Prep., adv.	
	Ao longo, na extensão, ao lado, junto a; longitudinalmente; adiante, avante, progredindo (go along); em companhia, juntamente (along with); concordância, relacionar-se, viver bem (get along with).

Along with	Junto, juntamente com
▶ Can we take the dog along with us?	◢ Podemos levar o cachorro conosco?

ALTHOUGH	Embora, apesar de, não obstante
➤ Conj.	
👁 Though	
▶ Although a freshman she has many friends already.	◢ Apesar de ser caloura, ela já tem muitos amigos.

AMAZED TO + *v. inf.* ou **AMAZED AT / BY**	Atônito, pasmo, estupefato ao, de, em face de, com, pelo
▶ I was amazed to see their performance.	◢ Fiquei atônito ao ver o desempenho deles.
▶ I was amazed at/ by their performance.	◢ Fiquei atônito em face do desempenho deles.

AMBASSADOR TO	Embaixador em
▶ The new Ambassador of the U.S.A. to Japan has arrived today.	◢ O novo embaixador dos E.U.A. no Japão chegou hoje.

AMENDMENT OF, TO	Aditamento, alteração, modificação, em, de, no
💬 Jur.	
▶ Amendments to contracts and amendments of pleading are juridical jargon.	◢ Alterações nos contratos e aditamentos de petição são parte do jargão jurídico.

AMID	*(i)* **Entre, no meio de, cercado de**
⇆ Amidst	
➤ Prep.	

AMONG ⇆ Amongst ▶ Prep.	*(i)* **Em meio, dentre** Entre, em meio, dentre; misturado com, juntamente com, em conjunto; cercado de.

ANCILLARY TO ▌ This division is ancillary to the primary business.	**Subordinado a, de auxiliar a, de apoio a** ▲ Esta divisão é de apoio ao negócio principal.
ANGRY AT people ⇐ ANGRY WITH ▌ Jason, don't get so angry at your buddy for such a trifle.	**Zangado, bravo com pessoas** ▲ Jason, não fique tão zangado com seu amiguinho por causa de tão pouca coisa.
ANGRY ABOUT ou AT ▌ What are you angry about again?	**Zangado, bravo a respeito de algo** ▲ Com o que você está bravo mesmo?
ANNEX TO ▶ s ▌ Annexes I and II to the main agreement are being drafted.	**Anexo a, de** 👁 Nota abaixo ▲ Os Anexos I e II do acordo principal estão sendo elaborados.
ANNOYED AT, ABOUT, BY ▌ I feel annoyed at something. ▌ I think I was annoyed by her words.	**Aborrecido, incomodado com algo** ▲ Sinto-me incomodado com algo. ▲ Acho que fiquei aborrecido com as palavras dela.
ANSWER -x- ▌ Please answer now. ▌ I'll answer them.	**Responder, responder a alguém** ▲ Favor responder já. ▲ Responderei a eles.
Answer for ⇆ Account for	**Responder por, dar explicações sobre algo**
ANSWER TO, FOR ⇒ FOR ▌ Is there an answer to / for your problem?	**Resposta, solução a** ▲ Existe uma solução para o seu problema?

ANXIOUS ABOUT, FOR
Ansioso, apreensivo sobre, a respeito de, por

▌ I was so anxious about the situation, i.e., anxious for the results of the talks, that I could barely sleep.

◢ Eu estava tão ansiosa pela situação, isto é, ansiosa pelos resultados das conversações, que mal conseguia dormir.

ANXIOUS TO + *v. inf.*
Ansioso por

▌ Actually, I was anxious to go there.

◢ Na verdade, eu estava ansiosa para ir lá.

Anything but
Qualquer coisa menos

▌ I can do anything but that!

◢ Faço tudo menos isso!

APART FROM
Exceto, afora, tirante, salvo

⇆ besides

⇆ além de

▌ Apart from some problems, this is a marvelous place.

◢ Exceto por alguns problemas, este é um lugar maravilhoso.

APOLOGIZE -x-, TO, FOR
Desculpar-se com alguém por algo

▌ Go and apologize.

◢ Vá e desculpe-se.

▌ Apologize to the hosts for the delay.

◢ Peça desculpas aos anfitriões pelo atraso.

APPALLED AT, BY; to + *v. inf.*
Horrorizado ao, em, com

APPEAL TO
(1) Interessar a, atrair, ter apelo a, ser atraente a (2) fazer um apelo a alguém

▌ (1) Technological breakthroughs have no appeal to me.

◢ (1) As novidades tecnológicas não me atraem.

▌ (2) I made an appeal to Bill for him to stop with his doings.

◢ (2) Fiz um apelo ao Bill para ele parar de fazer o que faz.

APPEAR BEFORE
Comparecer perante (por ex. um juiz)

APPLY -x-
Candidatar-se

▌ How many have applied?

◢ Quantos se candidataram?

A

APPLY FOR	**Candidatar-se a vagas, postos, posições. Concorrer a bolsas**
▶ Hundreds applied for the position. What about you?	◀ Centenas candidataram-se à vaga. E você?
▶ Are you going to apply for the scholarship?	◀ Você vai concorrer à bolsa de estudos?
APPLY TO	**(1) Solicitar a, requerer** **(2) Candidatar-se a escolas ou instituições, solicitar a pessoas; (3) Aplicar-se a**
▶ (1) e (2) Apply to the boss for a leave, and then apply to several schools abroad for admission.	◀ (1) e (2) Solicite uma licença ao chefe e depois solicite admissão em várias escolas no exterior.
▶ (3) The rule doesn't apply to you.	◀ (3) A regra não se aplica a você.
APPLY TO, OVER ⇉ TO	**Aplicar material a, sobre**
▶ Apply five coats of varnish to the wooden board.	◀ Aplique cinco mãos de verniz na tábua.
▶ Apply the ice bag to the swollen area.	◀ Aplique o saco de gelo na parte inchada.
APPREHENSIVE ABOUT, FOR	**Apreensivo a respeito de, ansioso por; temeroso**
APPRENTICE TO	**Aprendiz de alguém, novato em relação a**
APPROACH TO	**Abordagem para**
▶ We need a new approach to this issue from different angles.	◀ Necessitamos de nova abordagem para esta questão a partir de diferentes níveis.
APPROPRIATE FOR	**Apropriado, adequado para algo ou alguém (considerar o evento inteiro, como um todo)**
▶ I'm dressed in jeans. Is it appropriate/suitable for a wedding ceremony?	◀ Estou de jeans. Está apropriado (adequado) para uma cerimônia de casamento?

A

APPROPRIATE TO ou FOR the needs, TO ou FOR the occasion	Apropriado, adequado para
➤ adj. ⇒ FOR ▶ If that is appropriate to/ for your needs, do it, although it is not appropriate to/ for the occasion. If it seems good to you, it's OK.	◢ Se isso for apropriado às suas necessidades, vá em frente, embora não seja próprio para a ocasião. Se lhe parece bom, tudo bem.
APPROVAL FOR ▶ Why do we need approval for the plan?	**Aprovação para algo** ◢ Por que nós necessitamos de aprovação para o plano?
APPROVAL FROM ▶ Do we really need approval from the Health Agency?	**Aprovação por parte de, vinda de** ◢ Nós realmente necessitamos da aprovação da Secretaria da Saúde?
APPROVAL OF, TO ▶ The country's approval of the Peace Treaty was clearly shown.	**Aprovação de algo, a algo** ◢ A aprovação do país ao Tratado de Paz ficou claramente demonstrada.
APPROVAL ON ▶ The Agency's approval on the drug is a must.	**Aprovação de, sobre** 👁 Nota abaixo ◢ A aprovação da Secretaria para a droga é obrigatória.
APPROVE OF **DISAPPROVE OF** ▶ Will the Board approve of the new procedures?	**Aprovar algo** **Desaprovar** ◢ A Diretoria aprovará os novos procedimentos?

> **Nota:** *(i)* Approval (ou Disapproval) **of** = aprova-se ou desaprova-se pensamentos, sentimentos, escolhas, ideais; *(ii)* Approval (ou Disapproval) **on** = refere-se ao ato de dar, conceder, obter, receber a aprovação de, ou sobre algo; usado também como preposição pura, por exemplo: para o ato de "carimbar a aprovação/desaprovação sobre" algum documento; *(iii)* Na prática, o uso das duas formas parece ser aleatório; observa-se também o uso de TO para aprovação de algo.

ARGUE WITH people ABOUT or OVER something

- They should argue with us about/over the issue.
- They usually argue about/ over prices.

Discutir/argumentar com pessoas sobre algo

- Eles deveriam discutir conosco sobre a questão
- Eles geralmente discutem pelos preços.

ARGUE FOR or AGAINST

Argumentar, colocar argumentos a favor ou contra algo

ARISE FROM

- Enamel defects can arise from various systemic factors.

Surgir de

- Defeitos no esmalte (dentário) podem surgir de vários fatores sistêmicos.

AROUND
➤ Prep., adv.
⇆ Round

(i) **Em torno de, por aí** *(ii)* **Espalhando, em toda parte** *(iii)* **virando**

Em volta, em torno, ao/em redor de (Twist someone around the little finger); cercando, por todos os lados, por toda parte, espalhando; cerca de, aproximadamente, por volta de, ao redor de; estar presente; para outro lado, virando rua, esquina; em cerco, em circunferência; em todas as direções; por aí, nas cercanias, aqui e ali, para lá e para cá. Uso intercambiável com "about" na maioria dos phrasal verbs.

Around the corner

- The new year is just around the corner.

Já está aí (vem vindo); próximo, "aí na esquina"

- *fig.*
- O ano novo já está aí.

ARRESTED FOR

- What am I being arrested for?

Preso por

- Por que estou sendo preso?

ARRESTED ON SUSPICION OF

- Arrested on suspicion of arson, the teenager claimed innocence.

Preso por /sob suspeita de

- Preso por suspeita de incêndio criminoso, o adolescente declarou-se inocente.

ARRIVE AT, ON, IN, BY

- We are expected to arrive at 7 AM, on Sunday, in Guarulhos. We ought to arrive at the hotel by midday.

Chegar às xx horas, dia xx, em xx local, até xx data ou hora

- Deveremos chegar às 7 horas, no domingo, em Guarulhos. Deveremos chegar ao hotel até o meio-dia.

ARTICLE ON, ABOUT; BY

▶ There is an article on the separatist movement by a renowned Basque writer.

Artigo, reportagem sobre, a respeito de; por, de autoria de

◢ Há uma reportagem sobre o movimento separatista, de autoria de renomado escritor basco.

AS
➤ Prep., adv., conj.

(i) **Como, na qualidade de** *(ii)* **comparação: o tanto, o quanto, tal como** *(iii)* **o momento: conforme, quando** *(iv)* **explicação: visto que**

Como, na qualidade de (as a friend); estabelece ideia de igualdade, comparação: tão... quão, tanto quanto, pelo que (as far as I know); quanto a (as for); o "como", o quão, assim como, tal como (As above, so below, cram as I may); conforme, quando aconteceu algo, no momento em que, ao (as I turned back... = conforme me virei, ao virar-me); porque, como, visto que, já que (as seen). São inúmeras as locuções iniciadas com As; veja várias abaixo.

As a child
▶ As a child, I didn't use to cry a lot, but would only fall asleep if taken for a car ride.

Quando criança
◢ Quando criança, eu não chorava muito, mas só pegava no sono se me levassem para dar voltas de carro.

As a matter of fact
▶ As a matter of fact, my upbringing was easy.

Na verdade
◢ Na verdade, a minha criação foi fácil.

As a rule
▶ As a rule, they used to take turns.

Via de regra
◢ Via de regra, eles costumavam revezar-se em turnos.

As above, so below

"Assim como é em cima, é embaixo".

As amended
💬 Jur.
▶ Com alteração
▶ Conforme alterado por

Com alteração, Conforme alterado por
◢ Com alteração
◢ Conforme alterado por

As at
⇆ as from e as of.

👁 Nota sob as of.

A

As compared to others ▼ Em comparação com outros; comparado a outros	**Em comparação com outros; comparado a outros** ◢ Em comparação com outros; comparado a outros
As demanded by	**Conforme exigido por**
As far as ◉ as long as (sentido 2) , provided	**Desde que, contanto que, sob a condição de**
As far as I am concerned ▼ What is for dinner tonight? As far as I am concerned, anything goes.	**Quanto a mim; no que me toca; para mim** ◢ O que tem para o jantar esta noite? Quanto a mim, qualquer coisa serve.
As far as I know ⇆ AFAIK ▼ As far as I know, it's cup noodles. I've heard it's fattening.	**Pelo que eu saiba; segundo me consta** ◢ Pelo que eu saiba, é macarrão de copinho. Ouvi dizer que engorda.
As for ▼ As for me, I couldn't care less about that.	**Quanto a, com referência a** ◢ Quanto a mim, não poderia me importar menos com isso.
As from ▼ As from this date, the minimum wage is US$ 400 per week.	**A partir desta data, de hoje em diante** ◉ NOTA sob As of ◢ A partir desta data, o salário mínimo é de 400 dólares por semana.
As is ▼ The car is for sale as is. Improvements are on the buyer.	**Como está, no estado em que se encontra** ◢ O carro está à venda no estado em que se encontra. As melhorias são por conta do comprador.
As it is ▼ As it is, we cannot even think of buying a new car.	**Do jeito que as coisas estão, na situação atual, do modo que as coisas vão indo** ◢ Do jeito que as coisas estão, não podemos nem pensar em comprar um carro novo.

As it were	**Como se poderia dizer, como se diria**
▶ In other words, we are, as it were, in a difficult situation.	◀ Em outras palavras, nós estamos, como se poderia dizer, numa situação difícil.
As long as	**(1) Pelo tempo que, enquanto (expressando ideia futura) (2) Desde que, uma vez que; com a condição que/sob condição de**
⇆ as far as, provided	
▶ (1) As long as I live I will never see another band like theirs.	◀ (1) Enquanto eu viver não verei outra banda como a deles.
▶ (2) As long as you are talking about Dinho, Bento & Co., I can only agree with you.	◀ (2) Desde que você esteja falando de Dinho, Bento & Cia., eu só posso concordar com você.
As of	**(1) Na data mencionada, até certa data; (2) A partir da data mencionada, dessa data em diante**
⇆ (1), as at, on	
⇆ (2) as from, from	
▶ (1) The document was signed as of April 15. As of that date all the data was up-to-date.	◀ (1) O documento foi assinado em 15 de abril. Naquela data, todos os dados eram atuais.
▶ (2) As of October 15, all the clocks must be adjusted one hour forward in Southern Brazil.	◀ (2) A partir de 15 de outubro, todos os relógios devem ser adiantados uma hora no sul do Brasil.

> **Nota:** Observa-se o uso de "as at" mais comumente em material de business, técnico.

As of now	**(1) Agora, nesta data, até agora; (2) A partir desta data, a partir deste momento**
⇆ (1) to date, as yet	
⇆ (2) as from this date	
As requested	**Conforme solicitado**
▶ Do as you have been requested and ask no questions for now.	◀ Faça conforme lhe foi solicitado e não faça perguntas por ora.
As soon as possible (ASAP)	**O quanto antes; assim que for possível**
▶ Comply with your obligations ASAP; later on, we shall see about the other matters.	◀ Cumpra as suas obrigações o quanto antes; mais tarde, trataremos dos outros assuntos.

A

As the story goes ▶ As the story goes, Edson was not a brilliant student.	**Segundo se comenta; de acordo com o que dizem; segundo consta** ◢ Segundo consta, Édson não foi um aluno brilhante.
As time goes by ▶ As time went by, he started inventing useful things.	**À medida que o tempo passa** ◢ À medida que o tempo passava, ele começou a inventar coisas úteis.
As to ⇄ with regard to ▶ As to his other capabilities, little is known.	**Em termos de, no tocante a, quanto a, no que se refere a** ◢ Quanto às suas outras capacidades, pouco se sabe.
As usual ⇄ per usual ▶ As usual, geniuses go unnoticed in the early years.	**Como de hábito, como de costume** ◢ Como de hábito, os gênios não são percebidos nos primeiros anos.
As yet ⇉ as of now e to date.	**Até agora**
As you like, as you please, as you wish ▶ "Do as you like", Mom told me. "Just eat as you please", she went on. ▶ "But, in real life, you can't do only as you wish". Those were her final words, at least for today.	**Como quiser, do jeito que lhe agradar, o que desejar** ◢ "Faça como quiser", disse minha mãe. "Coma só o que lhe agradar", prosseguiu ela. ◢ "Mas, na vida real, você não pode fazer só o que deseja". Essas foram suas palavras finais, pelo menos por hoje.
As well ▶ (1) Besides being a student, I'm a composer, as well. ▶ (2) My father told me I might as well study the musical notes.	**(1) Também, igualmente (no final da oração)** **(2) Preferivelmente, bem, seria bom, aconselhável** ◢ (1) Além de ser estudante, sou compositor também. ◢ (2) Meu pai me disse que eu faria bem em estudar as notas musicais.

A

As well as	**(1) Assim como, bem como** **(2) Tão bem quanto**
▶ (1) You must take good care of yourself, as well as work and make yourself useful. ▶ (2) You know that as well as I (do).	◢ (1) Você deve cuidar bem de si próprio, assim como trabalhar e fazer-se útil. ◢ (2) Você sabe disso tão bem quanto eu.
As with	**Como em, assim como em relação a**
▶ As with other lectures, it seemed it would never end.	◢ Assim como em outros sermões/palestras, parecia que não iria nunca terminar.
ASHAMED OF	**Envergonhado, com vergonha de**
▶ Charles, not the prince-heir, was ashamed of his mother.	◢ Charles – não o príncipe herdeiro – estava com vergonha da mãe dele.
ASK -x- somebody ABOUT something	**Perguntar a alguém sobre, a respeito de algo; pedir, solicitar algo**
▶ Never ask him about her. Ask me.	◢ Nunca lhe faça perguntas sobre ela. Pergunte a mim.
Ask for	**Perguntar por**
▶ Someone was asking for you.	◢ Alguém estava perguntando por você.
Ask for	**Pedir, solicitar**
▶ Ask for anything you need. Ask Jack for it.	◢ Peça qualquer coisa de que você necessite. Peça ao Jack.
Ask in	**Convidar para entrar**
▶ The Queen asked me in for the 6 o'clock tea, but I was in a hurry and had to decline.	◢ A Rainha convidou-me para entrar para o chá das 6, mas eu estava com muita pressa e tive que recusar.
Ask of	**Solicitar que alguém faça algo**
▶ That was too much to ask of a commoner, a laborer like me.	◢ Aquilo era pedir demais para um plebeu, um trabalhador como eu.
Ask out	**Convidar para sair, geralmente pessoa do sexo oposto**
▶ Maybe someday I'll ask her out.	◢ Quem sabe algum dia eu a convidarei para sair.

Ask over ⚑ She never asked me over again, not even for coffee.	**Convidar para a sua casa** ◢ Ela nunca mais me convidou, nem mesmo para um café.
ASK TO ⚑ When asked to parties, women immediately ask about what kind of clothes the others will be wearing.	**Convidado para algo** ◢ Quando convidadas para festas, as mulheres imediatamente perguntam sobre o tipo de roupa que as outras vão usar.
ASSET FOR/TO ⚑ (1) "An asset to his parents", said the end-of-term school report about Abe. He was not an asset to the rugby team, though… ⚑ (2) They knew he would be an asset for any organization, even for the country.	**(1) Um "tesouro" para; dá ideia de qualidade positiva, ganho, vantagem.** **(2) Elemento valioso, um trunfo para** ◢ (1) "Um tesouro para os seus pais", dizia o boletim de final de semestre a respeito do Abrãozinho. Mas não era jogador de muita valia para o time de rugby… ◢ (2) Eles sabiam que ele seria um elemento de grande valor para qualquer organização, até mesmo para o país.
ASSIST IN ⚑ Get someone to assist you in filling out the form.	**Prestar assistência em** ◢ Arrume alguém para lhe dar assistência no preenchimento do formulário.
ASSISTANCE TO ⚑ Leandro provides assistance to newcomers.	**Assistência a, para** ◢ Leandro dá assistência aos recém-chegados.
ASSISTANT TO, FOR ⚑ He is an assistant to the Presidency for matters related to expatriates.	**Assistente de, para** ◢ Ele é assistente da Presidência para assuntos relacionados a expatriados.
ASSISTANCE WITH something ⚑ I need assistance with my individual income tax return.	**Ajuda / assistência com relação a algo** ◢ Necessito de ajuda com a minha declaração de renda de pessoa física.
ASSISTANCE FROM someone ⚑ Get assistance from your accountant neighbor.	**Assistência de alguém** ◢ Consiga ajuda do seu vizinho contador.

A

ASSOCIATE WITH	Associar-se a, com
▼ Associated with local partners, the foreign company started its operations.	◢ Associada a sócios locais, a empresa estrangeira iniciou suas operações.

ASTONISHED AT, BY	Estupefato em, ao, por
▼ Astonished as I was at/by her appearance, I still managed to say 'hi'.	◢ Apesar de estupefata pela sua aparição, ainda consegui dizer 'oi'.

AT ▶ Prep.	*(i)* **Dá exatidão, localiza** *(ii)* **diz em qual escala, o quanto, a intensidade** *(iii)* **qual a direção, para atingir** *(iv)* **por causa de, em virtude de** *(v)* **como desempenha relativamente a** *(vi)* **fazendo atividades, condição, ocupação**
	Em, no(s), na(s), localiza endereço exato, locais, a, com, junto a, perto de; antes de classe, grau, ordem, posição; qual ponto exato (<u>aim at</u>) qual escala, índice, nível, razão; à, às, a, aos em superlativos; a qual preço, por quanto, cada; qual horário, certos períodos do dia, feriados longos, em certa idade; para, na direção, dirigido a (<u>look at</u>); intenção de atingir, contra (<u>throw at vs. throw to</u>); motivo, em virtude de, por causa de (<u>laugh at</u>); mediante, contra (<u>at a premium</u>, <u>at a price</u>); como se sai em relação a, antes de atividades (good/bad at sports); antes de condição, ocupação, sentimentos (<u>at play</u>, <u>at war</u>); de, por (at times, <u>at somebody's suggestion</u>); forma expressões, locuções adverbiais de ação.

🕭 **Nota:** São inúmeras as locuções e expressões iniciadas com AT. Veja várias a seguir.

At a bargain, at a reduced fare	**A preços ótimos, muito em conta**
At a disadvantage ▼ Spoilt/spoiled kids might be at a disadvantage in the future.	**Prejudicado; em desvantagem** ◢ Crianças mimadas poderão sofrer desvantagens no futuro.
At a discount ▼ That's a discount store, i.e., you can buy goods at a discount there.	**Com desconto** ◢ É uma loja de descontos, ou seja, você pode comprar artigos com desconto lá.
At a distance of ...	**À uma distância de...**
At a given moment	**Em um dado momento**
At a glance ▼ I saw her standing there, at a glance.	**De relance, num relance** ◢ Num relance, eu a vi lá, de pé.

33

A

At a loss [for]	**(1) Sentir-se perdido; não conseguir encontrar algo (2) Com prejuízo**
(1) I was completely at a loss. Actually, I was at a loss for words.	(1) Senti-me completamente perdido. Na verdade, eu não encontrava as palavras para expressar o que sentia.
(2) The store operated at a loss.	(2) A loja operou com prejuízo.
At a premium	**(1) Com ágio; pagando acima do valor estabelecido (2) Muito procurado, difícil de obter**
(1) Prices have been frozen, and we can only buy meat at a premium.	(1) Os preços foram congelados, e só conseguimos comprar carne pagando a mais.
(2) Outstanding technical staff is at a premium.	(2) Pessoal técnico de primeira está difícil de se conseguir.
At a price	**Tem um preço; algo é possível, mas com um preço**
You can find them, alright, but at a price.	Você pode encontrá-los, tudo bem, mas tem um preço.
At a rate of	**À taxa de**
In the 90's, we could exchange our local currency for dollars at a rate of one to one (1:1).	Na década de 90, podíamos trocar nossa moeda local por dólares à taxa de um por um (1:1).
At a time	**De cada vez**
"Two at a time", said the coach.	Dois de cada vez, disse o treinador.
At all	**(1) Qualquer coisa (2) Em orações negativas** ⇆ em absoluto, de forma alguma, em nenhuma hipótese.
(1) They will do just anything at all.	(1) Eles farão simplesmente qualquer coisa.
(2) The event was not good at all.	(2) O evento não foi nada bom.
At all costs	**Custe o que custar**
"I have a cold, but I want to play this game at all costs, come rain or high water", said my grandfather.	"Estou resfriado, mas quero participar desse jogo, custe o que custar, faça chuva ou faça sol", disse meu avô.

34

A

At *an advantage* ▶ It is an unfair competition, if some players are at an initial advantage because of the material used in their uniforms.	**Com vantagem, em posição vantajosa, ficar com vantagem, levar vantagem** ◢ É uma competição injusta se alguns competidores estão em vantagem inicial devido ao material usado em seus uniformes.
At *any expense* ▶ I'll play the game at any expense, (even) if I die.	**A todo custo, a qualquer custo** ◢ Participarei do jogo a qualquer custo, nem que eu morra.
At *any rate* ▶ He's a hard worker, or, at any rate, so it seems.	**De qualquer jeito** ◢ Ele é esforçado ou, de qualquer jeito, é o que parece.
At *any time* ▶ Illegal immigrants try to cross the border at any risk, but not at any time.	**A qualquer hora** ◢ Imigrantes ilegais tentam cruzar a fronteira a qualquer custo, mas não a qualquer hora.
At *arm's length* ▶ (1) During the conversations, we'd better keep the feuding parties at arm's length from each other. ▶ (2) The parties agree that the applicable margin shall be at arm's length.	**(1) a prudente distância; a um braço de distância. (2) competitivo, de mercado, equivalente à concorrência** *(fin.)* ◢ (1) Durante as conversações, faríamos melhor em manter as partes conflitantes a uma distância segura uma da outra. ◢ (2) As partes concordam que a margem aplicável será de valor competitivo.
At *auction* ⇆ on auction ▶ My auctioneer friend told me that some vintage cars are at auction.	**Em leilão** ◢ Meu amigo leiloeiro disse-me que alguns preciosos carros antigos estão em leilão.
At *bay* ▶ Chinese eating houses are full of bright lights and colors to keep the evil spirits at bay.	**À distância, longe** ◢ As casas de repasto chinesas são cheias de luzes e cores brilhantes para manter os espíritos maus à distância.

A

At best
▼ Now that the compulsory investment plan has failed, people will receive their money back in 12 monthly installments, at best.

Na melhor das hipóteses
◢ Agora que o plano de investimento compulsório falhou, as pessoas receberão o seu dinheiro de volta em 12 parcelas mensais na melhor das hipóteses.

At one's best
▼ I'm not at my best today.

No seu melhor (desempenho, estado)
◢ Hoje não estou no melhor de mim.

At conception
▼ The whole thing was flawed at conception.

Na concepção; desde o início
◢ A coisa toda era furada já na concepção.

At ease
▼ Make yourself at ease, will you?

À vontade, descansar
◢ Sinta-se à vontade, viu?

At fault
▼ Who is at fault?

Ser o culpado; estar errado
◢ Quem é o culpado?

At first
▼ At first, it seemed to be the economy.

No início, no princípio
◢ No princípio, parecia ser a economia.

At first sight
▼ It was a good investment, at first sight.

À primeira vista; de imediato
◢ Era um bom investimento à primeira vista.

At full speed, capacity, steam, tilt
▼ We've been working at full speed.

A todo vapor
◢ Estamos trabalhando a todo vapor.

At grade level
▼ The overall score determines whether a student is at grade level.

No nível, ao nível
◢ A nota geral determina se um estudante está no nível da série.

At great length
▼ The professor explained the whole process at great length.

Longamente, extensivamente
◢ O professor explicou o processo todo longamente.

At gunpoint
▼ At gunpoint, I had to give everything I had.

Sob a mira de uma arma
◢ Sob a mira de um revólver, eu tive que dar tudo o que tinha.

36

A

At heart
- She's a country girl at heart.

No íntimo
- No seu íntimo, ela é uma moça do interior.

At issue
- This is not the matter at issue.

Em questão, em pauta
- Este não é o assunto em questão.

At it
- Do something, please. The kids are at it again!

Fazendo algo (tem conotação negativa)
- Faça alguma coisa, por favor. As crianças estão aprontando de novo!

At large
- The country, at large, is liberal.

De modo geral
- O país, de modo geral, é liberal.

At last
- At last, we came to an agreement!

Finalmente
- Finalmente, chegamos a um acordo.

At least
- You should at least listen to me.

Pelo menos
- Você deveria, ao menos, ouvir-me.

At leisure
⇆ at convenience
- Couldn't we spend some time together at leisure?

Com folga, sem pressa
- Não poderíamos passar algum tempo juntos sem pressa?

At one's leisure
- I'll come back at your leisure.

Na hora de folga
- Voltarei na sua hora de folga.

At level, at grade level
- The overall score determines if a student is at grade level.

Ao nível, no nível da série
- A média geral determina se um estudante está dentro do seu nível.

At long last
- At long last, we have decided to change schools.

Finalmente, após longa, sofrida demora
- Finalmente, decidimos mudar de escola.

At loose
⇆ at loose ends, on the loose
- The girls felt at loose in the world.

Solto
- As garotas sentiam-se soltas no mundo.

At low interest rates

A juros baixos

A

At most	**Quando muito; no máximo**
That'll take 3 hours, at most.	Isso levará no máximo 3 horas.
At no charge	**Sem custo, sem cobrança, grátis**
At once	**Já; imediatamente**
So, start at once.	Então, comece já.
At peace	**Em paz**
Are you at peace with your conscience?	Você está em paz com a sua consciência?
At play	**Na jogada, presente, constante**
Discriminatory favoritism seems to be at play.	Parece haver um favoritismo discriminatório na jogada.
At present	**Agora, no momento**
I feel great at present.	Sinto-me ótimo no momento.
At random	**Ao acaso; aleatoriamente**
The names were picked at random.	Os nomes foram escolhidos aleatoriamente.
At risk	**Em risco**
Don't you put your job at risk.	Não vá colocar seu trabalho em risco.
At rock bottom	**No fundo do poço; no mínimo, no mais baixo possível (preços)**
I was at rock bottom. I could only buy medicine at rock bottom prices.	Eu estava no fundo do poço. Só podia comprar remédios nos mais baixos preços.
At root	**Na raiz, na base, basicamente**
Economics is, at root, the study of incentives.	A economia é, basicamente, o estudo de incentivos.
At sea	**No mar aberto; perdido**
When at sea, I feel all at sea.	Quando (estou) no mar aberto, sinto-me perdido.
At stake	**Em jogo**
⇆ at risk	
What was at stake in the Persian Gulf?	O que estava em jogo no Golfo Pérsico?

A

At somebody's suggestion	**Por sugestão de alguém**
At table ▶ At least when you are at table, relax…	**À mesa** ◀ Pelo menos quando estiver à mesa, relaxe…
At that point **At this point**	**Naquele ponto** **Neste ponto, agora**
At the back ⇆ (1) in the back ⇆ (2) behind, in back of, in the back of ▶ (1) There are many boxes at the back of the store. ▶ (2) They hid themselves at the back of the building.	**(1) Na parte do fundo (de trás) de locais fechados, como uma casa, loja, cinema, sala de aula, avião, ônibus, etc. (2) Atrás** ◀ (1) Tem muitas caixas no fundo da loja. ◀ (2) Eles se esconderam atrás do prédio.
At the beginning ▶ About eating sweetened meat: I found it so strange at the beginning, but then I got used to it.	**No começo** ◀ Sobre comer carnes adocicadas: achei tão estranho no início, mas depois me acostumei.
At the bottom ▶ You must sign at the bottom of the invoice.	**Embaixo, ao pé, No final de** ◀ Você deve assinar no final da nota.
At the center of the page ⇆ in the middle	**No centro, no meio da página**
At the computer ▶ I was at the computer while my children played with the cat.	**No computador** ◀ Eu estava no computador enquanto meus filhos brincavam com o gato.
At the discretion of ▶ *At-will employment* means that the employee can be fired at the sole discretion of the employer.	**A critério de, ao arbítrio de; De acordo com o discernimento, o juízo, a escolha de** ◀ Emprego sem nenhuma garantia trabalhista significa que o empregado pode ser despedido a critério somente (ao livre arbítrio) do empregador.

At the edge
▼ What are you doing, sitting at the edge of the road?

À beira
◢ O que você está fazendo sentado à beira do caminho?

At the eleventh hour
⇆ in the nick of time
▼ I was saved from being aboard (= on board) the plane that crashed, because at the eleventh hour the event I was going to was called off.

Na enésima hora, na última hora, na hora H
◢ Fui salvo de estar a bordo do avião que caiu, porque o evento para o qual estava indo foi cancelado na enésima hora (na última hora).

At the first opportunity
▼ Once I had a pet canary that fled at the first opportunity.

Na primeira oportunidade
◢ Tive, certa vez, um canário de estimação que fugiu na primeira oportunidade.

At the height
▼ We were at the height of the tourist season.

No auge, no ponto alto
◢ Estávamos no pico da temporada turística.

At the hotel
▼ First thing, you have to check in at the hotel.

No hotel
◢ Primeira coisa: você tem que fazer o check-in no hotel.

At the last minute
▼ Plans were changed at the last minute.

No último minuto, em cima da hora, na última hora
◢ Os planos foram mudados em cima da hora.

At the latest
▼ "Everything will be ready by tomorrow morning at the latest", they had said.

No mais tardar
◢ "Estará tudo pronto no mais tardar até amanhã de manhã", eles tinham dito.

At the level
▼ Our educational system operates at the state and federal level

No nível.
◢ Nosso sistema educacional funciona nos níveis estadual e federal.

At the mercy of
▼ It seems the company is at the mercy of external factors.

À mercê de, sob.
◢ Parece que a empresa esta à mercê de fatores externos.

At [the] most

No máximo.

40

A

At the ready
▶ The team had been working 24 hours. Everybody was at the ready for the big event.

At the right time
▶ "Wow, they came at the right time, very handy!" said the guys with beaming eyes, on seeing the caterer's van.

At the start
▶ At the start of the operations, everybody hails the chief.

At the ticket office
⇆ at the ticket window
▶ I had not bought the tickets in advance and had to line up to buy them at the ticket window.

At the tip of the tongue (body)
👁 On the tip of the tongue (memory)
▶ Aw shoot... a cold sore came out at the tip of my tongue.

At the top of one's lungs
▶ Now she is screaming at the top of her lungs.

At the turn of the century
▶ At the turn of the century, cold sores are still a problem... How come?

At the wrong time
▶ It came at the wrong time!

At times
▶ That woman must be crazy: she bursts out laughing, at times.

Pronto, de prontidão
◢ O time vinha trabalhando 24 horas. Todo mundo estava de prontidão para o grande evento.

Na hora certa; em boa hora; vir a calhar
◢ "Oba, chegaram na hora certa!" disse a rapaziada com os olhos brilhantes ao verem a perua do serviço de alimentação (bufê).

No início
◢ No início das operações, todos saúdam o chefe.

Na bilheteria
◢ Eu não tinha comprado os ingressos antes e tive que entrar na fila para comprá-los na bilheteria.

Na ponta da língua (corpo)
👁 na ponta da língua (memória)
◢ Ai, que chato... apareceu uma afta na ponta da minha língua.

A plenos pulmões
◢ Agora ela está gritando a plenos pulmões.

Na virada do século
◢ Na virada do século, uma afta ainda é um problema... Como pode?

Em ocasião imprópria
◢ Veio na hora errada!

Às vezes
◢ Aquela mulher deve ser louca: às vezes, ela explode em risos (cai na gargalhada).

At war

▼ The spouses are at war.

Em guerra

◢ Os cônjuges estão em guerra.

At what time?

▼ Could you say it again, please? I didn't get it: at what time?

A que hora(s)?

◢ Poderia repetir, por favor? Eu não entendi: a que hora?

At will

▼ In Brazil, we can have all kinds of fruit, at will.

Quanto quiser; à vontade

◢ No Brasil, temos todos os tipos de fruta, à vontade.

At-will employment

▼ À vontade do empregador.

Emprego sem garantias trabalhistas, de estabilidade, etc.

◢ À vontade do empregador.

At variance with

▼ Em desacordo com, diferindo de.

Em desacordo com, diferindo de

◢ Em desacordo com, diferindo de.

At your convenience

▼ The meeting may be held at your convenience.

Conforme lhe for conveniente, de acordo com a sua conveniência

◢ A reunião pode ser efetuada de acordo com a sua conveniência.

At your discretion

▼ In other words, at your discretion.

A seu critério, segundo seu arbítrio

◢ Em outras palavras, a seu critério.

At your disposal

▼ I am at your disposal for whatever additional information you may need.

À sua disposição

◢ Estou às ordens para quaisquer informações adicionais de que (o senhor, a empresa, os senhores, V.Sas.) possa(m) necessitar.

At your earliest convenience

Na (maior) rapidez possível; Quão logo seja conveniente ao(s) senhor(es), a você(s), a V. Sa(s)

At your own risk

▼ Do whatever you deem necessary - at your own risk, though.

A seu próprio risco

◢ Faça(m) o que quer que considere(m) necessário, porém o risco é de vocês (seu).

ATTACHED TO; ATTACH (oneself) TO
Anexado, anexo a, em anexo; emocionalmente ligado, apegado a *(fig.)*

▸ Lucas is excessively attached to his mother", said the report attached to the monthly school report.

▸ O Lucas é por demais apegado à mãe", dizia o relatório que estava anexado ao boletim escolar do mês.

ATTACHMENT TO SOMETHING
Anexo de algo, anexado a algo

▸ I sent an attachment to the e-mail that was too heavy/big.

▸ Mandei um anexo na mensagem que era muito pesado.

ATTACK ON
Ataque, guerra aos, contra

▸ Have you seen "Attack on the termites"?

▸ Você assistiu "Guerra aos cupins"?

Attack of nerves
Um ataque de nervos. Um colapso nervoso

⇆ a nervous breakdown

ATTEMPTS AT
Tentativas de

▸ His attempts at being funny are laughable.

▸ Suas tentativas de ser engraçado são risíveis.

ATTEST TO
Atestar

▸ Who can attest to the validity of this poll?

▸ Quem pode atestar a validade desta pesquisa?.

AUTHORITY ON
(ser) uma autoridade a respeito de algo

▸ Dr. Zatz is an authority on genetics, specifically on stem cells.

▸ A Dra. Zatz é uma autoridade em genética, especificamente sobre células-tronco.

AUTHORITY OVER
(ter, exercer) autoridade sobre

▸ Their mother has no authority over them.

▸ A mãe deles não tem nenhuma autoridade sobre eles.

AWARE OF
Consciente de

▸ I am aware of that.

▸ Estou consciente disso.

AWAY
> Adv., adj.

(i) **Distância: afastamento, ausência, para outro lado, fora, longe** *(ii)* **Desaparecer: desconsiderar, desfazer-se, sumir** *(iii)* **Guardar, colocar (put away)** *(iv)* **Compleição: tudo, até acabar**

Para longe longe de (away from), fora, afastamento, distância, desaparecer (lock away), dispensa (send away),, desconsiderar; desfazer-se, pôr fora (give away); acabar, acabar-se de (cough away), sumir, até o fim, completamente (fade away); sempre, continuadamente (eat away, hammer away = martelar sem parar); em viagem, para outro lado (turn away); imediatamente, em seguida (right away); revelar, escapar (give away); ausente, fora, longe; chamar, pedir (send away for)

The answer you need is just one click away on the *internet*	A resposta de que você precisa está a um clique de distância na internet

Away from

Longe de, distante, "de distância"

The team is just one win away from the World Cup.	O time está a apenas uma vitória (de distância) da Copa do Mundo.
The players are away from their homes.	Os jogadores estão longe de suas casas.

AWFUL AT

Péssimo em algo

He used to be awful at dancing. I wonder if he has been taking lessons.	Ele era péssimo para dançar. Será que ele anda tendo aulas?

B

BACK
> Adv., s., v., adj.

(i) **Atrás, de ré** *(ii)* **devolver, retrucar** *(iii)* **Lá, na origem, longe, atrasado vencido** *(iv)* **o verso, avesso, costas, suporte**

De trás, traseiro, posterior; para trás, de ré; em retorno (call back), em devolução, retrucando (talk back); de volta, lá, local de origem; o dorso, as costas, lombada de livro, o fundo, o verso, avesso (de tecido); encosto de móveis (back of the chair), o zagueiro ou beque, suporte, apoio (laid-back); reforçar, endossar palavras ou atitudes, mover algo para trás; conter-se, segurar (bite back sentido 2.) ; fugir, recuar (back off), retroceder, dar ré; remoto; passado, vencido (back payments.).

Back	LÁ
💬 *seguido de preposições de lugar*	💬 *refere-se ao lugar mencionado a seguir*
▸ Back **at** the U. of C.	▸ Lá na Universidade da Califórnia.
▸ Back **in** Australia	▸ Lá na Austrália.
▸ Back **on** the digging site	▸ Lá no local das escavações.

Back away [to, from]	**Retornar, voltar a**
▸ The student was to recite a poem in front of the class, but his mind went blank: he couldn't remember the words and backed away to his seat.	▸ O estudante deveria recitar um poema na frente da classe, mas deu-lhe um branco: não conseguia lembrar as palavras e voltou para o seu lugar. (por timidez ou por receio; derrotado. além de recuar.)

Back home	**(I) lá em casa (2) de volta ao lar**
▸ (1) Back home nothing has changed	▸ (1) Lá em casa nada mudou
▸ (2) Our son is back home	▸ (2) Nosso filho voltou para casa

Back in, into [from]	**Entrar de ré**
▸ Trucks back in from the street.	▸ Caminhões vêm da rua e entram de ré.

Back into	**Bater de ré, contra, "entrar" em**
💬 *(fig.)*	
▸ Barbara backed into her brother's parked car.	▸ Bárbara deu a ré e "entrou" no carro estacionado do seu irmão.

B

Back off [in, from, of]	**(1) Recuar. (2) Fugir (3) Mandar parar de amolar, de ficar se intrometendo, de "encher" a paciência**
(1) "Charge!," yelled the captain. The enemies backed off in fear. (= backed away). (2) "Backing off [of] the Northeast winds, sailing on summer breeze, and skipping over the ocean like a stone." (tema de Midnight Cowboy de Fred Neil) (3) "Just back off, ok?" said Jack to his bratty little brother.	(1) "Atacar!", gritou o capitão. Os inimigos recuaram com medo. (2) "Fugindo dos ventos do nordeste, velejando na brisa de verão e saltando sobre o oceano..." (3) "Se manda, não me amole, tá?" disse o Jack ao seu irmãozinho encapetado.
[to be] *Back on one's feet*	Retomar o pé, estar OK novamente
Back out of, back out from Though I had considered asking Betty out, I backed out of the idea as I was short on cash. (= from the idea)	**Dar para trás, desistir de algo** Apesar de eu ter pensado em convidar a Betty para sair, desisti da ideia por estar com pouco dinheiro.
Back payments ⇆ overdue payments The company owed us a hefty sum in back payments	**Pagamentos atrasados** A empresa nos devia uma alta soma em pagamentos atrasados.
BACK TO I'm back to my old rut.	**De volta a** Estou de volta à minha velha rotina.
Back to front Some airlines board the passengers back to front.	**De trás para a frente, a partir do fundo** Algumas companhias aéreas acomodam primeiro os passageiros com assentos no fundo.
Back up ⇆ go, move backwards Hey you: back up! This is security area.	**Afastar-se, ir para trás, abrir espaço.** Ei, você: afaste-se! Isto é uma área de segurança.

Back up

> v., s.

💬 *Informática, fig.*

▼ (1) Never, ever forget to back up your data, whether onto floppy disks or whatever new comes up.

▼ (2) You must back up all files.

▼ (3) Do you have a back-up plan?

(l) Fazer back-up
(2) O back-up s.
(3) Alternativo, segunda opção

◢ (1) Nunca, jamais se esqueça de fazer cópia de segurança, seja em disquetes ou em qualquer novidade que surgir.

◢ (2) Você deve fazer back-up de todos os arquivos.

◢ (3) Vocês têm um plano alternativo, de segurança?

BACKED BY

▼ (1) Backed by mountains, Rio de Janeiro is a marvelous city.

▼ (2) The employee was backed up by his boss.

(l) Tem como fundo, tem ao fundo
(2) Apoiado por, com o suporte de

◢ (1) Com montanhas ao fundo, o Rio de Janeiro é uma cidade maravilhosa.

◢ (2) O empregado tinha o apoio do chefe dele.

BACKGROUND FOR

▼ What's the required background for teaching elderly people?

Formação necessária, estudo, condições para

◢ Qual é a formação necessária para ensinar pessoas idosas?

BACKGROUND TO

▼ You have to study the background to that war.

Motivos ou pano de fundo, palco, cenário para acontecimentos posteriores

◢ Vocês precisam estudar o cenário que levou a essa guerra.

Backward(s)

▼ (1) She seems to be moving backwards in comparison to her sister

▼ (2) This was a backward, have-not country.

(l) Para trás, de ré (2) Atrasado *(fig.)*

◢ (1) Ela parece estar indo para trás, comparada à irmã dela.

◢ (2) Este era um país atrasado, onde tudo faltava.

> **Nota:** Os advérbios com sufixo "ward(s)" quando na posição de adjetivos são sempre usados sem "s", como no exemplo (2) acima. O mesmo acontece com expressões fixas como "Look forward to" (prazerosa expectativa de). Veja também "toward(s)".

B

(1) BAD AT **(2) BAD FOR** **(3) BAD TO/FOR** **(4) BAD TO** + *v. inf.*	**(1) Ruim em (matérias, atividades)** **(2) Ruim para (a pessoa, planos, entidades como um todo)** **(3) Ruim para (em relação a algo)** **(4) Ruim fazer algo**
▼ (1) Honey, you're so bad at math.	▲ (1) Querida, você é tão ruim em matemática.
▼ (2) Stop buying on credit, it's bad for you.	▲ (2) Pare de comprar a crédito, é ruim para você.
▼ (3) Besides, its very bad for our finances.	▲ (3) Além disso, é muito ruim para as nossas finanças.
▼ (4) It is bad to take strong medicine without a prescription	▲ (4) É ruim tomar remédios fortes sem receita médica.
(1) BALANCE AGAINST **(2) BALANCE WITH**	**(1) Balancear contra, comparando a algo.** **(2) Balancear, fazer o balanceamento em combinação, conjuntamente, com algo**
BAN ON ▼ The ban on smoking has become generalized.	**Proibição e proibir de, sobre** ▲ A proibição ao fumo tornou-se generalizada.
BAN FROM ▼ But nobody can ban anyone from smoking inside their homes.	**Proibir [alguém] de** ▲ Mas ninguém pode proibir ninguém de fumar dentro de suas casas.
Barge in (on) ▼ You'd better think twice before barging in on other people's conversations.	**Entrar intrometendo-se, sem pedir licença; Impor-se em conversas ou em locais** ▲ Você faria melhor em pensar duas vezes antes de intrometer-se nas conversas alheias.
BARK AT ▼ I hate dogs that keep barking at the guests.	**Latir para** ▲ Odeio cães que ficam latindo para as visitas.
BAR FROM ▼ As a punishment for rowdy behavior in the premises they have been barred from entering the club for 10 days.	**Barrado, proibido de** ▲ Como punição por mau comportamento nas instalações, eles foram proibidos de entrar no clube por 10 dias.

BASED
(1) IN
(2) AT

Localização: baseado em (1) bairros, cidades ou locais maiores (2) endereços localizáveis, com número ou conhecidos.

▶ Candidates for this post can be based in any location, even at their homes outside the capital.

▲ Os candidatos a esse posto podem estar baseados em qualquer cidade, mesmo em suas casas, fora da capital.

BASED ON, UPON

Baseado em motivos, fatos, números, etc.

⇒ on (é mais comum)

▶ You said we are to change all the plans? Based on what criteria?

▲ Você disse que deveremos mudar todos os planos? Com base em quais critérios?

[TO BE OR TO BECOME] BLUE, RED, ETC. WITH

Estar ou ficar (+adjetivo) de

▶ In English, it is said that one is blue with cold, red with anger, green with jealousy, and that one is trembling with cold, with fear, or with hunger.

▲ Em inglês, diz-se que alguém está azul de frio, vermelho de raiva, verde de ciúmes, e que está tremendo de frio, de medo, ou de fome.

Be at
To be, was/were, been; being

Estar ocupando-se em, com, fazendo algo; é comum ter sentido negativo

▶ The dog is at that again!

▲ O cachorro está aprontando de novo!

BE BACK TO, BY

Voltar, estar de volta até, prazo limite

👁 Get back to, by

Be friends with

Ser amigo de

▶ "You are not supposed to be friends with him" many a child has been told this.

▲ "Você não deve ser amigo dele" isso tem sido dito a muitas crianças.

Be in for

Estar sujeito a algo desagradável

▶ He was speeding in the fast lane and now he is in for a ticket.

▲ Ele ultrapassou o limite de velocidade na pista rápida e agora está sujeito a uma multa.

Be in on

Estar por dentro de

▶ Everybody is in on their "secret" plan!

▲ Todos estão por dentro do plano "secreto" deles!

BE LIKE

Ser como

▶ I'm not like my parents. I'm more like a rolling stone.

▲ Eu não sou como os meus pais. Sou mais como uma pedra que rola.

B

Be like	**Ser característica de alguém**
It's just like you to say this.	É bem coisa sua dizer isso.

🐾 **Nota:** ver mais sob LOOK LIKE, look alike, likely, unlike, unlikely, like manner.

Be on someone	**Ser da responsabilidade de alguém.**
The bill is on us.	A nota é por nossa conta (nós pagaremos).
Be onto	Insistir, "ficar em cima" para obter algo; (também significa contatar alguém, não obrigatoriamente com insistência)
It's so annoying, the way he has been onto me for a transfer to the Rio branch…!	É tão desagradável, a maneira como ele tem insistido comigo para ser transferido para a filial do Rio…!
Be on to something	Estar sabendo de algo, estar "por dentro" e ligado na situação (ilegal, suspeita)
It seems that the police are on to your doings!	Parece que a polícia está sabendo sobre o que vocês andam fazendo!
Be onto something good, big, etc.	Estar diante de algo muito bom, saber que há uma oportunidade de algo grande, importante
Be out to	Estar a fim de
Take care: he's out to get you.	Tome cuidado: ele está a fim de te pegar (no sentido beligerante).
Be through (with)	Ter terminado, acabado
Are you through with your tasks for the weekend?	Você terminou suas tarefas de final de semana?
Be up for	(1) Estar sendo considerado para cargos, aumentos (2) Se for um imóvel: estar sendo oferecido
(1) Who is up for presidency?	(1) Quem está sendo considerado para a presidência?
(2) The apartment is up for sale.	(2) O apartamento está à venda.
Be up for election	Estar aberto à eleição, estar a fim de candidatar-se

Be up to

▶ (1) The water is up to my neck!
▶ (2) I don't think I am up to such important task
▶ (3) Well, it's up to you to choose the next step

(1) Estar em certa altura, atingir certo nível
(2) Ser capaz de (3) Caber à, depender de
◢ (1) A água bate no meu pescoço
◢ (2) Eu não me considero à altura de (executar) tão importante tarefa.
◢ (3) Bem, cabe à você decidir o que fazer.

Be up to no good

▶ Look at their faces…anybody can tell that they are up to no good!

Não estar a fim de nada bom, estar fazendo ou tramando algo que não presta.
◢ Olhe para a cara deles…qualquer um pode dizer que não estão a fim de nada bom!

(1) BE WITH
(2) Be with

▶ (1) I'll always be with you
▶ (2) Are you with me?

(1) Dar suporte, estar do lado
(2) Estar acompanhando, entendendo
◢ (1) Estarei sempre ao seu lado.
◢ (2) Você(s) está/estão me entendendo?

Be well off or badly off

Estar bem ou mal financeiramente

BEEN TO

▶ Have you been to Bahia?

Indica que foi mas já voltou
◢ Você esteve na Bahia?

Beat -x-

❝ *Beat, beat, beaten; beating*
▶ O.J. said he had never beaten or hit his wife.

Bater em
◢ O.J. disse que nunca espancara nem batera em sua esposa.

BEAT AT

▶ He beat me at chess but I beat him at checkers.

Vencer alguém em algo, como competições
◢ Ele ganhou de mim no xadrez, mas eu ganhei dele no jogo de damas.

BEAT TO

▶ She beat me to the door.

▶ Steve Jobs beat that other team to market with the MacBook Air.

Chegar na frente ou ganhar em, ao
◢ Ela foi mais rápida do que eu em alcançar a porta.
◢ Steve Jobs chegou ao mercado na frente daquele outro time, com o MacBook Air.

Because of

Devido a, por causa de

B

BEFORE ▶ Prep., Adv., Adj., Conj.	*(i)* **Antes, na frente** *(ii)* **Anterior, anteriormente, antes que** Ante, à frente de, defronte, perante; antes de, até (tempo.; à frente, na dianteira, na frente, antes, anteriormente, até então, no passado; anterior; antes que, antes de.
(The Day) Before yesterday	**Anteontem.**
Beforehand ⇆ In advance	**Antes, antecipadamente**
BEHIND ▶ Prep., adv.	*(i)* **Atrás, detrás, em apoio, na retaguarda** *(ii)* **atrasado, inferior** Atrás de, detrás de, em apoio a, de; depois de, após, que remanesce; inferior a; atrás, para trás, anteriormente, por trás, na retaguarda; atrasado, em atraso.
Behind one's back ▼ Talking behind people's back is opposite to telling things upfront.	**Pelas costas, por trás** ◢ Falar das pessoas pelas costas é oposto a dizer as coisas abertamente.
Behind schedule ▼ All the flights were behind schedule.	**Atrasado** ◢ Todos os voos estavam atrasados.
Behind the front ▼ Nurses work behind the front.	**Na retaguarda** ◢ As enfermeiras trabalham na retaguarda.
Behind the scenes ▼ Things behind the scenes can be more interesting than what is released to the public.	**Nos bastidores** ◢ As coisas nos bastidores podem ser mais interessantes do que o que é aberto ao público.
BELIEVE -x- ▼ You said you were sick, and I believed you.	**Acreditar em afirmações feitas, em algo que se comunica (pessoa, relatório, notícia) Crer ser verdade** ◢ Você disse que estava doente, e eu acreditei em você.
BELIEVE IN ▼ I believe in God, in you.	**Crer em, acreditar em . no sentido de ter fé, confiar** ◢ Creio em Deus, creio em ti.

BELONG TO
BELONG IN, ON, etc.

▼ (1) Who does this unique pen belong to?

▼ (2) An object like this belongs in a museum. Now, that book over there belongs on the second shelf top down.

(1) Pertencer a (posse), ser um membro de
(2) Pertencer a (o lugar certo de algo ou alguém)

◢ (1) A quem pertence esta caneta tão singular?

◢ (2) Um objeto como este deveria estar em um museu. Já aquele livro ali adiante deveria estar na segunda prateleira de cima para baixo.

Belong with

▼ There are people in that club who[m] I belong with.

Fazer parte, pertencer a

◢ Naquele clube há pessoas de cujo grupo eu faço parte.

BELOW
▶ Prep., adv.

(i) **O que fica sob, embaixo, numa visualização vertical** *(ii)* **inferior**

Abaixo, abaixo de, embaixo, menos que, debaixo de, sob, enfoque de cima para baixo, inferior a, indigno de; abaixo de, mais abaixo, mencionado abaixo, para lá de algum ponto; inferior.

👁 Veja ANEXO sobre diferenças entre Below/Beneath, Under/Underneath.

Below average

👁 Above average, on average

Abaixo da média

◢ Acima da média, na média.

Below ground

▼ Stunning temples were carved out below ground by an eccentric paranormal.

Debaixo da terra

◢ Templos impressionantes foram escavados debaixo da terra por um paranormal excêntrico.

Belly up to the stove top

▼ Today is Sunday and I will not belly up to the stove top.

Encostar a barriga no fogão; ir para a beira do fogão (sentido negativo)

◢ Hoje é domingo, e eu não vou para a beira do fogão. (= Não vou cozinhar de jeito nenhum)

Bend over backwards

▼ I bend over backwards not to fail in my promises.

Fazer tudo o que pode, Fazer o possível, "Virar-se do avesso"

◢ Faço tudo o que posso para cumprir as minhas promessas.

B

BENEATH ▶ Prep., adv.	*(i)* **Abaixo, sob, mais baixo que, socialmente inferior a, indigno de; abaixo, debaixo, em posição inferior.**
	👁 Veja ANEXO sobre diferenças entre Below/Beneath, Under/Underneath.

Beneath contempt	**Abaixo da crítica; refere-se a algo ou alguém não merecer nem sequer desprezo**

BENEFIT FROM	**Beneficiar-se de**
▶ We benefit from the Thai cooking classes she attended.	◢ Beneficiamo-nos das aulas de cozinha tailandesa que ela frequentou.

BENEFICIARY TO	**Beneficiário de**
▶ The account holder passed away leaving no beneficiary to the account.	◢ O titular da conta faleceu sem deixar um beneficiário da conta.
▶ Who are the beneficiaries to the insurance policy taken out by Grandma Jenny?	◢ Quem são os beneficiários da apólice de seguro feita pela vovó Jenny?

BESIDE ▶ Prep., adv.	*(i)* **Ao lado, ao longo** *(ii)* **irrelevância**
	Ao lado, perto de, junto a (*I used to sit beside you in chemistry class, remember?* = *Eu sentava do seu lado na aula de química, lembra?*). Pode indicar irrelevância, indica estar fora de algo (beside the point); ao longo de.

Beside oneself	**Fora de si, de alegria ou de tristeza; chocado ou muito emocionado**
▶ She was beside herself with grief upon hearing the news of the accident.	◢ Ela estava fora de si de tristeza ao ouvir a notícia do acidente.

Beside the point	**Irrelevante, não vem ao caso**
▶ Whether she saw it on TV or on the Internet is beside the point.	◢ Não vem ao caso se ela viu isso na TV ou na Internet.

BESIDES ▶ Prep., adv.	*(i)* **Além de, exceto, fora de; além disso, ademais, outrossim.**

BESTOW ON	**Conceder, outorgar a, abençoar com**
▶ A fairy godmother bestowed many gifts on her.	◢ Uma fada-madrinha concedeu-lhe muitos dons.

BET -x-
⇆ make a bet with someone.
❝ bet, bet, bet; betting
▼ I bet him we would win.
▼ I made a bet with him that we would win.

Apostar com alguém que, fazer uma aposta com alguém

◢ Apostei com ele que iríamos ganhar.
◢ Fiz uma aposta com ele de que iríamos ganhar.

BET ON
▼ I'll bet on that.

Apostar em

◢ Aposto nisso.

BETRAYAL OF
▼ Your betrayal of me is beyond forgiveness.

Traição a alguém

◢ Sua traição a mim não merece perdão.

[to be] Better off
▼ Let her play the drums… we wouldn't be better off if she had taken lessons on how to play the tuba.

Estar melhor

◢ Deixe-a tocar bateria…. Nós não estaríamos melhor se ela tivesse tomado aulas de tuba.

BETWEEN
▶ Prep., adv.

(i) **Entre, no meio**

Entre, no meio, intermediário, no intervalo de, entre um certo grupo, em conjunto; no meio, em posição intermediária, no intervalo.

Between ourselves — Entre nós

[Just] Between the two of us — Somente entre nós dois

BETWIX, BETWIXT
⇆ midway
▼ I am betwixt and between

Forma antiga de "between"

◢ Estou no meio, ainda sem definição.

BEWARE OF
▼ Beware of the dog: it can jump on you and bite you.

Cuidado com

◢ Cuidado com o cão, ele pode avançar em você e mordê-lo.

BEYOND
▶ Prep., adv., s.

(i) **Para lá de, mais longe que, ultrapassa** *(ii)* **Acima de, não dá para alcançar**

Para lá de, além de, mais longe que; ultrapassa, fora de, acima, não dá para alcançar, pegar, arcar (beyond what I had in mind.); além, mais adiante; o além, o outro mundo [the great beyond).

B

Beyond belief	**Inacreditável, além do imaginável**
Beyond eating	**Incomível**
Beyond me	**Acima da minha capacidade, compreensão, força**
Beyond reach	**Acima do alcance, fora do alcance.**
Beyond repair	**Sem conserto, sem possibilidade de conserto, irreparável**
▶ The toy is shattered beyond repair.	◢ O brinquedo quebrou-se em pedacinhos. Não dá para consertar.
Beyond what I had in mind	**Acima do que eu tinha em mente**
▶ USD 11,000 is a little beyond what I had in mind to pay.	◢ 11.000 dólares é um pouco acima do que eu tinha em mente pagar.
Beyond words	**Além das palavras; não ter palavras**
▶ I'm grateful beyond words.	◢ Não tenho palavras para expressar o quanto sou grato.
Bite back	**(1) Devolver mordida** **(2) Controlar-se, conter-se, segurar-se**
▶ (1) If you bite me I will bite you back.	◢ (1) Se você me morder, eu te morderei também.
▶ (2) Taken by surprise by her rude words I had to bite my answer back.	◢ (2) Tomado de surpresa pelas suas palavras rudes, I tive que me conter para não retrucar.
BLAME FOR	**Culpar por, Pôr a culpa em**
⇆ Put the blame on ▶ Who is to be blamed for the fire? Put the blame on Mame…	◢ Quem deve ser culpado pelo incêndio? Ponha a culpa na Mame….
Blank out	**Dar branco, perder a memória, esquecer**
▶ I don't even know what happened… I blanked out.	◢ Nem sei o que aconteceu… Deu um branco.

Blend in (with)

⇆ mingle with

▶ Are you good at blending in with people you never met before?

Misturar-se a, com

◢ Você é bom em aproximar-se, enturmar-se com pessoas que nunca conheceu?

Blog one's brains out

Colocar tudo o que pensa no blog

Blow out

" Blow, blew, blown; blowing

▶ (1) Quick! Blow out the fire!

▶ (2) A tire blew out as the car ran over some big nails.

(1) Apagar chamas, apagar soprando; estourar (2) Estourar, estourar por perfuração

◢ (1) Rápido! Apague o fogo!

◢ (2) Um pneu estourou conforme o carro passou sobre alguns pregos grandes.

Blow up

▶ A balloon blew up in his face: that is why he blew up.

Estourar (literal e figurativamente); Explodir de raiva

◢ Um balão estourou na cara dele. Esta é a razão de ele ter explodido de raiva.

Blow something up

Encher, seja soprando ou com gás

▶ v.

Blowup

▶ n.

Explosão de algo cheio de gás, ou, no sentido figurado, "explosão de raiva"; ampliação de fotografia

▶ s.

BOAST ABOUT, OF

▶ He boasted about having been to all countries in the free world.

Gabar-se de, que

◢ Ele se gabou de ter estado em todos os países do mundo livre.

Boil down to

👁 Come down to

Resumir-se a

Boil over

▶ The milk boiled over.

Derramar ao ferver (há sentidos figurados: ficar fora de controle)

◢ O leite ferveu e derramou.

Boot up

▶ It takes a few minutes to boot up.

Começar a funcionar; iniciar o computador

◢ Leva alguns minutos para iniciar o computador.

B

BORDER ON	Estar às raias de, fazer limite com, estar perto de (sentido literal e figurado)
▼ The whole thing borders on insanity!	◢ A coisa toda atinge as raias da loucura!
Bored into a coma	Mortalmente entediado.
Bored out of	Perder, ter algo extinto à força de tédio
▼ Students of economics usually have the creative spark bored out of them by endless math.	◢ Tediosos, infindáveis estudos de matemática matam o brilho criativo dos estudantes de economia.
Bored to death, to tears [with, by]	Chato a ponto de matar, de querer chorar, etc.
▼ Jason was bored to death with the piano audition. (by the audition)	◢ Jason estava morrendo de tédio com a audição de piano. (pela audição de piano)
BORN TO somebody	Nascer de alguém
❝ *Bear, bore, born; bearing*	Ser dada à luz por alguém
▼ On May 8, 1955 a baby girl was born to Dorothy Lou Barton in the early morning of Mother's Day.	◢ No dia 8 de maio de 1955, Dorothy Lou Barton deu à luz um bebê do sexo feminino nas primeiras horas da manhã do Dia das Mães.
BORN + *v. inf.*	Nascer para (segue-se certa ideia ou destino)
▼ In "Born to be wild", "wild" can be translated in many ways.	◢ Em "Born to be Wild", ou seja, "Nascido para ser wild", "wild" pode ser traduzido de muitas formas: indômito, rebelde, sem freios, livre, selvagem, etc.
BORROW FROM	Tomar, pegar emprestado de
⇆ lend to	⇆ emprestar a, para
▼ If you don't lend money to me, I'll have to borrow it from the loan shark.	◢ Se você não emprestar dinheiro para mim, terei que tomar emprestado do agiota.
(Be, feel) Bound up	(1) estar ou sentir-se amarrado por obrigações (2) estar constipado, com "intestino preso"

B

Break down	**(1) Quebrar (mecanicamente)**
" *Break, broke, broken; breaking*	**(2) Desmoronar (emocionalmente)**
	(3) Explicar cada item; detalhamento
▼ (1) e (2) As the car broke down so did she.	◢ (1) e (2) Quando o carro quebrou, ela desmoronou junto.
▼ (3) She needs a breakdown of the mechanic's bill, for the insurance company.	◢ (3) Ela precisa do detalhamento da fatura do mecânico, para a seguradora.

Break in	**(1) Domar, domesticar, treinar, acostumar**
	(2) Fazer lassear, "amaciar" algo
▼ (1) It takes some time until a husband is "broken in" properly.	◢ (1) Leva algum tempo até "domesticar" bem um marido.
▼ (2) Longer than it takes to break in tight shoes with the stretchers.	◢ (2) Mais do que leva para lassear sapatos apertados com a forma expansora.

Break into, in	**(1) Entrar à força, arrombar**
	(2) Entrar em conversa alheia
▼ (1) Robbers broke into the office last night.	◢ (1) Assaltantes arrombaram o escritório ontem à noite.
▼ (2) Excuse me for breaking into the conversation, but I need to know more about it. Could you repeat what you were saying?	◢ (2) Desculpe-me por entrar na conversa, mas preciso saber mais a respeito disso. Você poderia repetir o que estava dizendo?

Break-in	**Roubo com invasão, arrombamento**
▼ There was a break-in at the house next door.	◢ Houve um arrombamento na casa ao lado.

Break off	**Interromper, desmanchar relações**
⇆ break up	
▼ She's crying because they broke it off.	◢ Ela está chorando porque eles terminaram o namoro.

Break out	**(1) Irromper, "estourar" (2) Fugir, escapar**
▼ (1) As demand fell, price wars broke out.	◢ (1) Conforme caiu a demanda, estouraram as guerras de preço.
▼ (2) Someday I'll break out from this prison.	◢ (2) Algum dia, eu fugirei desta prisão.

Break to a stop	**Brecar até parar**
▼ I broke to a sudden stop at the traffic light and bumped into the windshield.	◢ Brequei de repente no farol e fui com tudo no para-brisa.

B

Break up 👁 break off	**Dividir, separar; terminar namoro.**
Bring about ▶ His miserable childhood was not brought about by dark forces. " *Bring, brought, brought; bringing*	**Fazer acontecer, causar, acarretar, ocasionar** ◢ Sua infância pobre e infeliz não foi causada por forças do mal.
Bring in ▶ (1) They brought in a new consultant as well as a whole new team. ▶ (2) The show must bring in at least one grand.	**(1) trazer, introduzir (2) render (= yield)** ◢ (1) Eles trouxeram um novo consultor, assim como toda uma equipe. ◢ (2) O show precisa render no mínimo um mil dólares.
Bring on ▶ The food shortage was brought on by mismanagement. Purely a lack of planning.	**Trazer por consequência; causar** ◢ A falta de alimentos foi ocasionada por erros de gestão. Foi pura falta de planejamento.
BRING ONTO ▶ Bring your experience onto the stage.	**Trazer para** ◢ Traga a sua experiência para o palco.
Bring it on	**Informal: Que venha, vamos lá, eu topo, "manda para cá"**
Bring out	**Fazer aparecer, trazer à superfície, causar**
Bring [someone] in on something	**Trazer alguém para a questão, para a discussão; inteirar, informar**
[to be] Brought out into the open	**Ser trazido à luz, a descoberto; ser revelado**
BRING TO a boil, a halt, an end, a turning point, a standstill, etc... ▶ Bring the water to a boil before adding the tea.	**Fazer alcançar um certo ponto; deixar algo atuando, operando, acontecendo, até ferver, parar, terminar, acontecer uma virada, uma parada, etc.** ◢ Deixe a água chegar no ponto de fervura antes de pôr o chá.

Bring up

💬 *Voz passiva: To be brought up (ser criado)*

▼ (1) He brought up that his upbringing was a happy one.

▼ (2) According to the legend, Romulus and Remus were twin baby boys brought up by a she-wolf.

(1) Mencionar algo (2) Criar

💬 *Upbringing: a criação*

◢ (1) Ele mencionou ter tido uma criação (infância) feliz.

◢ (2) De acordo com a lenda, Rômulo e Remo eram bebês gêmeos que foram criados por uma loba.

Brush off

▼ She felt brushed off by Guy.

Desconsiderar, dispensar rápido

◢ Ela se sentiu dispensada pelo Guy.

Brush up [on]

▼ Brush up on your English.

Estudar, rever, dar uma polida

◢ Dê uma polida no seu inglês.

Build up

▼ (1) An empire was built up from practically nothing.

▼ (2) Make an effort and build up your physique as well as your financial investments. This way you will soon build up self-confidence.

(1) Erguer, erigir, construir, ampliar (2) Acumular, aumentar gradativamente, fortalecer, reforçar

◢ (1) Um império foi erguido praticamente a partir do nada.

◢ (2) Faça um esforço e fortaleça o seu físico assim como seus investimentos financeiros. Dessa forma, logo aumentará a sua autoconfiança.

Build up an appetite

Ganhar apetite, ficar com apetite

BULLET TO, IN

▼ "A knife to your heart, a bullet to my head" this is the book I paid to have published.

Bala em (no, na)

◢ "Uma faca no seu coração, uma bala na minha cabeça": este é o livro que paguei para publicar.

Bump into

▼ (1) On my way to the restaurant, I bumped into an old flame of mine.

▼ (2) The previous day I had bumped into a lamppost.

(1) Dar de cara, encontrar inesperadamente (2) Veículo: bater (= crash into...)

◢ (1) A caminho do restaurante, dei de cara com uma antiga paixão minha.

◢ (2) No dia anterior, eu tinha batido contra um poste.

Bump up against

▼ Don't you bump up against immutable laws. There's no use.

Dar de encontro com, ir contra

◢ Não vá você contra leis imutáveis. Não adianta.

B

Burn down	**Queimar até acabar, destruir**
❝ *Burn, burned/burnt, burned/burnt; burning*	▲ A velha casa de fazenda foi destruída pelo fogo.
▶ The old farmhouse burned down.	
BUSTED ON	**Preso por**
▶ Ed was busted in New Mexico on a vagrancy.	▲ Ed foi preso no Novo México por vadiação.
Buy off	**"Comprar", subornar**
❝ *Buy, bought, bought; buying*	
▶ The City Hall inspectors had been bought off.	▲ Os fiscais da prefeitura tinham sido comprados.

BUT	*(i)* **Exceto** *(ii)* **apenas** *(iii)* **mas** *(iv)* **a não ser**
▶ Prep., adv., conj.	Exceto, fora, menos, a não ser (<u>but one</u>, anything but =: tudo menos,); só, somente, apenas (<u>Life is but a dream</u>); mas, porém, todavia (<u>but as for me</u>); a não ser, a não ser que, que não, senão (<u>but for</u>) Mais: usos antigos ou literários, veja em bons dicionários.

But as for me	**Mas, porém, quanto a mim**
▶ "But as for me and my household we will serve the Lord" (Josh).	▲ "Porém eu e minha família serviremos ao Senhor." (Josué)
But for	**A não ser por, se não fosse**
▶ But for the curly hair she looks Indian.	▲ A não ser pelos cabelos ondulados, ela parece índia.
▶ But for you I would be lost.	▲ Se não fosse você, eu estaria perdida.
But one	**Menos um**
▶ The last but one.	▲ O penúltimo.
But [something]	**Só, apenas**
▶ Life is but a dream.	▲ A vida é só um sonho.
Buy in [to, into]	**Aderir, "cair", acreditar em alguma ideia ou esquema**
❝ *Buy, bought, bought; buying*	
▶ Victims buy in to scams after being conned into it.	▲ As vítimas aderem a esquemas após serem enganadas e convencidas a entrar.

Buy into

► Our next step will be to buy into that retail outlets chain.

Pagar por adesão a, comprar parte, participação

◢ Nosso próximo passo será a compra de participação naquela cadeia de pontos de venda a varejo.

Buy out

► The buyout will be easy.

Comprar a parte de outros em empresas, para ficar com tudo

◢ A aquisição do controle acionário será fácil.

s. buyout

aquisição do controle acionário de uma empresa

➤ s.

Buy up

💬 up = enfatizador: tudo

Comprar bastante ou tudo

BY
➤ Prep. e Adv.

(i) **Por qual meio** *(ii)* **ao lado, junto** *(iii)* **até certo limite de tempo** *(iv)* **quem é o autor;** *(v)* **em qual medida, proporção** *(vi)* **quando, em que altura** *(vii)* **derivação.**

Por, através de, por meio de (by Proxy); pelo, pegando (by the toe); ao lado, perto, junto a (down by the riverside); dando suporte, apoio; direção, inclinação; passando por; até, prazo, limite (get back to London by) ; por autoria, de acordo com, segundo (judge by); por, a, em unidades de; medidas, extensão; em proporção, intensidade (down by); resultados de jogos, eleições, votações (by a landslide); de, à, durante, horário (by day, by night); periodicidade (by the day), quando, em que altura ao, em; como, a maneira, o modo, com qual ação (by fits and starts) ; : prefixo: junto, perto, derivado, advindo de, resultante (by-product)

By a landslide

► "We won by a landslide!", rejoiced the president of the party, crying for joy and signaling the celebration that would follow.

Por maioria esmagadora

◢ "Vencemos de lavada!", exultava a presidente do partido, gritando de alegria e dando o sinal da celebração (festa) que viria em seguida.

By a majority of votes

► By a majority vote, she was the first woman President-elect.

Por maioria de votos

◢ Por maioria de votos, ela foi a primeira mulher eleita Presidente.

B

By a substantial margin
▼ She usually wins by a substantial margin.

Por boa margem, Por margem significativa
◢ Ela geralmente vence por uma boa margem.

By all means
▼ She is going to take office, by all means.

Com certeza
◢ Ela vai tomar posse, com certeza.

By all that is sacred
▼ I swear to it, by all that is sacred.

Por tudo que é sagrado
◢ Dou meu juramento quanto a isso, por tudo que é sagrado.

By and large
▼ By and large, the Portuguese were responsible for the mixture of races in our country.

De um modo geral
◢ De um modo geral, os portugueses foram responsáveis pela mistura de raças em nosso país.

By any standard
▼ The people on the coastline enjoy better lives by any standard.

Segundo qualquer padrão de medida
◢ O povo da costa litorânea tem uma vida melhor sob qualquer padrão de medida.

By any measure
⇆ by any yardstick
▼ Our goods are superior to the competitors' by any measure.

Segundo qualquer padrão de medida
◢ Nossos artigos são superiores aos da concorrência sob qualquer padrão de medida.

By birth
▼ I was no rich heir by birth.

De nascença
◢ Não fui um rico herdeiro por nascença.

By chance
▼ I joined the company by chance.

Por acaso
◢ Entrei para a empresa por acaso.

By coincidence
▼ By sheer coincidence, the president and I came from the same hometown.

Por coincidência
◢ Por pura coincidência, o presidente e eu viemos da mesma cidade natal.

By common consent
▼ It´s by common consent that we frequent different places.

De comum acordo
◢ É de comum acordo que frequentamos lugares diferentes.

By day, by night
▼ She does my laundry by day and the ironing by night.

De dia, de noite
◢ De dia, ela me lava a roupa, e à noite, passa a ferro.

By default
▼ The lawsuit for unpaid overtime was ended by default.

Por desistência
◢ A ação judicial por horas extras não pagas foi terminada por desistência.

> **Nota:** "by default" tem outros significados bastante variados, por exemplo: por ser padrão, normalmente, automaticamente, por falta de alternativa, por falta de pagamento, por falha, etc.

By ear
▼ He learned everything by ear.

De ouvido
◢ Ele aprendeu tudo de ouvido.

By far
▼ He's by far the best professional in his field.

De longe
◢ Ele é, de longe, o melhor profissional da sua área.

By fits and starts
⇆ In fits and starts
▼ Me? Just getting by, by fits and starts…

A intervalos irregulares, aos trancos e barrancos
◢ Eu? Vou levando aos trancos e barrancos…

By foul means
▼ Not by any foul means, though.

Por meios ilícitos
◢ Mas não por nenhum meio ilícito.

By hearsay
▼ Things learned by hearsay are not accepted as proof at court.

De orelhada, Por ouvir dizer
◢ Coisas sabidas por ouvir dizer não são aceitas como prova no tribunal.

By heart
▼ The teacher said we'll have to learn these idioms by heart

De cor
◢ A professora disse que teremos que aprender essas expressões de cor.

By hook or by crook
⇆ by any means, no matter how.
▼ We'll get the job done, by hook or by crook.

De qualquer jeito; por bem ou por mal
💬 *(linguagem de gente antiga)*
◢ Conseguiremos fazer o trabalho por bem ou por mal.

B

By leaps and bounds	**A passos largos, rapidamente**
▼ One can say that the video game business progressed by leaps and bounds.	◢ Pode-se dizer que o negócio de vídeo game progrediu a largos passos.
By luck	**Por sorte**
▼ I met her by luck.	◢ Eu a encontrei por sorte.
By marriage	**Por casamento**
▼ In-laws are relatives by marriage, not by blood.	◢ Parentes por afinidade são parentes por casamento, não de sangue.
By means of	**Por meio de, usando**
▼ By means of ingenuity and art at sailing the high seas, the Portuguese navigators went beyond the Taprobana.	◢ Por meio de engenho e arte na navegação dos altos mares, os portugueses passaram além da Taprobana.
By mistake	**Por engano**
▼ I called him by another name, by mistake. And I only knew him by name.	◢ Eu o chamei por outro nome por engano. E eu só o conhecia de nome.
By name	**Por nome, de nome**
By nature	**Por natureza**
▼ That pretty Russian player is, by nature, an A-type.	◢ Aquela linda jogadora russa é, por natureza, um tipo A.
By some place	**Na beira, ao lado**
▼ Look, there she is now, resting by the pool.	◢ Olhe, lá está ela agora, descansando na beira da piscina.
By no means	**De forma alguma; de jeito nenhum; absolutamente não**
▼ By no means do I mind your sleeping during class be my guest.	◢ Eu não me importo de modo algum que você durma durante a aula – fique à vontade.
▼ By no means can I be called the most radical member of that group.	◢ De forma alguma posso ser chamado de o mais radical membro daquele grupo.

> **Nota:** sendo "by no means" uma locução negativa, a oração sofre inversão. "By no means do I mind" ao invés de I don't mind, e "By no means can I", ao invés de I cannot..

BYPASS -x-
➤ v., s.

(1) Passar ao largo de locais, evitar, pegar passagens secundárias; ignorar, por exemplo deixando de consultar alguém ou deixando de seguir regulamentos
(2) Desvio, passagem secundária; ponte de safena

By-product
▼ Name two by-products of the castorbean.

Sub-produto, produto derivado
◢ Dê o nome de dois sub-produtos da mamona.

By proxy
▼ As I couldn't go, she voted for me, by proxy.

Por procuração escrita, para votar em assembléias
◢ Como eu não podia ir, ela votou por mim por procuração.

By reason of
▼ It had to be that way, by reason of severe illness.

Por motivo de
◢ Teve que ser dessa forma, por motivo de doença grave.

By request
▼ Actually, it was by request of the legal advisor.

A pedido
◢ Na verdade, foi a pedido do conselheiro legal.

By sheer accident
▼ He fell down the staircase by sheer accident, said Nazareth.

Por mero acaso
◢ "Ele caiu escada abaixo por puro acidente", disse Nazareth.

By sight
▼ Can you tell them apart by sight?

De vista
◢ Você consegue distingui-las de vista?

By signs
▼ Prisoners can communicate by signs.

Por meio de sinais
◢ Os prisioneiros conseguem comunicar-se por sinais.

By temperament
▼ She is, by temperament, an artist, but due to the present circumstances she has been working as a waitress.

Por temperamento, por natureza
◢ Ela é, por temperamento, uma artista, mas devido às atuais circunstâncias, vem trabalhando como garçonete.

B

By the book

▼ You can become very stressed if you insist on doing everything by the book.

À risca, Obedecer como se estivesse prescrito em manuais, regulamentos, ou até mesmo na Bíblia.

◢ Você pode ficar muito estressado se insistir em fazer tudo à risca.

By the day

▼ Cleaning maids get paid by the day.

Por dia

◢ Faxineiras são pagas por dia.

By the dozen

▼ Eggs are sold by the dozen.

Às dúzias, por dúzia

◢ Ovos são vendidos às dúzias

By the hour

▼ (1) I'd rather receive my wage by the hour, if you don't mind.

▼ (2) Your opinion changes by the hour, and this is not good.

(1) Por hora (2) a cada hora, a toda hora

◢ (1) Prefiro receber meu pagamento por hora se você não se incomodar.

◢ (2) Sua opinião muda a toda hora, e isso não é bom.

By the name of

▼ He lived in New Orleans and used to go by the name of King Creole.

Pelo nome de, Sob a alcunha de

◢ Ele morava em New Orleans e atendia pelo nome de King Creole.

By the same token

▼ "If you hit your little brother, by the same token you cannot complain when the bigger boys hit you at school" so was Jason reprimanded by his grandfather.

Igualmente, da mesma forma, pela mesma razão

◢ "Se você bate no seu irmãozinho, pela mesma razão você não pode reclamar se os meninos maiores batem em você na escola", Jason foi assim repreendido pelo seu avô.

By the time

▼ By the time he arrived home, his entire salary had been left in bars to pay for cheap booze.

Quando, na altura em que

◢ Quando ele chegou em casa, todo seu salário tinha ficado em bibocas, gasto em bebidas baratas.

By the toe

▼ Catch the kid by the toe!

Pelo dedão

◢ Pegue o garoto pelo dedão do pé!

By the way

▼ By the way, when is payday?

Por falar nisso; a propósito

◢ Por falar nisso, quando é o dia de pagamento?

B

By then
▰ What?! Ten more days to go? I'll be flat broke by then.

Nessas alturas, até então
◢ O quê?! Ainda faltam dez dias? Não terei nenhum centavo nessas alturas.

By threatening
▰ You won't get anywhere by threatening.

Por meio de ameaças
◢ Você não chegará a lugar nenhum através de ameaças.

By trade, by profession
▰ Although his name means "Shoemaker", Michael is a car racer by trade (= by profession.

Por ofício, de profissão
◢ Embora seu nome signifique "Sapateiro", o Michael é, por profissão, piloto de corridas.

By turns
⇆ In turns
▰ Stand up, come up here and talk by turns, please!

Alternadamente, cada um a seu turno
◢ Levantem-se, venham até aqui e falem cada um na sua vez, por favor.

69

CALCULATE AT **CALCULATE** + *v. inf.* ▼ I calculated those expenses at USD 5M. (= I calculate those expenses to be USD 5M.)	**Calcular em** ◢ Calculei aquelas despesas em 5 milhões de dólares. (= Calculo que aquelas despesas sejam [da ordem de] US$ 5 milhões.)
CALL -x- **CALL** + *v. inf.* ▼ Did you call me? ▼ I just called to say I love you.	**Ligar, ligar para** ◢ Você me ligou?(= você ligou para mim?. ◢ Eu só liguei para dizer que te amo.

> **Nota:** o verbo "to call", como se vê, é intransitivo no sentido de ligar, telefonar para alguém. Nesse significado é errado dizer "Call to me" ou "she will call to you". É apenas "call me", "she will call you", etc. CALL TO somebody consta abaixo, na ordem alfabética, e significa "gritar chamando alguém, falar alto dirigindo-se a alguém".

Call after ▼ I turned to walk away, but heard somebody call after me: "Hey, Mister!"	**Chamar alguém que está se distanciando** ◢ Virei-me para ir embora, mas ouvi alguém me chamando: "Ei, senhor!"
Call for ▼ (1) The coronel got elected! This calls for a celebration, said his allies. ▼ (2) I've already called for the bill.	**(1) Algo. exige, requer alguma providência (2) Pedir** ◢ (1) "O coronel foi eleito! Isso requer uma celebração", disseram seus aliados. ◢ (2) Já pedi a conta.
Call someone in ▼ (1) [Boss to secretary]: Please call this special visitor in. ▼ (2) "I just called in to say I how much I care", said she.	**(1) Chamar alguém para entrar** **(2) ir fazer uma visita, "dar uma passada" no caminho para outro lugar** ◢ (1) [Chefe para secretária]: Por favor, faça entrar essa visita especial. ◢ (2) "Eu vim até aqui só para dizer-lhe o quanto me importo", disse ela.

C

[to be] called into ⚑ He was called into the precinct. I was called into the discussion.	**Comparecer, ser convocado oficialmente** ◢ Ele foi convocado para comparecer na delegacia de polícia. Eu fui chamada para entrar na discussão.
[to be] Call in (for) ⚑ (1) Qualified candidates called in for an interview. ⚑ (2) Qualified candidates are called in for an interview.	**(1) Ir para alguma finalidade** **(2) Na voz passiva: Ser chamado para** ◢ (1) Candidatos qualificados vieram para uma entrevista. ◢ (2) Candidatos qualificados são chamados para entrevista.
Call in sick ⚑ The trick of calling in sick, especially on Fridays and Mondays, can blow your career.	**Ligar para o trabalho dizendo estar doente** ◢ O truque de ligar avisando que está doente, especialmente nas sextas e nas segundas, pode prejudicar a sua carreira.
Call off ⚑ Because of the storm the event was called off.	**Cancelar** ◢ Por causa da tempestade, o evento foi cancelado.
Call on/ upon ⚑ (1) and (2) Whoever called on Paulo was called upon to support his candidacy for the City Council.	**(1) Visitar (= drop by, drop in on)** **(2) Conclamar, convocar** ◢ (1) e (2) Quem quer que visitasse o Paulo era conclamado a dar apoio à sua candidatura à Câmara de Vereadores.

> ❧ **Nota:** "Ser convocado para serviço militar": "to be drafted" (into the military, to serve)

Call out (from, at, to) ⚑ "Stupid," somebody called out from the back of the classroom.	**Chamar em voz alta, falar gritando de, contra, para** ◢ "Burro", alguém falou alto lá do fundo da sala de aula.
Call to ⇆ call out To ⚑ In the theater to see Hamlet, a girl stood up and called out to the stage: "Where's the ghost?"	**Falar alto, gritar dirigindo-se a** ◢ No teatro para assistir Hamlet, uma garota levantou-se e gritou para o palco: "Cadê o fantasma?"

Call up
- They called me up to say that the event had been called off.

Telefonar, ligar
- Eles me ligaram para dizer que o evento tinha sido cancelado.

CANDIDATE FOR
- Are you a candidate for your city's council?

Candidato a (vagas, posições)
- Você é candidato à câmara de vereadores de sua cidade?

CAPABLE OF
- We expect you to be capable of performing your duties as a representative of the people.

Capaz de
- Esperamos que você seja capaz de desempenhar os seus deveres como representante do povo.

CAREFUL / CARELESS ABOUT, OF, WITH

Cuidadoso ou descuidado, atento ou desatento em relação a, com respeito a, quanto a, com

- He is careful about whom he speaks with.
- Ele toma cuidado sobre com quem conversa.

- She is careful of her professional reputation.
- Ela é zelosa com respeito à sua reputação profissional.

- People like our Uncle Miser never act carelessly with their money.
- Pessoas como o nosso Tio Sovina nunca agem descuidadamente com o dinheiro.

[to be] Carried away [by]

Ficar "tomado", "levado" por, empolgar-se demais por, com

- With glazed eyes, as if in a trance, he seemed to have been carried away by the rhythmic beat of the drums.
- Com os olhos vidrados, como se estivesse em transe, ele parecia estar tomado pela batida rítmica dos tambores.

- While doing 3 days of back homework I got carried away and ended up burning the midnight oil. .
- Eu estava fazendo 3 dias de lição de casa acumulada e fiquei "tomada"... Não parei até ter terminado.

Carry on

(1) Continuar, prosseguir, seguir com algo
(2) Persistir com alguma ação;
(3) Informal: fazer algo ruim

- (1) Don't pay attention to criticism. Just carry on.
- (1) Não dê ouvidos às críticas. Siga adiante e pronto.

- (2) It's hard to live without you, but I must carry on.
- (2) É difícil viver sem você, mas eu tenho que seguir adiante.

- (3) Don't carry on, Jason... listen to your only friend.
- (3) Não continue com isso, Jason, ouça seu único amigo.

C

Carry out
⇆ carry off
▶ Although they have a tight schedule, Raissa and Giovanna usually carry out all their tasks.

Conseguir executar, levar a cabo

◀ Apesar de terem uma agenda apertada, Raissa e Giovanna conseguem executar todas as suas tarefas.

Cash against document – CAD
💬 Bus.

Pagamento à vista para receber documentos relativos à compra;
💬 *Linguagem de importação/exportação*

Cash in

Descontar cheque, converter ações em dinheiro

Cash in on

Lucrar, ganhar dinheiro em cima de algo

Cash out

Trocar por dinheiro; distribuir o dinheiro de uma conta

Cash up
▶ We need to cash up urgently, that is, we need funds. Let's cash up our holidays.

Fechar o caixa; colocar, arrumar o dinheiro necessário; tirar em dinheiro
◀ Precisamos fazer caixa urgentemente, isto é, precisamos de fundos. Vamos tirar nossas férias em dinheiro.

CAST FROM
⇆ CAST of
▶ The cast from Hamlet was in the pub.

O elenco de

◀ O elenco de Hamlet estava no pub.

Cast in with
👁 Throw one's lot in with

Apostar o seu destino em; apostar sua sorte em

CATCH ON
❝ *Catch, caught, caught; catching*
▶ I have a run in my stocking because it caught on the sharp edge of the chair

Prender em algo, enroscar, fisgar, ficar preso em
◀ A meia desfiou porque enroscou em alguma rebarba da cadeira.

Catch on

▶ (1) The "crab dance" is a fad that caught on like fire.

▶ (2) We were going to throw him a surprise party, but he caught on.

(1) "pegar" (moda, prática, tendência, ideia)
(2) Perceber, "sacar"

◀ (1) A "dança do caranguejo" é uma moda que se alastrou como fogo.

◀ (2) Nós íamos fazer uma festa surpresa no aniversário dele, mas ele percebeu.

Catch up on I have to catch up on the paper work, otherwise the office will be a total mess.	**Pôr em dia, atualizar** Tenho que pôr a papelada em dia, senão o escritório ficará um caos total.
Catch up (with) The poor boy was trying to catch up with his friends when he was stopped by cops who mistook him for a street urchin.	**Alcançar, ficar igual** O pobre garoto estava correndo, tentando alcançar seus amigos, quando foi parado por guardas que o confundiram com um trombadinha.
Caught by surprise It's so sad and unfair. And he was caught by surprise.	**Pego de surpresa** É tão triste e injusto. E ele foi pego de surpresa.
CATER FOR, TO Who caters for the staff? Some sites cater to specific tastes.	**Servir a, prestar serviços a, (por ex. alimentação, bufês)** Quem serve o pessoal (quem presta serviços de alimentação)? Alguns sites atendem a gostos específicos.
CERTIFIED AS Their son was certified as a Rolls-Royce mechanic.	**Habilitado como, em;** **Qualificado para** O filho deles foi habilitado como mecânico de Rolls-Royce.
Chalk something up to She flunked and chalked it up to fate.	**Atribuir (algo. a)** Ela tomou bomba no exame e decidiu que foi coisa do destino.
Change something around Sometimes I feel an urge to change everything around me.	**Mudar algo de posição;** **Mudar a disposição de móveis, plantas, etc.** Às vezes, tenho ímpeto de mudar tudo à minha volta.
CHANGES IN Changes in legislation affected our business.	**Mudanças em** Mudanças da legislação afetaram o nosso negócio.

CHANGE OUT OF, INTO

▼ Let me change out of this suit and [change] into something more comfortable.

▼ If I don't take off this sweater and change into something lighter, I'll die from the heat..

Mudar de roupa, trocar por

◢ Deixe-me trocar este terno por algo mais confortável.

◢ Se eu não tirar esse suéter de lã e trocá-lo por algo mais leve, vou morrer de calor.

CHANGE TO/INTO

▼ Excuse me, I'll change into more casual clothes.

Mudar, trocar para

◢ Com licença, vou mudar para roupas mais à vontade.

CHANGES [MADE] TO

▼ With the changes made to the tax legislation, this tax is now calculated at a rate of 7.6%.

Mudanças efetuadas com relação a; mudanças feitas em

◢ Com as mudanças feitas na legislação tributária, este imposto agora é calculado à taxa de 7,6%.

Charge by the hour

▼ I heard that in the U.S. many workers such as cleaning ladies, charge by the hour.

Cobrar por hora

◢ Ouvi dizer que, nos Estados Unidos, muitos trabalhadores, tais como as faxineiras, cobram por hora.

CHARGE WITH

⇆ accuse of

▼ Charged with a crime she had not committed, the girl fled from her hometown.

Acusar de

◢ Acusada de um crime que não cometera, a garota fugiu de sua cidade natal.

[BE] CHARGED WITH

▼ That UN agency is charged with helping emerging economies get on their feet.

Ter o encargo de, ter recebido a incumbência de

◢ Aquele departamento da ONU tem o encargo de ajudar as economias emergentes a se erguerem.

[be] Charged up [from]

▼ The man was charged up from the drink and danced his wife around the kitchen.

Estar cheio de alguma substância, bateria carregada, "de tanque cheio"; entusiasmado ou contente *(fig.)*

◢ Alegre pela bebida, o homem levou a esposa dançando pela cozinha.

CHASE FROM

⇆ chase away
▼ Mom chased the cat from the kitchen.

Tocar para fora de algum lugar

◢ Mamãe tocou o gato para fora da cozinha.

CHEAT AT, ON

▼ (1) Cheating on tests gives rise to suspension.
▼ (2) Cheating at the card game, Gramps?!

(1) Colar em (2) Trapacear em

◢ (1) Colar nas provas dá suspensão.
◢ (2) Trapaceando no jogo de cartas, vô?!

CHEAT ON

▼ Never cheat on someone you really love.

▼ Everyone who cheats on their taxes should be held accountable.

Trair alguém, enganar, ser desonesto em

◢ Nunca traia alguém a quem você realmente ama.

◢ Todos os desonestos a respeito dos seus impostos deveriam ter que responder por isso.

Cheat someone out of something

▼ The clever girl cheated him out of all the money he had.

Tirar, roubar algo de alguém, enganando

◢ A garota esperta o enganou e tirou todo o dinheiro que ele tinha.

Check against

▼ The clerk in the Receiving Area checks the incoming goods against his list and releases entry.
▼ Check the signature against some I.D.

Conferir com, fazer a conferência em, "checar" em relação a algo

◢ O funcionário na área de Recebimento confere, em sua lista, os produtos que chegaram e libera a entrada.
◢ Confira a assinatura comparando com algum documento de identidade.

(1) Check in

⇆ check out

(2) *Check-in time*

⇆ check-out

(3) *Check into*

⇆ check out of

(1) Apresentar-se, exibir documentos para vôo; dar entrada em hotel; chegar/entrar nos locais em geral (onde há horário, relação das pessoas)
(2) Check-in time: horário de apresentação
(3) Check into ao invés de check in reforça a ideia da entrada física nos locais, a movimentação, a chegada para registrar-se em hotel

Check off

▼ The manifest is checked off.

Dar o visto

◢ A lista está checada, com visto.

Check on/upon
He looks like a spy: let's check on him.

Verificar, investigar
Ele tem jeito de espião. Vamos investigá-lo.

Check something out
That resort has been highly recommended. Let's check it out.

Conhecer, ir conferir
Esse resort tem sido muito bem recomendado. Vamos lá conferir.

(1) *Checkout* s.
(2) *Checkout services*
(1) The line at the only checkout was too long.
(2) There are regular checkout services for clients in general, and special ones for the disabled.

(1) Caixa de supermercado
(2) Serviços de checkout (saída)
(1) A fila na única caixa estava comprida demais.
(2) Há serviços normais de checkout para clientes em geral e serviços especiais para deficientes.

Check up [on]
I'll check up on the progress of the project.

Averiguar, ir checar
Vou verificar como está o projeto, se está avançando.

Cheer up
Cheer up! Everything has worked out well.

Alegrar-se
Alegre-se! Saiu tudo certo.

Chicken out
(from, of something, on someone)

(1) The guy was wanted by the FBI and chickened out from the plan..
(2) I knew from the beginning that he could chicken out on me.

(1) Recuar, desistir, dar para trás em algum compromisso ou plano;
(2) "largar, deixar pessoas na mão"
Uso popular, informal
(1) O cara era procurado pelo FBI e desistiu do plano.
(2) Eu sabia desde o começo que ele poderia me deixar na mão.

Chip in
How about chipping in for Maria's birthday?

Contribuir, pagar sua parte, fazer uma vaquinha
Que tal fazermos uma vaquinha para o aniversário da Maria?

CHOKE ON
She laughed so hard she nearly choked on her water.

Engasgar com
Ela ria tanto que quase engasgou com a água que estava bebendo.

Chop down
⇆ cut down
- The avocado tree is taller than the house and will have to be chopped down, unfortunately.

Cortar até ir abaixo
- O pé de abacate está mais alto do que a casa e terá que ser cortado, infelizmente.

Chop up
- Asian dishes in general take a lot of chopping up.

Picar, cortar miudo
- Os pratos asiáticos em geral pedem os ingredientes bem picadinhos.

CIRCA
▶ Prep., adv.
- Pictures dated circa 1957

Cerca de, aproximadamente, perto de (usado principalmente em datas)
- As fotos são de cerca de 1957.

[make a] CLAIM ON
- The Indians made a claim on their share of that land.

Reivindicar, reclamar como seu
- Os índios reivindicaram a sua parte naquela terra.

CLASSIFIED AS
- I wonder if the whale has ever been mistakenly classified as a fish.

Classificado como
- Será que a baleia já foi alguma vez erroneamente classificada como peixe?

Clean up
- Cleaning up, washing up and mopping up are the drudgery that follow cooking & eating.

Fazer a limpeza, limpar algo
- Limpar tudo, lavar a louça e passar pano no chão são a rotina chata que vem depois de cozinhar e comer.

Clear out
- If you do not clear your bedroom out at least once a year, things get messy.

Arrumar, organizar, "limpar" de coisas velhas ou inúteis
- Se você não der uma boa ordem, "limpar" o seu quarto pelo menos uma vez por ano, tudo vira uma bagunça.

CLEVER AT
- He's very clever at getting what he wants.

Esperto em
- Ele é muito esperto para conseguir o que quer.

CLEVER OF
- This was very clever of you!

Esperteza, inteligência por parte de
- Isso foi muito inteligente! (da sua parte)

C

CLIMB ON [to], ONTO ⇆ OFF [from] ▸ Do not climb on to places you are not sure to be able to climb off from. ▸ One student climbed on the windowsill and refused to climb off.	**Subir, trepar** ⇆ descer de ◂ Não suba em lugares de onde você não tem certeza de conseguir descer. ◂ Um aluno subiu no parapeito da janela e recusou-se a descer.
Clock in 💬 (UK: clock on) ⇆ Check in, ring in, punch in ▸ Today I clocked in at 9:30 A.M. but I only punched out at 10:00 P.M.!	**Entrar, começar o trabalho, dar início à jornada na empresa ou similar** ◂ Hoje, entrei no trabalho as 9h30, mas só bati o ponto da saída às 10 da noite.
Clock out 💬 UK: clock off ⇆ check out, ring out, punch out; punch off	**Sair do trabalho, deixar o local do trabalho**
CLOGGED WITH, BY 💬 Clogged up = enfático ▸ Blood veins, as well as the sink drain, can get clogged with fat. (= by fat)	**Entupido de, por** ◂ As veias, assim como o cano da pia, podem ficar entupidas de gordura. (= pela gordura)
Close down ▸ They went bankrupt and were forced to close down.	**Encerrar as atividades, fechar definitivamente** ◂ Eles foram à falência e tiveram que fechar a empresa.
Close in (on) ▸ The cold wind of recession had been closing in on them long before that.	**Vir, estar se aproximando, de forma ameaçadora** ◂ O vento frio da recessão já vinha chegando sobre eles bem antes disso.
CLOSE TO ▸ My husband was not exactly the boy next door, but lived close to our house. ▸ Keep the purse close to your body.	**Perto de** ◂ Meu marido não era exatamente o garoto da casa ao lado, mas morava perto da nossa casa. ◂ Mantenha a bolsa junto do corpo.

Coax into

⇆ coax out of

▼ I will not let myself be coaxed into running for that position, however strong the temptation.

Convencer gentilmente a fazer, ou a não fazer algo

◢ Não me deixarei convencer a candidatar-me para esse cargo, por mais forte que seja a tentação.

COGNIZANT OF

▼ Sometimes people are not even cognizant of their discrimination toward minorities.

Ciente de, cônscio de

◢ Às vezes, as pessoas nem estão conscientes de sua discriminação em relação às minorias.

COLLABORATE ON [project] WITH something or someone

Colaborar EM projeto, COM algo ou alguém

COMBINE [WITH]

⇆ add, mix

▼ Combine one cup of flour, a glass of milk, an egg, some baking powder and salt, and you have pancake batter. Don't combine honey with the above batter, because it gets sticky. Think up some filling and enjoy.

Adicionar, misturar, juntar [a, com]

◢ Junte uma xícara de farinha, um copo de leite e um ovo, um pouco de fermento em pó e sal, e você tem massa para panqueca. Não misture mel à massa, porque fica grudento. Pense em algum recheio e bom apetite.

Come about

" *Come, came, come; coming*

▼ A serious accident came about when a banana boat came suddenly about/around and hit the trawl boat.

(I) Acontecer, vir a ocorrer, resultar de algo inesperado (2) Dar meia-volta, retornar (veículos)

◢ Um sério acidente ocorreu quando uma "banana boat" de repente deu meia-volta e bateu na traineira.

Come across

▼ My daughter came across some old photos of me.

Encontrar acidentalmente

◢ Minha filha encontrou, sem querer, algumas velhas fotos minhas (de mim).

Come across as

▼ She came across as a very sensitive person.

▼ People want to come across as open minded.

Passar a impressão de

◢ Ela pareceu ser uma pessoa muito sensível.

◢ As pessoas querem passar a impressão de terem a mente aberta.

Come along
► On warm days Johnny would bike to his English class and his dog Gino would come along and wait outside for his loved master.

Acompanhar, ir/vir junto
◄ Em dias quentinhos Joãozinho vinha de bicicleta para sua aula de inglês e seu cachorro Gino vinha junto e esperava do lado de fora pelo seu querido dono.

Come around
⇆ come Round

► (1) Come around for coffee anytime.

► (2) After the accident, I only came around in the hospital.

► (3) At first, Grandpa was suspicious of doctors, but he has come around.

(1) Aparecer, vir (= come over)
(2) Recobrar a consciência (= come to)
(3) Mudar de opinião, de modos

◄ (1) Venha tomar um café a qualquer hora.

◄ (2) Depois do acidente, eu só recobrei a consciência no hospital.

◄ (3) No início, Vovô desconfiava dos médicos, mas mudou de opinião.

Come by
► (1) Wow! This is really something. Tell me: how did you come by it?

► (2) As a real Englishman, Nigel will never come by without being invited.

(1) arrumar, obter, conseguir (2) dar uma passadinha, chegar, fazer rápida visita

◄ (1) Nossa! Isso é algo extraordinário. Diga-me: como você conseguiu?

◄ (2) Na qualidade de um verdadeiro inglês, o Nigel nunca aparecerá para visitar sem ser convidado.

COME DOWN TO
► Waist-long hair means that the hair comes down to the waist.

Descer até, atingir certo ponto, no sentido descendente

◄ Cabelo comprido até a cintura significa que o cabelo desce até a cintura.

Come down to
⇆ boils down to
► It has nothing to do with fashion. It all comes down to cultural or religious habits.

Resumir-se a, ter a ver com

◄ Não tem nada a ver com moda. Tudo se resume a hábitos culturais ou religiosos.

Come down with
► If you don´t take care of yourself you can come down with a serious illness!

Ficar doente, cair de cama

◄ Se você não se cuidar, pode cair de cama com alguma doença séria.

Come in [for]
► Come in for coffee one of these days…

Entrar [a fim de algo]

◄ Entre para um cafezinho algum dia desses…

(1) COME INTO **(2) Come into** ▼ (1) Suddenly, who comes into the dining room? ▼ (2) The old butler, who had come into big money after Madam passed away.	**(1) Adentrar, entrar em locais; dá ideia de movimento. (2) Herdar, "entrar na grana"** ◢ (1) De repente, quem entra na sala de jantar? ◢ (2) O velho mordomo, que tinha entrado numa grana alta depois que Madame falecera.
Come into effect ▼ As of that day, new internal rules came into effect: the cat and her cute kitten could not eat in the dining room anymore.	**Entrar em vigor, passar a vigorar** ◢ A partir daquele dia, um novo regimento interno passou a vigorar: a gata e seus lindos gatinhos não podiam mais comer na sala de jantar.
Come in for criticism	**Ficar sujeito a críticas**
Come into play	**Entrar na jogada**
COME OFF [OF, FROM] ▼ The poster has come off the wall. Please fix it on the wall again.	**Soltar-se de, desprender-se, cair de onde estava segurado.** ◢ O pôster soltou-se da parede. Por favor, prenda-o de novo.
Come off it	**Deixe disso, pare de dizer besteiras (informação errada, lorotas, "papo")**
Come on to someone ▼ When the guy came on to her, Giselle gave him the cold shoulder.	**Dar em cima de** **Chegar-se para paquerar** ◢ Quando o sujeito veio dar em cima dela, Giselle o rejeitou.
Come onto the market	**Chegar ao mercado**
Come out ▼ (1) I can't wait for the new movie to come out. ▼ (2) My friend decided to come out [of the closet].	**(1) Ser lançado para o público (por ex. livros, filmes, gravações)** **(2) Revelar-se (por ex. "sair do armário", revelar a própria homossexualidade)** ◢ (1) Não posso nem esperar, estou super ansiosa pelo lançamento do filme. ◢ (2) Meu amigo decidiu sair do armário (assumir a homossexualidade).

C

Come out with ⇆ come up with. ▸ My 5-year old girl comes out with such funny remarks!	**Dizer algo inesperado; "aparecer" ou "vir de repente" com alguma novidade** ▸ Minha filhinha de 5 anos vem com cada observação engraçada!
Come over ▸ Why don't you come over for tea?	**Ir, especialmente para onde foi chamado, convidado** ▸ Por que você não vem para o chá?
Come over (someone) ▸ Jeez, what has come over you?!	**Acontecer, "dar" em alguém** ▸ Credo, o que foi que deu em você?!
(1) Come to nothing **(2) Come to** ▸ (1) His efforts came to nothing. ▸ (2) Later on, he came to.	**(1) Dar em nada. Resultar em vão** **(2) Recobrar a consciência, voltar a si** ▸ (1) Seus esforços não deram em nada. ▸ (2) Mais tarde, voltou a si.
Come to	**Vir a ser, tornar-se** ◉ What's the world coming to?
Come to a boil ▸ Let the soup <u>come to a boil</u> and lower it down to a simmer.	**Até atingir o ponto de fervura** ▸ Deixe a sopa atingir ponto de fervura e abaixe para cozimento em fogo lento.
Come to terms with ⇆ came into terms ▸ Thanks to Forest, one day Lieutenant Dan Taylor came into terms with his past… and made his peace with God.	**Acertar-se com, acertar os ponteiros com** ▸ Graças ao Forest, um dia o Tenente Dan Taylor acertou os ponteiros com o seu passado… e fez as pazes com Deus.
Come to the rescue ▸ Who will come to my rescue?	**Vir em socorro** ▸ Quem virá em meu socorro?
Come up ▸ What has come up now?	**Acontecer, aparecer, surgir** ▸ O que aconteceu agora?

Come up with
⇆ come out with

Dizer ou fazer algo inesperado, criar, introduzir, inventar, elaborar, sugerir, levantar um assunto

◢ Would devilish James come up with more changes?

◢ Será que o diabólico do James viria com mais mudanças?

◢ Nobody has come up with any question.

◢ Não foi feita nenhuma pergunta (= ninguém levantou questão alguma).

COMMENSURATE WITH

Equivalente a, À altura de

◢ Prizes are not always commensurate with merits.

◢ Os prêmios nem sempre estão à altura dos méritos.

COMMENT ON

Comentar sobre

◢ Could you comment more on that, please?

◢ Você poderia tecer mais comentários sobre isso, por favor?

COMMIT TO

Entrar em, ficar com, comprometer-se com algo

◢ Are you willing to commit yourself to signing a 12-month contract?

◢ Você quer entrar num contrato de 12 meses?

◢ We are committed to delivering on time.

◢ Nós temos o compromisso de entregar a tempo.

COMMITTED INTO, TO

Internado em instituições, sanatórios e afins

◢ What does it take to be committed into a madhouse?

◢ O que é necessário [fazer] para ser internado em um hospício?

COMPANION TO

Guia, manual, ou complemento de algo

◢ The New Oxford dictionary companion to Law

◢ O complemento/guia de direito do Novo Dicionário Oxford.

(1) COMPARE TO
(2) COMPARE WITH

(1) Comparar a, equiparar a
(2) Comparar com, notando as diferenças entre

👁 Veja Nota abaixo

◢ (1) After preparing a delicious dish with ordinary ingredients, Pierre Legrand was compared to a magician.

◢ (1) Após preparar um prato delicioso com ingredientes triviais, Pierre Legrand foi comparado a um mágico.

◢ (2) He is a renowned chef. Please do not compare me with him.

◢ (2) Ele é um renomado chefe de cozinha. Por favor, não me comparem com ele.

> **Nota:** Há especialistas na matéria que afirmam não haver diferença, e que ambas as partículas podem ser usadas de acordo com preferências pessoais. Porém, alguns notam a diferença, e entre eles: *(i)* "The ACS University Style" da Oxford, instrui que deve-se usar "compare to" quando estão observando similaridades e "compare with" quando estão notando as diferenças; *(ii)* de acordo com o Penguin Writer's Manual, se as diferenças mencionadas forem marcantes, deve-se usar "with". *(iii)* William Strunk, Jr. (em Elements of Style), The Chicago Manual of Style, e outros: ao comparar diferenças entre elementos do mesmo grupo, tipo, classe, usar "with", e ao comparar semelhanças entre elementos distintos, de diferentes grupos, tipos, classes, usar "to"; *(iv)* Garner's Usage Dictionary (U.S).: "Compare with" envolve tanto semelhanças como diferenças, e "compare to" apenas as semelhanças; (v. Noam Chomsky, linguista: "They seem about the same to me", ou seja, "Parecem ter quase que o mesmo significado"). Porém, Chomsky afirmou que os falantes nativos sabem intuitivamente fazer a melhor escolha.

COMPATIBLE WITH
▼ We need a system compatible with this computer model.

Compatível com
◢ Precisamos de um sistema que seja compatível com este modelo de computador.

COMPLAIN ABOUT, OF, OVER
▼ Pierre complained about the quality of our butter.

Queixar-se de, sobre
◢ Pierre queixou-se da qualidade da nossa manteiga.

COMPLAIN TO
▼ To no avail. He had nobody to complain to.

Queixar-se, reclamar a, com
◢ De nada adiantou. Ele não tinha ninguém a quem se queixar.

COMPLIANCE WITH, TO
➢ s.
👁 ver locução "in compliance with"

Cumprimento, obediência, observância a; Aceitação de, concordância com

COMPLIANT WITH, TO
➢ adj.
▼ Our company is compliant to/with the current standards, and operates in compliance with the local legislation.

Obediente a, seguidor de
◢ Nossa empresa é seguidora dos padrões correntes e opera com observância da legislação local.

COMPLY WITH
▼ We just complied with the requirements.

Atender a, cumprir, obedecer a; sujeitar-se a
◢ Nós apenas cumprimos os requisitos.

> **Nota:** Após o substantivo compliance e o adjetivo compliant, "to" é significativamente menos usado do que "with". Exemplos encontrados em dicionários: (1) Webster's unabridged: "compliance to orders" e "compliance with the statute"; (2)Collins Cobuild: "He is eager, willing, and compliant to the demands of others", e "I was surprised by Melanie's compliance with these terms". Existe a locução in compliance with: ver sob "IN".

COMPLIMENT ON ▶ People complimented us on the presentation.	**Cumprimentar, elogiar por** ◀ Recebemos elogios pela apresentação.
COMPOSED OF ⇆ comprised of ▶ Atomic nuclei are composed of protons and neutrons.	**Composto de** ◀ Os núcleos atômicos são compostos de prótons e nêutrons.
CONCEIVE -x-, OF something ▶ A layperson cannot conceive of what exists in outer space.	**Conceber, imaginar algo, principalmente abstrato ou inexistente** ◀ Uma pessoa leiga não consegue imaginar o que existe no espaço sideral.
CONCENTRATE ON ▶ Now, let's concentrate on the next challenge.	**Concentrar-se em, sobre** ◀ Agora, vamos nos concentrar no próximo desafio.
CONCERNED ABOUT, FOR, WITH ▶ Always concerned about the future…. Relax, or stress will kill you. ▶ We are concerned for the flood victims.	**Preocupado por, sobre, com** ◀ Sempre preocupado com o futuro… Relaxe ou o stress irá matá-lo. ◀ Nós estamos preocupados com as vítimas da enchente.

CONCERNING **Relativamente a, acerca de, com relação a,**
▷ Prep.   **no que diz respeito a**

CONCLUDE BY ▶ He concluded the speech by raising a toast to the birthday person.	**Terminar por, com** ◀ Ele terminou o discurso erguendo um brinde para o aniversariante.
CONCLUDE FROM ▶ We can conclude from what you are saying that you have been quite busy.	**Concluir pelas, pelos; Chegar à conclusão** ◀ Podemos concluir pelas suas palavras que vocês andam bastante ocupados.

C

CONCUR **(1) IN** **(2) WITH** ⇉ agree ▼ I concur with you in your decision to run for the office.	**(1) Concordar em algo, sobre algo** **(2) Concordar com alguém** ◢ Eu concordo com você na sua decisão em concorrer ao cargo.

> 🕮 **Nota:** "with you" pode ser omitido, ficando o exemplo simplificado para: "I concur in your decision to run for the Office", ou seja, "Concordo sobre a sua decisão de concorrer ao cargo". Este é um tipo de questão com "pegadinha", tirado de testes para o GMAT.

[be] CONDITIONAL ON, UPON ➤ adj. ▼ Any offers made to applicants are conditional upon acceptable completion of the language requirement.	**Condicionado a** ◢ Quaisquer ofertas feitas aos candidatos estão condicionadas à compleição dos requisitos de conhecimento linguístico.
CONDITIONED TO, BY	**Condicionado a algo; por algo ou alguém**
CONFESS TO ▼ She would rather die than confess to what she had done.	**Confessar algo** ◢ Ela preferiria morrer a confessar o que tinha feito.
CONFORM WITH, TO [rules, standards, certifications]	**Adaptar-se a, estar de acordo com, atender a regras, padrões**
CONGRATULATE/ **CONGRATULATIONS FOR, ON** ▼ (1) Congratulations for getting the prize. He was congratulated for being of help at such a difficult time. ▼ (2) Congratulations on the prize. ▼ Teachers are congratulated on having all that time off.	**Congratular, parabenizar** ◢ (1) Parabéns por ter obtido o prêmio. Ele foi parabenizado por ter sido de ajuda em hora tão difícil. ◢ (2) Parabéns pelo prêmio. ◢ Dão parabéns aos professores por (sobre o fato de terem tanto tempo livre).

> 🕮 **Nota:** De acordo com M. Swan em Practical English Usage: em inglês britânico, usa-se ON quando se parabeniza por algo, e tanto ON como FOR quando seguido de verbo. Em inglês americano, parece depender apenas da preferência do escritor.

CONSENT FOR, FROM
Consentimento para fazer algo, em favor de

- The consent for treatment had already been given.
  - O consentimento para o tratamento já tinha sido dado.
- The consent from the health insurance company came by e-mail.
  - O consentimento da seguradora de planos de saúde chegou via e-mail.

CONSENT TO
Consentir que, consentir com

- I wonder if your parents will consent to our marriage.
  - Será que seus pais consentirão com o nosso casamento?

CONSULT -x- CONSULT WITH
Consultar, consultar outros

- I have to consult [with] my partners about this matter.
  - Tenho que consultar os meus sócios sobre esse assunto.

CONSULTANT, CONSULTING IN (AREA) ON (TÓPICOS)
Consultor, consultoria

- He is a consultant in information systems, but rendered consulting services on internet groups.
  - Ele é consultor de informática, mas prestou serviços de consultoria em grupos da Internet.

CONTEND -x-
Contestar algo

- None would contend the fact that the agricultural sector is the main driver for land use change worldwide.
  - Ninguém contestaria o fato de que o setor agrícola é no mundo todo o principal impulsor para as mudanças no uso do solo.

CONTENT WITH
Satisfeito com, contente com

- However little she had, Amelia was content with that.
  - Não importa quão pouco tivesse, Amélia estava contente com isso.

Contract out, outside
Contratar de fora, terceirizar

- If you contract outside services, you are outsourcing.
  - Se você contrata serviços de fora, está terceirizando.

CONTRARY OF
Contrário de

⇉ contrary from
- That's the contrary of what he said.
  - Isso é o contrário do que ele disse.

CONTRARY TO
▼ Contrary to expectations, their marriage lasted till one of them passed away.

Ao contrário de, contrariamente a
◢ Ao contrário das expectativas, o casamento durou até que um deles faleceu.

CONTRIBUTE TO
▼ We contribute to environmental preservation. We contribute to projects related to it.

Contribuir para
◢ Contribuímos para a preservação ambiental. Nós contribuímos para projetos relacionados a isso.

> **Nota:** Mas existe "We contributed clothing for the flood victims" (do BBI Dictionary of English Word Combinations. = as roupas destinavam-se às vitimas da inundação, para uso, benefício delas, daí o "for", e o verbo to contribute está sem preposição (transitivo direto). O Guia Prático de Tradução Inglesa de Agenor Soares dos Santos traz detalhes sobre esse uso do verbo como transitivo direto.

CONTROL OF, OVER situations
Controle da/sobre a situação

CONTROL FOR
▼ Control for the income, age, education and health of the mothers was of paramount importance.

Controlar considerando, levando em conta
◢ O controle considerando a renda, idade, educação escolar e saúde das mães foi de suprema importância.

CONVENIENT FOR
▼ We have to agree on a meeting point that is convenient for you and for everyone. It's important that it be near the office.

Conveniente para
◢ Precisamos chegar a um acordo quanto a um ponto de encontro que seja conveniente para todos. É importante que seja perto do escritório.

CONVERSANT WITH
⇆ familiar with
▼ The applicant is not fully conversant with that software, which is state of the art.

Conhecedor de, Familiarizado com

◢ O candidato não é cem por cento familiarizado com esse programa, que é de ponta.

CONVICTED OF [a crime]
▼ The journalist was convicted of mudslinging.

Condenado por [delito]
◢ O jornalista foi condenado por fazer acusações injuriosas.

FOR [due to]
▼ Some people say he was convicted for working for that newspaper.

devido a, motivo
◢ Algumas pessoas dizem que ele foi condenado por trabalhar para aquele jornal.

TO (penalty)
▼ He was convicted to 5 years hard labor.

Condenado a (extensão da pena)
◢ Ele foi condenado a 5 anos de trabalhos forçados.

Cook off
▼ Don't let the soup cook off, please.

Cozinhar até secar o líquido
◢ Não deixe a sopa secar, por favor.

COPY FROM
▼ Copy from the ledger, said Mr. Irineu, the accountant.

Copiar do
◢ "Copie do razão geral", disse o Sr. Irineu, o contador.

COPY OVER
▼ I'll copy it over to my laptop.

Copiar de uma fonte para outro meio
◢ Vou copiar (de outra fonte) para o meu laptop.

Cough away
▼ I spent the night coughing away in bed.

Tossir muito, "acabar-se" de tanto tossir
◢ Passei a noite morrendo de tossir na cama.

Could do with
💬 *Informal*
▼ I could do with some lemon & ginger tea!

Iria bem, cairia bem
◢ Iria bem um chá de limão e gengibre.

Count on
⇆ count someone In
▼ "Can I count on you to operate the program," he asked the intern.

Contar com

◢ "Posso contar com você para operar o programa?" – perguntou ao estagiário.

COURSE IN
➤ s.
▼ "First, let me take a course in it," he answered.

Curso de

◢ "Primeiro, deixe-me fazer um curso sobre isso" – ele respondeu.

COVERED WITH, IN
▼ His articles were covered with mud, figuratively.

Coberto de
◢ Seus artigos eram cobertos de lama, figurativamente.

Cozy up to

Ficar "amiguinho" de, "chegar-se" amistosamente a

▼ Take care who you cozy up to.

◢ Tome cuidado sobre com quem você vai se chegando.

Cram as I may

Por mais que eu estude; (agora) não adianta eu rachar de estudar

▼ I should not have slept during the Portuguese Language classes. Now, cram as I may, I will not pass.

◢ Eu não deveria ter dormido durante as aulas de Língua Portuguesa.. Agora, por mais que eu rache de estudar, não vou passar.

CRASH INTO

Bater em [colisão]

▼ In a six-pile car crash, I crashed into an off-road vehicle.

◢ Numa colisão em série de seis carros, eu bati na traseira de um veículo de enduro.

CREDIT TO

Honra para

⇆ AN ASSET TO
➤ s.

▼ Marta was born here. She is a credit to our community and we are very proud of her.

◢ Marta nasceu aqui. Ela é uma honra para a nossa comunidade, e estamos muito orgulhosos dela.

CREDIT TO, WITH (ver DEBIT AGAINST, TO, WITH)

Creditar em, para

▼ The amount was credited to the savings account.

◢ O valor foi creditado na conta de poupança.

CRITICAL OF

[ser] crítico em relação a, a respeito de

➤ adj.

▼ Being too critical of other people's doings is dangerous, for the thing can backfire.

◢ Ser por demais crítico em relação aos atos de outras pessoas é perigoso, pois o tiro pode sair pela culatra.

CRITICISM OF

Críticas a respeito de, em relação a algo

➤ s.

▼ Sharp criticism of the new work schedule made the manager back off.

◢ As duras críticas ao novo cronograma de trabalho fizeram o gerente recuar.

CRITICISM OVER, ABOUT, AGAINST, FOR, FROM

Crítica por, sobre, contra, por, vinda de

CROWDED WITH

▼ Soon after the accident, the place got crowded with onlookers.

Lotado de, cheio de

◢ Logo após o acidente, o lugar ficou cheio de curiosos.

CRUELTY TO, TOWARDS; AGAINST

▼ ASPCA stands for American Society for the Prevention of Cruelty to Animals.

Crueldade contra, para com, em relação a

◢ ASPCA significa Sociedade Americana para a Prevenção de Crueldade contra os Animais.

Cry one's eyes out

Chorar muito, desmanchar-se em lágrimas

(1) CURE OF v.
(2) BE CURED FROM v.
(3) The cure FOR s.

▼ (1) I was cured of my illness thanks to "Cure-all," the cure for all ailments.

▼ (2) But my sister could not be cured from her chronic headache.

▼ (3) Scientists are near discovering the cure for cancer..

(1) Curar de
(2) ser curado de
(3) a cura para, de

◢ (1) Fui curada de minha doença graças ao "Cura-tudo", a cura de todos os males.

◢ (2) Mas a minha irmã não pôde ser curada da dor de cabeça crônica.

◢ (3) Os cientistas estão perto de descobrir a cura para o câncer.

CURIOUS ABOUT
curious to + v. inf.

▼ I was curious about the result of the trial.

▼ Everybody was curious to know more, to find out who, why, where and how.

Curioso de, sobre

◢ Eu estava curiosa sobre o resultado do julgamento.

◢ Todos estavam curiosos para saber mais, descobrir quem, por quê, onde e como.

CUT ACROSS
❝ *To cut, cut, cut; cutting*

▼ Let's cut across my neighbor's yard, it's a good shortcut.

"Cortar" caminho, cruzar rapidamente algum local

◢ Vamos cortar pelo quintal do meu vizinho, é um bom atalho.

Cut across

▼ (1) Layoffs cut across many sectors.

▼ (2) The issue cuts across our economy's analysts.

(1) Afetar, envolver amplamente
(2) Dividir, ir contra

◢ (1) Cortes de empregos afetam muitos setores.

◢ (2) A questão divide nossos analistas econômicos.

C

Cut ahead of ⇆ cut off, cut in on	**"cortar" na frente, "fechar", "costurar no trânsito"**
Cut down (on) ▼ I have to cut down on all kinds of starchy foods. Sugar is poison: let's cut down on it too.	**Reduzir, cortar a quantidade** ◢ Tenho que reduzir todo tipo de comida feculenta. Açúcar é veneno. Vamos reduzi-lo também.
Cut in (on) ▼ Cutting in on other people's conversation is rude.	**Entrar na conversa, cortar os outros** ◢ Cortar a conversa dos outros é rude.
CUT OFF ▼ As a branch of the star-fruit tree was coming into the house through the window, we had it cut off.	**Cortar fora** ◢ Como um galho do pé de carambola estava entrando pela janela do escritório, nós mandamos cortar.
Cut off ⇆ cut in on, cut ahead of ▼ (1) The call was cut off and the line has been busy. ▼ (2) The girl who had cut off my car forcing me to brake quickly came to be my fiancée.	**(l) Cortar, interromper conversa, ligação** **(2) "Fechar" a frente de carros** ◢ (1) A chamada foi interrompida, e a linha tem estado ocupada. ◢ (2) A garota que tinha fechado o meu carro, obrigando-me a brecar rapidamente, veio a ser a minha noiva.
CUT OUT ▼ (1) I cut out the chunks of fat in my steak. ▼ (2) I have decided to cut all carbohydrates out of my diet.	**Cortar fora, excluir** ◢ (1) Cortei fora os pedaços de gordura no meu bife. ◢ (2) Decidi excluir todos os carboidratos da minha dieta.
Cut it out ▼ Jason, it is rude to say "cut it out." Why don't you say "would you please stop with it," instead?	**"Corta essa", pare com isso, vê se para** ● Pop. ◢ Jason, é rude dizer "corta essa". Em vez disso, por que você não diz: "você pode, por favor, parar com isso?"

Cut out to be

⇄ cut out for

▶ I was not cut out to be a gentleman.

▶ I guess I was cut out for the life of a truck driver.

Ser feito para, talhado para

◢ Não fui talhado para ser um cavalheiro.

◢ Acho que fui feito para a vida de um motorista de caminhão.

D

DAMAGES TO
▶ <u>Damages to</u> crops were common.

Estragos à
◢ Estragos nas safras eram comuns.

DANCERS OF, FROM
▶ The dancers from all the groups rehearse here at a scheduled time.
▶ This morning the dancers of/from the neighboring city did not show up.

Dançarinos de, pertencentes a
◢ Os dançarinos de todos os grupos ensaiam aqui em horário marcado.
◢ Esta manhã, os dançarinos da cidade vizinha não apareceram.

Dance to the music
Dançar conforme a música

DANGEROUS TO
▶ Sweeteners have been proven to be harmful to health if large amounts are ingested every day.

Perigoso para, aos
◢ Foi provado que os adoçantes artificiais são perigosos para os humanos se enormes quantidades forem ingeridas regularmente.

DATE FROM
DATE BACK TO
▶ This document dates from the last century.
▶ This document dates back to the last century.

Datar de
◢ Este documento data do século passado.

Day in and day out
▶ Day in and day out, it is the same old rut.

Entra dia, sai dia
◢ Entra dia, sai dia, é sempre a mesma rotina.

DEAL WITH
▶ I can't deal with it anymore.

Tratar sobre, cuidar de, lidar com
◢ Não consigo mais lidar com isso.

DEATH BY
▶ Death by heart disease.

Morte por
◢ Morte por doença cardíaca.

DEBIT AGAINST, TO, WITH

Debitar contra, à conta de, em certo valor/com a soma de

D

DECIDE ON, FOR, AGAINST, ETC.
DECIDE + v. inf.

- I decided to leave my job.
- I had to decide on the issue.
- I decided on leaving.
- The family decided for my leaving.
- But my wife decided against it.

Decidir fazer algo; Decidir por, contra, etc.

- Eu decidi largar o serviço.
- Eu tinha de decidir sobre a questão.
- Decidi por sair.
- A família decidiu pela minha saída.
- Mas minha esposa decidiu contra isso.

DECREASE IN

- There was a sharp decrease in the demand for VCRs.

Diminuição, queda em

- Houve uma queda abrupta na procura por aparelhos de videocassete.

DEDICATE TO

- The inscription read: "This is dedicated to the one I love."
- He had dedicated himself to teaching science to high school students..

Dedicar a alguém, dedicar-se a fazer algo

- A dedicatória dizia: "Dedicado à pessoa que eu amo."
- Ele tinha se dedicado a ensinar ciências a alunos do colegial.

DEDUCT FROM

- Deduct the monthly fee from the checking account.

Deduzir, tirar de

- Deduza o pagamento mensal da conta corrente.

DELETE FROM

- Delete from the screen.

Apagar de

- Apague da tela.

DEMAND FOR, OF

- Nowadays, the high demand is for DVD players.

Procura, demanda por

- Hoje em dia, a procura maior é por aparelhos de DVD.

DEPART FROM

- As the plane departed from the little town, the middle-aged newly-divorced woman started departing from her plans.

Deixar, sair de

💬 *fig.: desviar-se de [planos]*
- À medida em que o avião deixava a cidadezinha, a mulher recém-divorciada, de meia-idade, começou a desviar-se de seus planos.

DEPART FROM, FOR

- The plane departed for New York.

Partir de, para destinos

- O avião partiu para Nova York.

DEPEND ON
▶ The solution to the imbroglio does not depend on me.

Depender de
◢ A solução para o imbróglio não depende de mim.

DEPRIVE OF
⇆ Deprive from
▶ Deprived of sunlight, the kids were extremely pale, whitish.

Privar alguém de algo

◢ Privadas da luz do sol, as crianças eram extremamente pálidas, branquelas.

> **Nota:** Privar da amizade ou da intimidade de alguém: to be very intimate with. Privar-se de algo: to abstain from.

DERIVE FROM
▶ Portuguese derived from Latin.
▶ Linguists derive great pleasure from studying its roots.

Derivar de, Extrair de
◢ O português derivou-se do latim.
◢ Os linguistas extraem grande prazer em estudar as suas raízes.

DESCEND FROM
▶ The Brazilian people descend mostly from the European, African and Native Indian peoples.

Descender de
◢ O povo brasileiro descende majoritariamente dos povos europeus, africanos e índios.

DESCENDANT OF
➤ s.
▶ Lily is a descendant of Italians and Germans. She is of European descent.

Descendente de

◢ Lily é descendente de italianos e alemães. Ela é de ascendência européia.

DESCRIBE TO
▶ Please describe to me what "a desire for comfort" can mean.

Descrever para
◢ Por favor, descreva para mim o que pode significar "um desejo de conforto".

DESPAIR OF

▶ Do not despair of your future. Tomorrow is another day.

Desanimar sobre, a respeito de, desesperançar-se quanto a

◢ Não fique desesperançado quanto ao seu futuro. Amanhã será outro dia.

DESPITE   apesar de, não obstante, a despeito de
➤ Prep.
⇆ in spite of

D

DETACHED FROM
Isolado, separado de
▼ She is so detached from this world… Sometimes she seems like a creature from outer space.
◢ Ela é tão desligada (das coisas. deste mundo)... Às vezes, parece uma criatura vinda do espaço sideral.

DETRIMENTAL TO
Nocivo a
▼ The absence of liberty is detrimental to health.
◢ A falta de liberdade é nociva à saúde.

DEVELOP FROM, INTO
Desenvolver-se, transformar-se de, em; crescer e mudar, tornar-se
▼ The system was developed from a basic one into this wonderful, complete product.
◢ O sistema foi desenvolvido a partir de um básico e tornou-se este maravilhoso, completo produto.

DEVOID OF
Desprovido de, faltando
▼ According to the Dalai Lama, politics devoid of ethics does not further human welfare.
◢ De acordo com o Dalai Lama, a política desprovida de ética não traz progresso à humanidade.

DEVOTED TO
Devotado a
▼ The women of yesteryear devoted themselves mainly to keeping house and rearing their children.
◢ As mulheres de antigamente devotavam-se principalmente à manutenção do lar e à criação dos filhos.

DIAGNOSED WITH
Diagnosticado como tendo
💬 n.: the DIAGNOSIS OF _
💬 s.: o diagnóstico de _
▼ People can be wrongly diagnosed with HIV. The diagnosis of this condition must be flawless.
◢ As pessoas podem ser erroneamente diagnosticadas como sendo portadoras de HIV. O diagnóstico dessa terrível doença deve ser livre de erros.

(I) DIE OF
(I) Morrer de doença ou sentimento
⇆ die from
▼ Many slaves in Brazil died of "banzo", the longing for their native land.
◢ Muitos escravos no Brasil morriam de banzo, a saudade de sua terra natal.

D

(2) DIE FROM
⇆ die of
▼ People started dying from drug poisoning.
▼ In Africa children die from mosquito bites, i.e., they die of malaria caused by mosquito bites.

(2) morrer por conseqüência de
◣ Pessoas começaram a morrer devido a envenenamento por drogas.
◣ Na África, as crianças morrem das picadas de mosquito, isto é, morrem de malária causada pelas picadas dos mosquitos.

> **Nota:** Por vezes é difícil fazer a distinção entre os dois casos: alguém morreu por alguma ocorrência com nome, alguma doença estabelecida, ou das consequências, das sequelas? Para mais esclarecimento, copio exemplos do Oxford Collocations Dictionary: He died of a heart attack (Ele morreu de um ataque do coração) e The accident victim died from her injuries. (A vítima do acidente morreu dos ferimentos.) O BBI Dictionary of English Word Combinations também traz as duas regências, mas exemplo somente para die of. Para muitos o uso é aleatório, como o mestre que assina como FH no Daves' ESL Café; sua mensagem frisa a desimportância de tal detalhe.

Die on

▼ During the trip my friend had a serious asthma attack and almost died on me.
▼ Don't you die on me, you hear?

Morrer causando problemas para outro; ideia de "contra"

◣ Durante a viagem, minha amiga teve um grave ataque de asma e quase que me morre (comigo lá).
◣ Não me vá morrer agora, viu?

DIFFER WITH [ABOUT, IN, ON, CONCERNING]
⇆ Disagree with
▼ I must say that I differ with your statement.

Discordar de, divergir de

◣ Devo dizer que discordo da sua declaração.

DIFFERENCE BETWEEN two AMONG three or +

▼ The difference between the shades of these two samples of tooth enamel is very slight. I chose them among the full range of shades. Which one do you prefer?

Diferença entre dois
Diferença entre três ou mais

◣ A diferença entre as tonalidades destas duas amostras de esmalte dentário é muito leve. Eu as escolhi dentre a gama completa de tonalidades. Qual delas você prefere?

DIFFERENT FROM

👁 NOTA abaixo (THAN, TO)

⬛ The conditions here were completely different from those of their native land.

Diferente de

◢ As condições aqui eram completamente diferentes das de sua terra de origem.

> **Nota:** DIFFERENT THAN = comum nos EUA. "Than" = do que; usado no grau comparativo de adjetivos e advérbios, além das palavras rather than, other than, else than e different than. Ex.: This is different than what I had imagined – a ideia de ser diferente é estabelecida "em comparação ao" que tinha sido imaginado por mim.
> DIFFERENT TO = comum no Reino Unido. "To" = "em relação a algo". Ex.: This is different to what I had imagined = a diferença notada é em relação ao que eu tinha imaginado.
> Já FROM é sempre considerado correto, em qualquer parte do mundo. Ex.: This is different from what I had imagined = a ideia de ser diferente "parte de um certo ponto" (FROM: de onde? Essência: origem, fonte) parte de algo que existia anteriormente em minha imaginação.)
> O Fowler's Modern English Usage e o Webster's 11th Collegiate Dictionary aceitam essas variações. : Mais: http://wordrefrence.com traz discussão a respeito.

Digging for facts	**Buscando fatos**
Dig in	**"Avançar", servir-se com entusiasmo do que está na mesa**
Dine by fine music	**Fazer uma refeição ao som de boa música**
DIPLOMA IN ⬛ Some great translators hold no diploma in the field.	**Diploma de, em** 👁 graduado ◢ Alguns ótimos tradutores não têm diploma na área.
DISAPPEAR FROM ⬛ Useful articles with a special discount on them disappeared from the store shelves.	**Desaparecer, sumir de** ◢ Artigos úteis com desconto especial desapareceram das prateleiras das lojas.

DISAPPOINTED IN, AT, OVER, WITH
DISAPPOINTED TO + v. inf.

👁 Veja Nota abaixo

▼ If you are disappointed in (with) a movie or in the food of a restaurant, you cannot ask for your money back. But if you are disappointed with a new car, you can always trade it for another one.

▼ I was disappointed at the results (= with the results).

▼ "Obama disappointed over Olympics loss". This was the headline of the National News when Chicago lost the bid for the 2016 Olympic Games.

▼ He was disappointed to learn that Chicago would not host the games.

▼ I was deeply disappointed in/with you. Actually, I was disappointed at what you did to me.

Desapontado, decepcionado com

◢ Se você ficar desapontado com um filme ou com a comida de um restaurante, não pode pedir seu dinheiro de volta. Mas, se ficar decepcionado com um carro novo, pode sempre trocá-lo por outro.

◢ Fiquei decepcionado face aos resultados (= com os resultados).

◢ "Obama desapontado com a perda da Olimpíada". Esta foi a manchete do National News quando Chicago perdeu a competição para sediar os Jogos Olímpicos de 2016.

◢ Ele ficou desapontado ao saber que Chicago não sediaria os jogos.

◢ Fiquei profundamente decepcionada com você. Na verdade, fiquei decepcionada com o que você me fez.

> **Nota:** *(i)* De acordo com o Longman Dictionary of Phrasal Verbs de Rosemary Courtney, a preposição AT deve ser usada quando for seguida de verbo no gerúndio (decepcionado por algo não ter sido feito ou ocorrido.),
> Ex.: I was disappointed at missing your visit" e "The secretary was disappointed at not getting the increased pay".
> *(ii)* Também é de se notar que a preposição IN é usada para expressar decepção com algo ou alguém, da mesma forma que com WITH.
> Ex.: I was disappointed in you/with you.
> *(iii)* OVER: este uso não consta nos dicionários pesquisados, mas tem centenas de milhares de ocorrências nos sites de pesquisa na Internet e em livros didáticos feitos nos EUA para ensino do inglês para estrangeiros.

DISCHARGED FROM

Discharged from a hospital: Receber alta de hospital. Discharged from the Army: Receber baixa do serviço militar

DISCRIMINATE AGAINST

▼ Being prejudiced means discriminating against others.

Ter atitudes de discriminação contra

◢ Ser preconceituoso, ou ter preconceito, significa ter atitudes discriminatórias contra outros.

D

DISCUSS -x-, ABOUT, WITH ▶ (1) A meeting will be held to discuss the situation with the interested parties.	**(1) Discutir algo** ◢ (1) Haverá uma reunião para discutir a situação com as partes interessadas.
DISCUSSION OF, ABOUT, ON, WITH ➤ s. ▶ (2) We will take the opportunity to have a detailed discussion about your leave of absence. ▶ (3) The discussion of/about other topics will be put off till the next meeting. Let me discuss it with the board first.	**(2) Discutir algo, conversar sobre, a respeito de algo (3) Discussão, conversa de, sobre, com** ◢ (2) Aproveitaremos a oportunidade para conversar detalhadamente sobre a sua licença. ◢ (3) A discussão de/sobre outros tópicos fica adiada para a próxima reunião. Deixe-me discutir isso com a diretoria primeiro.
[be] DISMISSIVE OF 💬 Formal ⇒ reject -x- ▶ The group was dismissive of the pleas for financial help.	**Desconsiderar -x-, descartar -x-, agir com menosprezo em relação a algo ou alguém** ◢ O grupo desconsiderou os apelos por ajuda financeira.
DISTRESSED AT, BY, ABOUT, OVER, WITH	**Aflito ao, por, a respeito, sobre, com**
Dish out ⇆ give out, hand out ▶ (1) The women dishing out the food were too brusque. ▶ (2) Who is going to dish the news out? ▶ (3) That insecure mother is dishing out praise to her kids to win them over.	**(1) Servir pratos, estender o prato servido para o freguês, distribuir comida no prato. (2) distribuir informações, notícias (3) Distribuir conselhos, críticas, elogios, comentários, etc. em abundância e muito livremente** ◢ (1) As mulheres que serviam os pratos eram rudes demais. ◢ (2) Quem vai distribuir as notícias? ◢ (3) Aquela mãe insegura está enchendo os seus filhos de elogios, para ganhá-los para o seu lado.

Dish it out
⇆ dish out criticism, scoldings, etc.
▶ O my! What's the problem with you today? You've been dishing it out since early morning.
▶ Some people can dish it out but can't take it.

Distribuir sermões, dar "broncas", "chamadas", fazer críticas
◢ Cruzes! Qual é o problema com você hoje? Você vem dando broncas desde cedinho.
◢ Algumas pessoas criticam, mas não suportam serem criticadas.

DISPENSE WITH
▶ "By going with you to Australia, I am dispensing with over 20 years of contributions to Social Security," said the pretty brunette to the alligator-chasing Aussie.

Dispensar, jogar fora, abrir mão de
◢ "Ao ir com você para a Austrália, estou jogando fora mais de 20 anos de contribuição previdenciária", disse a bela morena ao australiano caçador de jacarés.

DISPOSE OF
Liquidar, dar cabo/ livrar-se de

DISRESPECTFUL OF someone TOWARDS another
▶ It was disrespectful of them to say 4-letter words in a public place.

Ter falta de respeito
◢ Foi falta de respeito da parte deles dizer palavrões em local público.

DISRESPECTFUL TO others
▶ Being disrespectful to authorities can mean big trouble anywhere in the world.

Desrespeitoso para com outros
◢ Ser desrespeitoso para com as autoridades pode lhe causar grandes problemas em qualquer lugar do mundo.

DISSENT FROM
▶ Having dissented from the Communist Party, he joined a middle-of-the road party.

Divergir de, Discordar de
◢ Tendo divergido do Partido Comunista, ele entrou para um partido de moderados.

(1) DISTINGUISH FROM
(2) DISTINGUISH BETWEEN
(3) DISTINGUISH AMONG
▶ (1) Although they are identical twins, it is easy to distinguish Gui from Mau.
▶ (2) Distinguishing between Rafaela and Gabriela is not difficult, either
▶ (3) Now, it's hard to distinguish them among a crowd.

(1) Distinguir de outro
(2) Distinguir entre 2
(3) Distinguir dentre 3 ou mais
◢ (1) Embora sejam gêmeos idênticos, é fácil distinguir o Gui do Mau.
◢ (2) Distinguir a Rafaela da Gabriela também não é difícil.
◢ (3) Agora, é duro distingui-los em uma multidão.

D

DISTRACT someone FROM something | **Desviar a atenção de alguém, de algum ponto ou foco**
- Kids played noisily under my window and that distracted my attention from the book. | - Crianças brincavam barulhentamente embaixo da minha janela, e isso desviava a minha atenção do livro.

DIVERT FROM | **Desviar de**
- Students fight to divert the teacher from the planned lesson. | - Estudantes brigam para desviar o professor da aula planejada.

DIVIDE INTO | **Dividir em (por mais)**
DIVIDE BY | **Dividir por (por menos)**
- Divide an apple into a hundred chunks and divide the 100 little chunks by 10. | - Divida uma maçã em cem pedacinhos e divida os 100 pedacinhos em [grupos de] 10.

DIVISION OVER something | **Divisão por causa de, sobre algo**
- There is a social division over attitudes to the European Union, apparent in many European countries. | - Existe uma divisão na sociedade por causa de atitudes em relação à União Européia, aparente em muitos países europeus.

Do away with | **Abolir, eliminar, matar**
Do, did, done; doing
- Good manners seem to have been done away with. | - Parece que as boas maneiras foram abolidas.

Do from grocery shopping to cooking | **Fazer desde as compras de supermercado até o preparo**

Do without | **Passar sem**
⇄ go without
- How many days can one go without eating? | - Quantos dias uma pessoa pode passar sem comer?
- Many days. But you can't go for long without drinking water. | - Muitos dias. Mas você não pode ficar muito tempo sem beber água.

Do work from home | **Trabalhar a partir da sua casa**
- Working from home, he never had a fixed schedule. | - Por trabalhar a partir da casa dele, ele não tinha horário fixo.

D

Done [with]

▼ We are not nearly done with England yet said some tourists, after one week in the country

Ter terminado

◢ "Estamos muito longe de ter visto tudo da Inglaterra", disseram alguns turistas após uma semana no país.

DOTE ON, UPON

▼ He doted on his only son.

Exibir muito amor, fazer demonstrações de muita afeição por alguém

◢ Ele demonstrava extremo amor pelo seu único filho.

Doze off

▼ However, he couldn't help dozing off at times.

Cair no sono

◢ Entretanto, ele não conseguia evitar cair no sono às vezes.

DOOR TO

▼ The door to the office was always open.

Porta de

◢ A porta do escritório estava sempre aberta.

DOWN
➤ Prep., adv., s., v., adj.

(i) **Para baixo, desce, ao longo** *(ii)* **dá ideia de menos, inferioridade, doença e depressão** *(iii)* **abaixar as emoções, aquietar, ficar sob controle** *(vi)* **antecipado, imediato, completo** *(v)* **abaixado, fechado**

Para baixo, abaixo, embaixo de; descendente, que desce, mais adiante (down by) ao longo de, no, na, no fim de; pôr abaixo, desmantelar (chop down); interno, no fundo; abaixo, para baixo, embaixo, abaixado, baixado, em descida; em defasagem; acalmar, aquietar (calm down), estabelecer (settle down), sob controle (hold down), reduzir, afinar (boil down, cut down, keep down); completamente, realmente (burn down, close down); imediatamente, à vista (down payment); anotar, escrever no papel, (write down, jot down, take down),; descida, queda, desprezo (look down on). revés de fortuna (downfall); recolocar em descanso, largar, jogar no chão (put down); descer, cair, abaixar-se (stoop down); doente, de cama, abatido, deprimido; em declive, descendente; arriado de tanta carga, com muito peso (loaded down, weighed down with)

Down below

Lá embaixo

DOWN BY

▼ Results are down by 10%.

Diminuir, cair em

◢ Os resultados caíram [em] 10%.

D

Down by the riverside
My cottage is just down by the riverside.

Descendo, ali, lá, na beira do rio
Meu bangalô fica logo ali, na beira do rio.

DOWNGRADE
⇆ upgrade
Sometimes he wondered if he had had an upgrade or a downgrade in his career.

Cair de posição
⇆ subir
Às vezes, ele se perguntava se tinha tido uma melhora ou um retrocesso em sua carreira.

Down and out
Brenno is said to be down and out.

Numa pior, a zero
Dizem que o Brenno está numa pior.

Downfall
He had a downfall.

Queda, derrocada
Ele sofreu uma derrocada.

Down on one's luck
He has been down on his luck lately.

Estar em maré baixa, em fase de azar
Ele tem estado numa maré de azar ultimamente.

Down payment
He couldn't make a down payment on his dental treatment.

Sinal, entrada, pagamento à vista
Ele não conseguia pagar o sinal para o seu tratamento dentário.

Down-to-earth
His sister Bruna is down-to-earth.

Pé no chão, prático, simples
Sua irmã Bruna tem os pés no chão.

Down under

He speaks in this funny way because he came out from down under.

Austrália. Coloquialismo ao referir-se de forma divertida a esse país que fica "lá embaixo", no hemisfério sul
Ele fala dessa forma engraçada por que veio de lá de baixo (da Austrália)

Drafted into the military
Drafted into the military, he was soon sent to the front.

Convocado para servir o exército
Convocado pelas forças militares, ele foi logo enviado ao front.

Drag on [for]
The war dragged on for 7 years.

Arrastar-se [por]
A guerra arrastou-se por 7 anos.

Draw a line in the sand

Chamar para a briga

D

DRAW FROM	Tirar de
〃 *Draw, drew, drawn; drawing*	
▼ This is a sampling drawn from a database.	◢ Isto é uma amostragem tirada de um banco de dados.
DRAW INTO	Atrair para, para dentro
▼ Patrons were drawn into the new restaurant by the exotic and yummy dishes at low prices.	◢ Os fregueses eram atraídos a entrar no restaurante pelos pratos exóticos e deliciosos a preços baixos.
DRAW ON	(1) Desenhar sobre
	(2) Sacar contra, apontar arma para
▼ (1) Please do not draw on the tablecloth.	◢ (1) Favor não desenhar sobre a toalha de mesa.
▼ (2) I feel like drawing a gun on them.	◢ (2) Tenho vontade de sacar uma arma contra eles.
Draw on, upon	(1) Recorrer à ajuda de
	(2) Fazer uso de (3) Tirar de, debitar de
▼ (1) I will draw on/upon your advice about what I should do.	◢ (1) Vou recorrer aos seus conselhos sobre o que devo fazer.
▼ (2) The plot draws on familiar elements.	◢ (2) A trama faz uso de elementos muito conhecidos.
▼ (3) The bank has mistakenly drawn a high sum on my account.	◢ (3) O banco debitou uma alta soma na minha conta por engano.
Draw out	Encorajados, estimulados *(fig.)*
▼ Quiet kids have to be drawn out and loudmouths have to be shut up.	◢ Garotos quietinhos têm que ser encorajados, e os que falam demais têm que ser mandados ficar quietos.
Drawn out	Cansativo, que se arrasta há muito tempo
⇆ dragging	
▼ Long, drawn out proceedings are really costly.	◢ Processos longos, que vêm se arrastando há tempos, são realmente muito caros.
Draw to scale	Desenhar, projetar com escala, na escala
⇆ on [a] scale	
▼ Architects must know how to draw to any scale.	◢ Arquitetos devem saber desenhar em qualquer escala.

109

D

Draw up a contract, report, list ▼ I have to draw up a 20-paragraph contract for tomorrow's meeting.	**Elaborar um contrato, um relatório, uma lista** ◢ Preciso elaborar um contrato de 20 cláusulas para a reunião de amanhã.
DRAW WITH ▼ It was a tie: Palmeiras has drawn with Atlético.	**Empatar com (esporte)** ◢ Foi um empate: o Palmeiras empatou com o Atlético.
DRAWBACK TO something ➤ s. ▼ Just a small drawback to their final victory.	**Um empecilho a algo** ◢ Apenas um pequeno empecilho à sua vitória final.

> **Nota:** Este verbo exige cuidado: é mais um daqueles que possuem dezenas de significados, com preposições e/ou advérbios, formando inclusive sentidos opostos, principalmente no sentido de tirar, puxar, recolher, pôr, usar, encolher, atrair, fazer, empatar.

(1) DREAM OF, ABOUT **(2) DREAM OF** ▼ (1) Last night I dreamed about you. ▼ (2) I dream of becoming self-employed.	**(1) Sonhar com (dormindo)** **(2) Sonhar em (ter planos, imaginar; é semelhante a think of)** ◢ (1) Na noite passada, sonhei com você. ◢ (2) Sonho em tornar-me autônomo.
Dream on ▼ Dream on, teacher, of your moment in the sun.	**Continuar sonhando** ◢ Continue sonhando, professor, com o seu momento ao sol.
DRESS IN ⇐ CLAD IN ▼ The women are all clad in black!	**Vestir-se de** ◢ As mulheres estão todas de preto!
Dressed up (AS/IN) ▼ A woman dressed up in furs and jewelry got out of the limo.	**Bem vestida, com, de** ◢ Uma mulher toda bem vestida, com peles e jóias, saiu da limusine.
Dress for comfort	**Vestir-se para sentir-se confortável**

> **Nota:** Muitas vezes o uso de FOR (finalidade, propósito) elimina a necessidade de mais palavras. Este é um dos casos em que o verbo "sentir" – to feel, foi eliminado.

Drink to death	**Beber até cair morto**
Dribble away	**Gotejar, pingar, escoar aos poucos até acabar**
▶ Chocolate milk spilled on the table. Now it's dribbling away and getting on my nerves.	◀ Derramaram leite com chocolate na mesa. Agora, está pingando no chão e pegando nos meus nervos.
Drift away, drift off [from, of, out of]	**Distanciar-se pouco a pouco, afastar-se, desligar-se, sair**
▶ The boy drifted out of the school and off to Vietnam.	◀ O rapaz desligou-se da escola e foi para o Vietnam.
DRINK FROM, OUT OF	**Beber, tomar de, em**
▶ Billy remembered that his mother didn't like him to drink milk directly from the bottle. (= out of the bottle)	◀ Billy lembrou-se que sua mãe não gostava que ele tomasse leite diretamente da garrafa.
Drive away [with, from] ⇆ drive from, drive off " *Drive, drove, driven; driving* ▶ (1) The sight of hungry dogs driven away with stones hurt my soul. ▶ (2) The boy was driven [away] from the confessional when he admitted to sins.	**(1) Afastar, forçar a sair** **(2) Mover de algum local, tirar, fazer sair de algum ponto** ◀ (1) A cena de cães famintos afastados com pedradas me feriram a alma. ◀ (2) O menino foi mandado sair do confessionário quando admitiu ter cometido pecados.
(1) DRIVE BY v. **(2) drive-by** *adj*. ▶ (1) Driving by the saloon the gangsters shot at it. ▶ (2) Drive-by shootings were common in mob movies.	**(1) Passar de carro** v. **(2) a partir de carros em movimento** s. ◀ (1) Passando pelo salão, os bandidos atiraram contra ele. ◀ (2) Tiroteios a partir de carros em movimento eram comuns nos filmes de mafiosos.
DRIVE FROM	**Dirigir veículo a partir de algum local**
▶ I'll drive from here, you can rest now.	◀ Eu dirijo daqui em diante, você pode descansar agora.

D

Drive off
> v.
⇆ drive away

The rumors of ghosts drove off most of the potential buyers of the house.

Afastar, forçar a sair

Os boatos a respeito de fantasmas afastaram a maioria dos potenciais compradores da casa.

Drive-offs

How many drive-offs were there today?

Pessoas que fogem de carro, geralmente refere-se a fugir sem pagar

Quantos fujões teve hoje? (= Quantos partiram (de carro) sem pagar?)

DRIVE TO

Who drives the children to school?

Ir de carro, levar de carro

Quem leva as crianças (de carro) para a escola?

Drop in at/on

Let's drop in at my cousins'.

Let's take a chance and drop in on them.

Visitar sem avisar, dar uma passada

Vamos dar uma passada lá nas minhas primas [na casa delas].

Vamos arriscar e aparecer sem avisar.

Drop out [from]
⇆ drop out of

Many a student must drop out from [of] school because of work.

Desistir de estudos, largar escola no meio

Muitos estudantes têm que desistir dos estudos devido ao trabalho.

Drown (sound) out

The loudmouth was drowned out.

Abafar som (voz de alguém)

Abafaram a voz do cara que não parava de falar alto.

DRUNK FROM, ON

Only once did he get drunk from wine… It's usually from sugarcane rum.

Bêbado com, por tomar

Só uma vez ele ficou bêbado com vinho… Geralmente, é com pinga.

DRUNK WITH

Drunk with the power bestowed on him, he had gobbled down too much cheap wine.

Embriagado pelo, de

Embriagado pelo poder que lhe fora conferido, ele exagerara ao tomar grandes goles de um vinho barato.

D

Duck away

▶ "Standing over the sink, scraping the plates, she was shoving the choice pieces into her mouth. I ducked away before she saw me, but I felt so sorry for her' said Liz (in "Elizabeth Takes Off").

Sair escondido Fugir sem ser notado

◢ "De pé, curvada na frente da pia, limpando as sobras dos pratos, ela engolia avidamente os melhores pedaços. Saí escondido antes que ela me visse, mas senti muita pena dela", disse Liz.

DUE TO

▶ Due to the circumstances, we have to be brief.

Devido a

◢ Devido às circunstâncias, temos que ser breves.

DURING   Durante, dentro de certo período, no tempo de, no decurso de.
▶ Prep.

Ex.: I worked for three weeks during my last Summer vacations
= Trabalhei por três semanas durante minhas últimas férias de verão.

Dust off

▶ Why don't you dust off those books?

Tirar o pó

◢ Por que você não tira o pó daqueles livros?

DUTY TO

▶ Remember our duty to the country.

Dever para com, em relação a

◢ Lembrem-se de nosso dever para com a pátria.

Ease into

👁 Nota abaixo

▶ The conversation eased into plans for the future.

Fluir para, algo ser levado com facilidade para

◢ A conversa fluiu naturalmente para os planos para o futuro.

> **Nota:** A palavra "ease" dá ideia de facilidade, naturalidade, comodidade, despreocupação, alívio etc. e, assim como muitas outras, combina-se com várias partículas tomando significados de acordo com essas. Exemplos: ease away [from] = afastar-se cuidadosamente de algum local; ease back [to, into] = retornar ou colocar de volta da mesma forma; ease off, ease up = diminuir a intensidade, soltar, afrouxar a pressão; ease [someone] of = aliviar alguém de dor, preocupação; ease [on] out of = sair ou ajudar alguém a sair devagar e cuidadosamente de locais ou situações difíceis.

Eat away

▶ In Thailand you can try a fish massage, whereby tiny fish eat away the excess skin on your feet.

Comer continuadamente, bocado a bocado; comer aos poucos até acabar (também figurativamente)

◢ Na Tailândia você pode experimentar uma "fish massage" em que peixinhos mordiscam o excesso de pele nos seus pés até deixar tudo liso.

Eat one's heart out

▶ You may eat your heart out, I don't give a damn.

Morder-se, doer-se de inveja

◢ Pode morrer de inveja, que eu não estou nem aí.

Eat it up

▶ (1) "Yes, this is okra cream, and if you don't eat it up, you won't be given ice cream," said the nanny.

▶ (2) The poor toddler ate it up, in both senses.

(1) Comer tudo, "limpar", engolir rapidamente. (2) *(fig.)* acreditar, "cair" em conversa

◢ (1) "Sim, é creme de quiabo, e se você não comer tudinho, não vai ganhar sorvete", disse a babá.

◢ (2) O coitado do menininho acreditou e comeu tudo.

EAVESDROP ON

▶ I happened to eavesdrop on a strange conversation.

**Ouvir sem ser percebido
Escutar às escondidas**

◢ Aconteceu de eu escutar uma conversa estranha.

E

Eke out (a living)	Ganhar penosamente a vida, economizando tostões
▼ The elderly retired teacher eked out her days on a penny-pinching pension.	▲ A velha professora aposentada vivia apertadamente, tendo que contar os centavos da sua pensão. (= com uma pensão miserável)
ELIGIBLE FOR *v+inf.*	Elegível, qualificado para
▼ Aren't you eligible for the tuition reimbursement plan?	▲ Você não está qualificado para o plano de reembolso de mensalidades escolares?
▼ The lady said she was eligible to run for office.	▲ A senhora disse ser qualificada para candidatar-se ao posto.
EMBARK ON, UPON, IN	Embarcar em, começar algo, envolver-se em
▼ The researcher embarked on a long project.	▲ O pesquisador deu início a um longo projeto.
EMBARRASSED AT, BY	Constrangido, sem jeito com, por, devido a
▼ Parents used to feel embarrassed by their children's behavior.	▲ Os pais costumavam sentir-se constrangidos pelo comportamento dos filhos.
Embarrassed to death	Querer morrer de vergonha
ENGAGED IN	Envolvido, participando em, de
▼ They were engaged in that sort of conversation I find nonsensical.	▲ Elas estavam envolvidas naquele tipo de conversa que acho sem sentido.
ENGAGE TO	Noivo de, comprometido com
▼ My son is engaged to the daughter of one of them, i.e., one of them is my son's mother-in-law-to-be.	▲ Meu filho é noivo da filha de uma delas, isto é, uma delas é a futura sogra do meu filho.
ENOUGH OF	O bastante, já chega
▼ One hour later, I had had enough of that.	▲ Após uma hora, eu tinha tido o bastante daquilo
ENROLL IN	Matriculado em
▼ I enrolled my teenage son in a computerized drawing course.	▲ Matriculei meu filho em um curso de desenho computadorizado.

E

ENTER -x-	Entrar em algum local
▶ Maru is a cat that likes to enter boxes.	◀ Maru é um gato que gosta de entrar em caixas.

ENTER INTO agreements, deals	Entrar em acordos, negociações
▶ Microsoft entered into negotiations with Apple.	◀ A Microsoft entrou em negociações com a Apple.

ENTHUSIASTIC ABOUT, BY; **ENTHUSED ABOUT, BY**	Entusiasmado com, por
▶ He was so enthused about the game the next day that he could barely sleep.	◀ De tão entusiasmado que ele estava com o jogo do dia seguinte, mal conseguiu dormir.

ENTITLE TO	Dar direito a, qualificar para, permitir

ENVIOUS OF	Com inveja de
▶ Envious of the attention received by his baby sister, the kid started imitating baby talk and demanding baby food.	◀ Com inveja da atenção recebida pela irmãzinha, que era nenê, o garoto começou a imitar a fala e a exigir comidinha de bebê.

ESCAPE -x-	Escapar de, livrar-se de
▶ Papillon escaped the prison-island by jumping into the sea.	◀ Papillon escapou da ilha-prisão saltando para o mar.
▶ How to escape a miserable life?	◀ Como livrar-se de uma vida miserável? (= muito triste.)
▶ For now, he escaped prison.	◀ Por ora, ele escapou da prisão.

ESCAPE FROM, TO	Escapar de, para
▶ The captured animal escaped from a cage into a cavern.	◀ O animal capturado escapou da jaula para dentro de uma caverna.

ESSAY ON, ABOUT	Composição, trabalho escrito sobre

ESSENTIAL TO, FOR **ESSENTIAL TO** +v.	Essencial para
▶ What's essential to/for this city? It's essential for the population to know.	◀ O que é essencial para esta cidade? É essencial para o povo saber.
▶ It's essential that the mayor know it, too.	◀ É essencial que o prefeito saiba também.

117

E

ESTIMATE AT
The remodeling was estimated at 2 million.

Estimar, orçar em
A reforma foi estimada em 2 milhões.

EVIDENCE OF, (AGAINST, ABOUT, FOR, ON)
Evidence of guilt was found on his computer.

Prova de, evidência de (contra, a respeito de, para, sobre)
Foi encontrada prova de culpa no computador dele.

EVIDENT BY, FROM
It was evident from the faces made by the patrons that today's special was not too tasty.

Evidente, por, a partir de
Era evidente, pelas caretas dos fregueses, que o prato do dia não estava lá muito gostoso.

EXCEED BY OVER
What I make now exceeds by over 5 fold what I used to make as an office clerk.

Exceder em mais de, ultrapassar
O que eu ganho agora é mais do que 5 vezes o que eu ganhava como funcionário de escritório.

EXCEL IN, AT
Leopold wanted to show off his little Amadeus who excelled in music.

Destacar-se em
Leopoldo queria exibir o seu pequeno Amadeus, que destacava-se na música.

EXCELLENCE AT, IN
Hurray! We were awarded the Excellence in Marketing prize.

Excelência em
Viva! Fomos contemplados com o prêmio de Excelência em Marketing.

EXCEPTION TO
Exceptions to the rule are almost a rule in the English language.

Exceção à
As exceções à regra são quase uma regra na língua inglesa.

EXCEPT FOR
⇆ with the exception of
Except for the exceptions, this is a rule.

Exceto por
Exceto pelas exceções, isto é regra.

EXCITED ABOUT
We were so excited about the news that we could barely work the rest of the week.

Emocionado por, com
Ficamos tão emocionados com a notícia que mal conseguimos trabalhar no resto da semana.

EXCLUSIVE
(1) OF (2) TO

(1) Prices are exclusive of any taxes on the added value, Sales Tax, fees, charges or additional charges applicable to certain fields.

(2) The club is exclusive to members.

(1) OF: excluir; excluindo, fora, não contando (2) TO: exclusivo a, somente para

(1) Os preços excluem qualquer imposto sobre o valor agregado, ICM, tarifas, encargos ou taxas adicionais aplicáveis a certas áreas.

(2) O clube é exclusivo, somente para associados.

EXCUSE FROM

Is there any way for the company to be excused from paying all such taxes?

Dispensado de

Existe alguma forma de a empresa ser dispensada de pagar todos esses impostos?

EXEMPT FROM

› adj.

No citizen is exempt from paying taxes.

Isento de

Nenhum cidadão está isento de pagar impostos.

EXERCISE IN

Ceasescu's speech was an exercise in grandiosity.

Exercício de (atividade com aspecto específico)

O discurso de Ceasescu era um exercício de grandiosidade.

EXERCISE BY

He'd better exercise by walking.

Exercitar-se através de algo

Ele faria melhor em exercitar-se fazendo uma caminhada.

EXPECT FROM

What can you expect from dictators?

Esperar de

O que se pode esperar de ditadores?

EXPECTATIONS
- **ABOUT SOMETHING**
- **FOR SOMEBODY**
- **FOR A RAISE**
- **OF SUCCESS**

Expectativas
- **A respeito de algo**
- **Por alguém**
- **Por um aumento**
- **De sucesso**

EXPERIENCE OF; WITH

The experience of lacking the minimal survival conditions was really hard

Experiência de, em; com

A experiência da falta de condições mínimas de sobrevivência foi difícil.

EXPERIENCED IN

She claimed to be experienced in the field.

Experiente em

Ela afirmou ter experiência na área.

E

EXPERIMENT IN

▼ Experiments in cloning are rampant.

Experiência/experimento em (na área de)

◢ As experiências com clonagem estão à toda.

ON, WITH

▼ Experiments on stem cells are partially permitted.

▼ Now, let's conduct experiments with vinegar and eggplant to fight cholesterol.

Experiência/experimento sobre, com (a matéria, o objeto)

◢ Os experimentos com células-tronco estão parcialmente permitidos.

◢ Vamos agora fazer experimentos com vinagre e berinjela para diminuir o colesterol.

EXPERT AT, IN

▼ Good cooks are also experts at using ingredients.

▼ The field advisor is an expert in the topic on which you are writing.

Especialista em

◢ Bons cozinheiros são também especialistas no uso dos ingredientes.

◢ O orientador da área é um especialista no tópico sobre o qual você está escrevendo.

EXTEND BY

▼ Can you extend your stay by 2 days?

Estender em

◢ Você pode estender a estada em 2 dias?

Fade away (from)
⇄ fade out, die away

▶ After decades living in a big city the rosy color in my cheeks faded away.

Desaparecer, desvanecer-se, sumir aos poucos: cores, manchas, imagens, ruídos, entusiasmo

◢ Depois de morar por décadas numa grande cidade, a cor rosada das minhas faces pouco a pouco sumiu.

> **Nota:** Advérbio ou Preposição? No exemplo acima, **faded away** é verbo com advérbio, e *from*, entre parênteses, é preposição. A partícula adverbial *away* (distância, afastamento), refere-se ao verbo to fade = esmaecer (o que aconteceu com a cor rosada das minhas faces? Sumiu pouco a pouco). A preposição **from** (de onde?, a partir de, origem) nesse mesmo exemplo, pode ser explicada fazendo uma inversão dos termos: "After decades living in a big city, the rosy color faded away from my cheeks". (a cor rosada sumiu de onde? Das bochechas.).
> **Regra prática:** advérbios podem terminar uma oração, ao contrário de preposições, que sempre necessitam do seu complemento.

FAIL -x-

▶ (1) He had said he would bend over backwards not to fail his promise to me.

▶ (2) I almost failed my exams.

(1) Faltar a, falhar em, faltar com, deixar de cumprir
(2) Ser reprovado, "tomar bomba"

◢ (1) Ele havia dito que faria o impossível para não faltar com a promessa que me fizera.

◢ (2) Quase fui reprovada nos exames.

FAIL TO + v. inf.
▶ Don't fail to let me know.

Deixar de
◢ Não deixe de me avisar.

Fake one's way through something

▶ I was faking my way through a catholic mass.

"Virar-se", dar uma enganada em alguma habilidade

◢ Eu estava fingindo saber como proceder numa missa católica.

Fall apart (at the seams)
Fall, fell, fallen; falling

- The car is so old that it is falling apart at the seams.
- Cheap promotional gifts that fall apart the moment the customers take it in their hands should never be given.
- He eventually fell apart after having so much stress these last days.

Despedaçar-se, cair pelas beiradas, quebrar; ter um colapso emocional

- O carro está tão velho que está caindo pelas beiradas.
- Brindes promocionais baratos, que se quebram nas mãos dos clientes imediatamente, não devem nunca ser dados.
- Ele acabou sofrendo um colapso emocional depois de tanto stress nestes últimos dias.

Fall behind (in, on)
⇆ lag behind

- My son is not lazy about sports anymore. By fear of falling behind, he has been practicing every day!

Ficar para trás, ser ultrapassado (em algo)

- Meu filho já não é mais preguiçoso com esportes. Com medo de ficar para trás, ele vem praticando todos os dias!

> **Nota:** "Cair sentado" = fall onto the buttocks, fall backward(s).

Fall behind (with)

- Some bills fall due tomorrow. If we fall behind with the school fee, a 10% fine will be added.

Atrasar o pagamento de, ficar em atraso com alguma conta

- Algumas contas vencem amanhã. Se atrasarmos a mensalidade escolar, será acrescida multa de 10%.

Fall in love (with)

- The moment he saw a wonderful pair of vintage vases, the decorator couldn't help but fall in love with them.

Apaixonar-se por

- No momento em que viu um maravilhoso par de vasos antigos, o decorador não conseguiu deixar de apaixonar-se por eles.

Fall in (with)

- I fell in with a group of uppity kids in my freshman year.

Envolver-se com, fazer parte, harmonizar-se com, "enturmar-se" com

- Enturmei-me com um grupinho de esnobes logo no meu primeiro ano.

FALL INTO

- This sample falls into "premium" category and the other into "waste".

Enquadrar-se em, pertencer a (categoria, classificação)

- Esta amostra pertence à categoria "premium", e a outra, na de "refugo".

Fall off the wagon | Voltar a beber.
⇌ [be] on the wagon. | ⇌ estar, manter-se sóbrio.

Fall over | Cair no chão
⇌ fall down |

Fall to the knees | Cair de joelhos
⇌ on my knees |
▶ I fell to my knees and asked God to save me. | ◀ Caí de joelhos e pedi a Deus que me salvasse.

Fall victim to something or somebody | Cair vítima de algo ou alguém
▶ The naive youngster fell victim to a wolf in disguise. | ◀ O jovem ingênuo caiu vítima de um lobo disfarçado.

FAMILIAR TO
(Ser) Familiar, familiar a, conhecido
▶ Your name rings a bell, it sounds familiar to me. Aren't you some kind of a celebrity? | ◀ Seu nome me lembra algo, ele me soa familiar. Você não é, de alguma forma, uma celebridade?

FAMILIAR WITH
(1) Conhecer bem, ter familiaridade com; ter relacionamento de amizade com.
(2) tomar intimidade indevida (sentido negativo)

▶ (1) Aline was familiar with that kind of pick-up line. | ◀ (1) Aline conhecia bem aquele tipo de cantada.
▶ (2) As the guy started getting too familiar (with her), she gave him the cold shoulder. | ◀ (2) Como o sujeito começou a tomar intimidades com ela, ela o ignorou.

FAMOUS FOR
Famoso por
▶ I was famous for being skinny, a real bag of bones. | ◀ Eu era famosa por ser esquelética, um verdadeiro saco de ossos.

FAR FROM
Longe de
▶ The above statement is far from clear. | ◀ A afirmação acima está longe de ser clara.
▶ You are far from being sincere. | ◀ Você está longe de ser sincero.

FAR OFF
Muito longe, a grande distância
⇌ far away, far out
▶ School was far off. | ◀ A escola ficava muito longe.

F

FEAR -x-
⇆ To be afraid of
▸ I fear nothing.
▸ I don't fear anything.

Ter medo de, temer
◂ Nada temo.
◂ Não tenho medo de nada.

FEED ON
❝ *Feed fed fed; feeding*
▸ Babies fed on the special formula gained a higher centile for weight, length and head circumference.

Alimentado com
◂ Os bebês alimentados com a fórmula especial ganharam mais peso e altura além de maior circunferência craniana.

(be) FED -x-
▸ The poor kidnapped man was fed only crackers.

Ser alimentado de, com
◂ O pobre homem sequestrado foi alimentado apenas com bolachas de água e sal.

Fed up (with)
💬 *Vulg.*
▸ Before getting fed up with studying, Sandy ranked at the top of her class.

Estar "cheio", cansado de, não aguentar mais
◂ Antes de "ficar cheia" de estudar, Sandy era a primeira de sua classe.

> **Nota:** Apesar de comum, "fed up" é como "de saco cheio" – vulgar, ou no mínimo deselegante. Veja algumas opções: sick of, tired of, sick and tired of.

Feel something within
▸ "I can feel and even hear something horrible deep within. Am I some kind of a monster?" the patient asked her therapist.

Sentir algo no seu interior
◂ "Eu sinto e até mesmo ouço algo horrível bem no fundo de mim. Sou algum tipo de monstro?", perguntou a paciente ao seu terapeuta.

Feel like
⇆ To be In the mood for
▸ Do you feel like going out tonight?

Estar a fim de, estar com vontade de
◂ Você está a fim de sair esta noite?

Fence in
▸ We must keep the dog fenced in. But not on a leash.

Prender, cercar animal em área, restringir a movimentação
◂ Nós temos de manter o cachorro preso. Mas não na correia.

Fence out
⇆ fence off

Manter fora de algum local cercado, deixar solto

F

Fend for oneself ⇆ shift for oneself ▼ At age 14 I was already fending for myself.	**Batalhar para sobreviver** ◢ Aos 14, eu já batalhava para me manter.
Fiddle around (with) ▼ I worked hard while others were just fiddling around.	**Perder tempo com algo, mexer com coisas não importantes, "flautar"** ◢ Eu trabalhava duro enquanto outros estavam só flautando.
Fight off ⁶⁶ *Fight, fought, fought; fighting* ▼ The Battles of Guararapes were vital in fighting off the Dutch invaders.	**Expulsar com luta; "tocar para fora"** ◢ As Batalhas de Guararapes foram vitais para expulsar os invasores holandeses.
Fight one's way out (of) ▼ Many a soccer player had to fight their way out of poverty.	**Esforçar-se para conseguir sair, "lutar" para sair de** ◢ Muitos jogadores de futebol tiveram que esforçar-se muito para conseguir sair da pobreza.
Figure out ▼ (1) Listen to the conversation and figure it out. ▼ (2) I need a calculator to figure out the tax payable.	**(1) Entender, chegar à conclusão, decifrar (2) Calcular** ◢ (1) Ouça o diálogo e tire a conclusão. ◢ (2) Preciso de uma máquina para calcular o imposto a pagar.
File away ⇆ File something off or down ▼ (1) File it away! ▼ (2) This is a hands-on job: all the benches must be filed away. Get a sand file. Let's also file the barbs off the edges.	**(1) Arquivar, guardar em pastas de arquivos (2) Deixar a superfície lisa; lixar bem, aplainar** ◢ (1) Arquive! Ponha na pasta. ◢ (2) Este é um trabalho de "mão na massa". Todos os bancos têm que ser lixados até ficarem lisinhos. Arrume uma lixa d'água. Vamos também lixar fora as rebarbas das beiradas.
FILE FOR ▼ As the creditors would file for his company's bankruptcy, Mr. Leal sold some real estate and paid them.	**Requerer, entrar com pedido de algo** ◢ Como os credores iam entrar com pedido de falência da sua empresa, o Sr. Leal vendeu alguns imóveis e os pagou.

F

File in, file out	Entrar e sair enfileirados, em ordem, de algum local
FILE PAST	Desfilar, passar enfileirado diante, por exemplo, de autoridades
FILE ON a case, a suit, a client, etc.; ➢ s.	Pasta ou arquivo sobre um caso, processo, litígio, cliente, etc.
FILE WITH authorities, boards, councils	Entregar formalmente, arquivar, registrar algo com autoridades, em órgãos, conselhos, etc.
▶ The company articles must be filed with the state Registry of Commerce.	◢ O contrato social da sociedade precisa ser registrado na Junta Comercial do estado.

> **Nota: File** tanto é substantivo "pasta de arquivo", como verbo; e a pasta de arquivo tanto pode ser a antiga, física, como a de computador. Observe = **Keep data *in* a computer file,** ou *in* **a file** (dentro de pasta) *versus* **They're kept *on* file** (condição de estar arquivado)
> *Ex.* = *"Something on file must be in a file"* = algo arquivado/guardado deve estar dentro de um arquivo ou de uma pasta.

Fill in for	Substituir alguém
▶ The financial manager is on vacation. Who will fill in for him?	◢ O gerente financeiro está de férias. Quem vai substituí-lo?
Fill in ⇆ fill out, fill up	Preencher brancos *Fig.* = adivinhar o resto, tirar conclusões sobre o que houve na sequência
▶ Fill in the blanks.	◢ Preencha os espaços em branco.
Fill someone in (on)	Informar os detalhes de algo a alguém
▶ Who could fill me in on last night's events?	◢ Quem poderia me informar sobre os eventos da noite passada?
Fill out ⇆ fill in, fill up ▶ Fill out the form.	Preencher formulários, cheques ◢ Preencha o formulário.

Fill up

Encher vasilhames ou contêineres, como tanque de combustível, o próprio estômago e outros espaços

- Fill it up.
- I'm starving, but a jackfruit will fill me up.

- Complete o tanque.
- Estou morrendo de fome, mas uma jaca vai matar minha fome.

> **Nota:** Para preencher formulários e cheques, o mais comum é fill out; para preencher espaços em brancos, fill in; e fill up serve para ambos.

FILL WITH

Encher de, com

- The jar is filled with coconut water.
- A jarra está cheia de água de coco.

Find out

Descobrir a respeito de algo, ficar sabendo, aprender sobre

- "Lee Jong, go and find out if this coconut water has to be sweetened."
- Later on, Lee Jong found out that it is drunk plain.

- "Lee Jong, vá descobrir se essa água de coco tem que ser adoçada."
- Mais tarde, Lee Jong ficou sabendo que ela é tomada pura.

Finish off

Acabar, dar cabo, "matar", terminar completamente (empreitadas, refeições, pessoas)

- The dishes were really yummy: the patrons finished them off.
- Os pratos eram realmente muito saborosos. Os fregueses comeram tudo.

FISH FROM

Pescar a partir de certo ponto

- Last time I saw him he was fishing from the shore.
- Na última vez em que eu o vi ele estava pescando na margem.

Fish out of existence

Pescar até acabar; exterminar pescando

- Sport fishing is for avoiding having them fished out of existence.
- A pesca esportiva é a favor de evitar a pesca de extermínio.

Fit in (with)

(1) Combinar, ajustar-se a grupos.
(2) Inserir alguém, "encaixar"

Fit, fit, fit; fitting

- (1) The newcomer has been trying to fit in with the hottest gang.
- (2) "Can you fit me in?" asked the long time regular customer to her hairdresser.

- (1) O recém-chegado vem tentando ajustar-se com a turma mais quente.
- (2) "Dá para me encaixar?" – perguntou a antiga, fiel cliente para a sua cabeleireira.

F

FLATTERED BY
← flattered AT, WITH
▼ Flattered by her friends' words, the tall and skinny girl has been trying to become a fashion model.

Envaidecido, lisonjeado por, com
◢ Envaidecida pelas palavras de suas amigas, a garota alta e magra vem tentando se tornar uma modelo.

FLEE -x-, ACROSS, FROM, TO
❝ *Flee, fled, fled, fleeding*
▼ Many people were fleeing the country. They fled across the borders, from decades of drought and famine.

Fugir de, escapar
◢ Muitas pessoas estavam fugindo do país. Elas fugiam atravessando as fronteiras, das décadas de seca e fome.

FLIP THROUGH pages, magazines, booklets
▼ Flipping through the pages of women's magazines, Susie dreamed on.

Folhear páginas de revistas, livretos
◢ Folheando as páginas de revistas femininas, Susie ficava sonhando.

Flow in (from)
▼ Applications for the job started flowing in from around the country.

Chegar, entrar em grande quantidade
◢ As inscrições para o emprego começaram a chegar de vários pontos do país.

FLY -x-
▼ My grandparents used to fly PanAm before they went bankrupt.

Voar pela (companhia)
◢ Meus avós costumavam voar pela PanAm antes de eles irem à falência.

Flunk out (of)

▼ Cram as she may I got a feeling that she'll end up flunking out of that school.

Ser cortado, ter que deixar a escola por reprovação

◢ Por mais que ela estude agora, eu tenho um sentimento de que ela acabará sendo reprovada e saindo daquela escola.

FOCUS (IN) ON
▼ Focus in on the goal!

Focar em, sobre
◢ Foco na meta! (=foque na meta)

Follow up (on)
▼ Who is going to follow up on this matter?

Fazer acompanhamento de
◢ Quem vai fazer o acompanhamento deste assunto?

Follow-up
> s.

▼ The follow-up was not carried through.

O seguimento, monitoramento de algo

◢ O monitoramento não foi levado até o fim.

FOLLOWING
> prep.

▼ Following our e-mail dated March 10, we have some additional comments, as below:

Depois de, após, em seguida a

◢ Dando seguimento ao nosso e-mail datado de 10 de março, temos alguns comentários adicionais conforme abaixo:

[be] Fond of

▼ I'm fond of results, i.e. (*that is*) I am a result-oriented guy.

Apreciador de, Gostar de

◢ Aprecio resultados, isto é, sou um cara voltado para resultados.

FOR
> Prep., conj.

(i) **Para, destinação, finalidade, propósito, uso, benefício** *(ii)* **Substituição, em lugar de** *(iii)* **motivo, consideração, efeito** *(iv)* **por, em busca,** *(v)* **"de", significando** *(vi)* **pois, porque**

Para, dirigido a, com destino a, destinado a; para, em se tratando de; ao invés de, em lugar de, em substituição a, em troca de (substitute honey for sugar); por, motivo, por causa de (Gone for the Winter); para, em honra de; para, a fim de, com a finalidade de, propósito (aim for); levando em conta, considerando (account for inflation), em relação a; ser + adjetivo + para +pessoa + verbo (it's good for the dog to know how to swim); ter dons para algo (gift for music), por, em prol, em benefício de, a favor de (for the needy, Sport fishing is for avoiding fishing them out of existence); como, na qualidade de (I shouldn't want a person like that for a neighbour); por causa de (for sadness, for speeding); apesar de, não obstante (for all her beauty); por, para cada (10 cents for the dozen, 1 cent for each) equivalente a, à razão ou na proporção de (there is one rotten fruit for every three good ones); quanto a, pelo que diz respeito a (as for); por certo período de tempo (Gone for the Winter); "de", ao soletrar (A for America), representando algo ou alguém (stand for); atrás de, em busca de, para obter (digging for facts, run for a healthier lifestyle) ; pode substituir o verbo em certas construções (go out for a walk, go to the bakery for some rolls); pois, porque, porquanto, visto que (for I like it).
Existem inúmeras locuções e expressões. Várias estão logo abaixo.

F

For a change	**Para variar**
Why don't you cook for a change?	Por que você não cozinha, para variar?
For a long time	**Durante muito tempo**
For a long time, he believed in Santa Claus.	Durante muito tempo, ele acreditou no Papai Noel.
For a moment	**Por um instante**
For a moment, it even seemed things would work out right.	Por um instante, até pareceu que as coisas iam dar certo.
For a number of reasons	**Por vários motivos Por uma série de razões**
It didn't come out right for a number of reasons.	Terminou não dando certo por uma série de razões.
For a ride – to be taken for a ride	**Ser enganado**
You paid $600 for that phone? You've been taken for a ride.	Você pagou 600 dólares por esse telefone? Você foi enganada.
For a song	**Por uma ninharia**
⇆ for peanuts	
The company was sold for a song.	A empresa foi vendida por uma ninharia.
For a walk	**Para dar um passeio a pé, uma andada**
Let's go for a walk: it will help us to cool down, as they say.	Vamos dar uma caminhada. Vai ajudar para nos acalmarmos, "baixar a fumaça", como se diz.
For a while	**Por algum tempo**
The partnership worked well for a while.	A sociedade funcionou bem por algum tempo.
For all	**(1) Para todos (2) Apesar de, não obstante**
(1) Saturday's dance is for all.	(1) O baile de sábado é aberto a todos.
(2) For all her beauty Ursula was not elected Queen of the Ball.(= despite, in spite of her beauty)	(2) Apesar de toda a sua beleza, Úrsula não foi eleita Rainha do Baile.

F

For better or for worse	De uma forma ou de outra; De qualquer maneira; De um jeito ou de outro
▼ A decision had to be made, for better or for worse.	◢ Alguma decisão tinha que ser tomada, não importava o resultado.

For business or for pleasure	A trabalho ou a passeio
⇆ on business or on pleasure.	
▼ Are you here for business or for pleasure?	◢ Você está aqui a trabalho ou a passeio?

For cash	A dinheiro, à vista
▼ He sold his share for cash.	◢ Ele vendeu a parte dele com pagamento em dinheiro.

For crying out loud!	Ai, pelo amor de Deus! Será o Benedito?!
▼ Stop whining, for crying out loud!	◢ Deixe de manha, será o Benedito?!

For fear of	Por medo de
▼ The child stopped, for fear of being spanked.	◢ A criança parou, por medo de levar umas palmadas.

For free	De graça
▼ Can't you see that nothing is for free?	◢ Você não vê que nada é de graça?

For fun	Por brincadeira, por diversão
⇆ for the fun of It	
▼ Hooligans set fire to the gym just for fun.	◢ Arruaceiros tacaram fogo no ginásio só por diversão.

For Christ's sake!	Pelo amor de Deus!
⇆ for God's sake	
▼ For Christ's sake, say it's not true.	◢ Pelo amor de Deus, diga que não é verdade.

For good	Para sempre De uma vez por todas
▼ Now I'll learn for good.	◢ Agora aprenderei de uma vez por todas.

For goodness sake	Pelo amor de Deus!
▼ For goodness sake, let me have the day off tomorrow.	◢ Pelo amor de Deus, deixe-me de folga amanhã.

F

For good reason	**Não é para menos**
▼ For good reason you don't get cured: going out every night!	◢ Não é para menos que você não sara: saindo todas as noites!
For heaven's sake!	**Ai, Cristo, pelo amor de Deus!**
▼ Stop lecturing me, for heaven's sake!	◢ Ai, meu deus! Pare de me dar sermão!
For I like it.	**Por que eu gosto**
▼ Why am I wearing this out-of-fashion dress? For I like it, of course!	◢ Por que eu estou usando este vestido fora de moda? Porque eu gosto dele, claro!
For instance	**Por exemplo**
▼ You could, for instance, praise my good deeds.	◢ Você podia, por exemplo, elogiar o que eu faço de bom.
For keeps	**Permanentemente, para valer**
▼ Let's make up... for keeps.	◢ Vamos ficar de bem... para valer.
For lack of evidence	**Por falta de provas**
▼ He ran over 16 people, but was set free for lack of evidence,.	◢ Ele atropelou 16 pessoas, mas foi solto por falta de provas.
For lack of	**Por falta de**
▼ I haven't called on you for lack of opportunity.	◢ Não te visitei por falta de oportunidade.
For laughs	**Por brincadeira**
▼ You say that for laughs, don't you?	◢ Você diz isso por brincadeira, não é?
For no reason whatsoever	**Sem motivo razoável, sabe-se lá por quê**
⇆ for no apparent reason, for no reason at all	
▼ He opened his business in that derelict area, for no reason whatsoever.	◢ Ele abriu o negócio dele naquela região deteriorada, sabe-se lá por quê.
▼ She wants her apartment all remodeled for no reason at all.	◢ Ela quer reformar todo o apartamento sem nenhum motivo.
For now	**Para já, por ora**
▼ I don't even want to think about such a thing for now.	◢ Não quero nem pensar numa coisa dessas por ora.
For once	**Só para variar Pelo menos uma vez na vida**
▼ Play fair, just for once...	◢ Jogue limpo, só para variar...

For one
- I for one.

Para mencionar um
- Eu por exemplo.

For one thing
- I do admit to being stressed. For one thing, we ran out of water.

Para começar
- Eu admito, sim, que estou estressada. Para começar, acabou a água.

(1) For one's sake
(2) For old time's sake
(3) For Pete's sake!
(4) For safety's sake

- (1) For the sake of our long friendship, tell me the truth.
- (2) "Let's play a Nat King Cole record and dance cheek-to-cheek, for old time's sake," Grandpa Manuel asked Granny Anaclete.
- (3) Raining again? Oh, no, for Pete's sake...!
- (4) Passwords must be kept secret for safety's sake.

(1) Pelo, em nome de... (2) Para matar a saudade, em nome dos velhos tempos... (3) Ai, São Pedro! Tenha dó... (4) Por motivo de segurança

- (1) Em nome de nossa longa amizade, diga-me a verdade.
- (2) "Vamos tocar um disco do Nat King Cole e dançar de rosto colado, para matar a saudade dos velhos tempos", disse vovô Manuel convidando vovó Anacleta.
- (3) Chovendo de novo? Oh, não, tenha dó, São Pedro...!
- (4) Senhas devem ser mantidas em segredo por motivo de segurança.

For real
- Let's enforce the laws for real.
- Is that for real?

De verdade, realmente, de fato
- Vamos fazer realmente vigorar as leis.
- De verdade?

For rent
⇆ To Let
- There are plenty of **For Rent** signs in the new Faria Lima region.

Aluga-se, para alugar
- Há muitas placas de **Aluga-se** na região da Nova Faria Lima.

For sadness
- Are you crying for sadness, or what?

De tristeza
- Você está chorando de tristeza ou o quê?

For sale
👁 "On Sale"
- Before the big sale, the appliance was for sale for $80.

À venda
- Antes da grande liquidação, o aparelho estava à venda por $80.

F

For some time now	**Já faz um tempinho; De uns tempos para cá**
For some time now, he has been so cheerful!	De uns tempos para cá, ele tem estado tão alegre!
For speeding	**Por excesso de velocidade**
If you get one more ticket for speeding, your driver's license will be revoked.	Se você receber mais uma multa por excesso de velocidade, a sua carteira de habilitação será cassada.
For that matter	**Aliás, na verdade, por falar nisso, quanto a isso, no que tange a isso, etc.**
For the better	**Para melhor**
For the common good	**Para o bem geral, para o bem de todos**
Let's, for the common good, plant trees and lead a simple life.	Vamos, para o bem geral, plantar árvores e levar uma vida simples.
For the heck of it	**Por farra, pela diversão**
⇆ For the kick of it, For the hell of it	
In a TV movie, a youngster pretended to be a girl in love with the truck driver, just for the heck of it.	Num filme para a TV, um jovem fingiu ser uma garota apaixonada pelo motorista de caminhão, só por farra.
For the last time	**Pela última vez**
For the last time (= hurry up!)	Pela última vez (= ande logo!)
For the love of	**Pelo gosto de algo**
I would go to Mongolia for the love of adventure. Wouldn't you?	Eu iria para a Mongólia pelo gosto da aventura. Você não?
For the moment	**Por enquanto**
Not for the moment, thanks.	Não por enquanto, obrigado.
For the most part	**Na maioria dos casos**
Gee, what's going on? For the most part, you agree with me.	Nossa, que sucede? Na maioria das vezes, você concorda comigo.
For the needy	**Para os necessitados**
A fund was set up for the needy.	Foi estabelecido um fundo para os necessitados.

F

For the sake of appearances
▼ The coffee they offered and the hand shaking were just for the sake of appearances.

Para manter as aparências
◢ O café que eles ofereceram e o aperto de mãos foram só para manter as aparências.

For the sake of convenience
▼ We keep a checking account there for the sake of convenience.

Só por conveniência
◢ Nós mantemos uma conta corrente lá só por conveniência.

For the sake of our friendship
▼ "Let's forget that girl no matter how pretty she is, for the sake of our friendship," said his cousin.

Pelo bem da nossa amizade
◢ "Vamos esquecer aquela menina, não importa quão bonitinha ela seja, pelo bem da nossa amizade", disse o primo dele.

For the time being
▼ For the time being, I can't afford being so generous.

Por enquanto, por ora
◢ Por enquanto, não posso permitir-me ser tão generoso.

For the Winter
▼ "Gone for the Winter", said the door sign.

Devido ao inverno, durante o inverno
◢ "Fechado devido ao inverno", dizia o aviso na porta. (= "Em férias de inverno").

For the worse
▼ It seems the company changed for the worse instead of changing for the better.

Para pior
◢ Parece que a empresa mudou para pior ao invés de mudar para melhor.

For want of
▼ Not for want of trying, I can say that.

Por falta de
◢ Não foi por falta de tentar, posso dizer-lhe.

FORBIDDEN TO + *v. inf.*
▼ I'm forbidden to look at the scroll, said the Kung Fu Master.

Proibido de
◢ "Eu estou proibido de olhar para o pergaminho", disse o Mestre de Kung Fu.

FORBIDEN -x-, FOR
▼ The scroll is forbidden for me, too.

Proibido, proibido a
◢ O pergaminho me é proibido também.

Force somebody out of
▼ Nobody would force him out of the country. There would be no grounds for that.

Forçar a deixar
◢ Ninguém o forçaria a deixar o país. Não haveria fundamentação para isso.

F

FORCED INTO
The railroad company was forced into bankruptcy.

(Ser) forçado, obrigado a
A companhia ferroviária foi levada à falência.

FOUNDED BY, ON
America was founded by the Founding Fathers, on principles of freedom among others.

Fundada por; baseada em, sobre
A América foi fundada pelos Pais Fundadores sobre princípios de liberdade, entre outros.

FRAUGHT WITH
The path is fraught with danger.

Carregado, cheio de; abastecido de/com; fértil em
O caminho é repleto de perigos.

FREE FROM
I'll be free from school, free from prison.
The product is free from/of governmental control.
Finally, I am free from/of your questions!

Livre de algum local ou obrigação; livre de algo circunstancial, que prendia
Estarei livre da escola, livre da prisão.
O produto tornou-se ou é livre de controle governamental.
Finalmente, estou livre das suas perguntas.

FREE OF
The item is free of charge, free of queries.
The famous actor is free of/from cancer.
Lectures are free of charge to members of the Association.

Livre, não tem; livre de doenças; sem cargas, isento; livrar-se ou liberar-se de algo desagradável ou que onerava
O artigo é livre de encargos, livre de perguntas.
O famoso ator está livre de câncer.
As palestras são livres de taxas para os sócios da Associação.

> **Nota:** Vê-se com frequência o uso aleatório de ambas as preposições.
> **Free from** = carrega mais a ideia de liberar-se ou livrar-se, enquanto **free of**, de ser isento, de não haver algo que prenda ou onere.
> Exemplo= **Free of** vírus = não tem o vírus.
> **Free from** that vírus = dá a ideia de que tinha, mas conseguiu livrar-se do vírus, ou que está longe, que a possibilidade de contrair está distante.

Freeze to death
I almost froze to death.

Congelar até a morte, morrer congelado
Quase morri congelado.

FREQUENTED BY

▼ This is the kind of joint frequented by the locals only.

Frequentado por

◢ Este é o tipo de estabelecimento de baixo nível frequentado apenas pelo pessoal do local. .

FROM
▶ Prep.

(i) **Fonte, origem, desde, proveniência** *(ii)* **consequência, por causa de** *(iii)* **barrar, evitar**

De, origem, ponto de partida; a partir de, da parte de, proveniente, originado de (made from) , desde, início de período; como resultado, devido a, por causa de, por, a julgar por; fonte, origem (die from, free from); evitar, proibir de (prevent from, bar from). Existem inúmeras locuções e expressões. Algumas se encontram abaixo.

From above

▼ She is so tall she can see everything from above, especially when she wears high-heels.

Do alto, de cima

◢ Ela é tão alta que enxerga tudo de cima, especialmente quando está de salto alto.

From childhood

▼ From childhood Jamie had bird watching as his hobby. He used to watch them from a distance. One day, he came from abroad, just to see our tropical birds.

Desde a infância

◢ Desde criança, Jamie tinha como hobby observar pássaros. Ele os observava de longe. Um dia, ele veio do exterior somente para observar nossos pássaros tropicais.

From a distance

De longe

From abroad

Do exterior

From all over

▼ Tourists from all over the world come to visit our rain forest.

De todos os lugares

◢ Turistas do mundo todo vêm visitar nossa floresta amazônica.

From bad to worse

▼ Sometimes, the economy drifts, from bad to worse.

De mal a pior

◢ Às vezes, a economia fica à deriva, de mal a pior.

From beginning to end

▼ Reading newspapers from beginning to end is depressing.

Do princípio ao fim

◢ Ler os jornais do princípio ao fim é deprimente.

F

From close by	**De perto**
▶ Seen from close by, some facts are not so bad.	◀ Vistos de perto, alguns fatos não são tão maus.
From experience	**Por experiência**
▶ One can say that from experience.	◀ Pode-se dizer isso por experiência.
From force of habit	**Por força do hábito**
▶ Therefore, let's stop reading all the way through the papers just from force of habit.	◀ Portanto, vamos parar de ler o jornal inteiro apenas por força de hábito.
From long ago	**De longa data**
▶ Mr. Garbo, I've known you by name and by fame from long ago.	◀ Sr. Garbo, eu o conheço, pelo nome e pela fama, de longa data.
From memory	**De memória**
▶ "I can sing your company's jingle from the 50's from memory," said the codger.	◀ "Sei cantar de memória o jingle da década de 50 de sua empresa", disse o velhote meio maluco.
From my class	**Da classe de alguém**
▶ Look! This report is about a boy from my philosophy class.	◀ Olhe! Este artigo é a respeito de um rapaz da minha aula de filosofia.
From now on	**De agora em diante**
▶ "And from now on, the star-fruit and the star-fish are the national currency," went on the codger.	◀ "E, de agora em diante, a carambola e a estrela do mar são a moeda nacional", seguiu falando o velhote esquisito.
From scratch	**Do nada. Começar do zero**
▶ The report was useless so we threw it away and rewrote it from scratch.	◀ O relatório estava inútil, então nós o jogamos fora e reescrevemos do zero.
From sunrise to sunset	**De sol a sol; desde o raiar do dia até o pôr-do-sol**
▶ Peasants work in the fields from sunrise to sunset.	◀ Os camponeses trabalham nos campos desde a manhãzinha até o pôr-do-sol.
From the beginning	**Desde o início**
▶ I loved doing this, from the beginning.	◀ Adorei fazer isso, desde o início.

F

From (the comfort of) your own home — Sem sair, a partir de, no conforto de sua casa

- Now you can buy almost anything from the comfort of your own home.
- Agora, você pode comprar quase qualquer coisa no conforto do seu lar.

From the look of things… — Pelo jeito, pelo que parece

- From the look of things, Pete will end up becoming a pro surfer.
- Pelo que parece, o Pedrinho vai acabar se tornando surfista profissional.

From the word "Go" — Desde o início, desde a partida, "desde o aprontar, já!"

⇆ from the get-go

From time to time — De tempos em tempos

- "He lives on the beach, and just visits us from time to time," said his parents.
- "Ele mora na praia e só nos visita de tempos em tempos", disseram os seus pais.

From …on — A partir de certa data

- External auditors will be working here from today on.
- Auditores externos estarão trabalhando aqui a partir de hoje.

From way back, — De longa data, daqueles tempos, de tempos antigos

⇆ from way back when

- I knew, from way back, that some day we would have these people here examining everything.
- Eu sabia, de longa data, que algum dia nós teríamos esse pessoal aqui examinando tudo.
- I know that guy, from way back when.
- Eu conheço aquele sujeito de tempos atrás.

From what I know — Pelo que eu saiba.

From what I have been told — Pelo que me disseram.

From your personal computer — A partir de, pelo, no

- Bank transactions can also be made from your PC. (= at your PC)
- As transações bancárias também podem ser feitas pelo computador. (no computador)

FRONT ON — Fazer frente a, dar de frente para

- The wall fronts on the street.
- O muro/a parede dá de frente para a rua.

FROWN AT

▼ The principal frowned at me on his way out of his office.

Franzir o cenho, fazer cara de desagrado para

◢ Saindo de sua sala, o diretor da escola franziu a cara para mim.

Fumble around

▼ Jason, you have the bad habit of fumbling around.

Mexer nas coisas para encontrar
Tatear, remexer

◢ Jason, você tem o mau hábito de ficar mexendo nas coisas.

Fumble in (for)

⇆ Fumble around como acima

▼ Now, what are you fumbling in my bag for?

Mexer em, tatear para encontrar

◢ E agora, o que você procura mexendo na minha bolsa?

FUNDAMENTAL TO + ING

▼ Having a multidisciplinary team was fundamental to aiding in the planning, conception and implementation of the Genesis Project, said the CEO.

Fundamental para

◢ "Ter um time multidisciplinar foi fundamental na ajuda ao planejamento, concepção e implantação do Projeto Gênesis", disse o presidente.

FURIOUS WITH or AT people

▼ Don't get furious with me: your cell phone was ringing... I didn't want you to miss any calls, that's why I answered it.

Furioso com pessoas

◢ Não fique furiosa comigo. Seu celular estava tocando... Eu não queria que você perdesse nenhuma chamada, por isso atendi.

FURIOUS AT, ABOUT, OVER facts, institutions

▼ Furious at the building company about the delay, the man got even more furious over the suggestion of paying more.

Furioso em relação a acontecimentos, instituições, etc.

◢ Furioso com a construtora por causa do atraso, o homem ficou ainda mais furioso com a sugestão de pagar mais.

FURTHER, FURTHERMORE

➤ Adv.

▼ Till further notice this is the scenario.

▼ Furthermore, everybody must abide by the rules.

Ainda, mais, ademais, além do mais, além disso

◢ Até mais avisos, este é o cenário.

◢ Além disso, todos têm que seguir as regras.

GAIN BY
- They gained an extra dish by praising the cook.

Ganhar através de, por
- Eles ganharam uma porção extra elogiando a cozinheira.

GAIN FROM
- They also gained some extra weight from that.

Ganhar como conseqüência
- Eles também ganharam algum peso extra por causa disso.

Gain on
- Empiricists are gaining on the theorists.

Ganhar vantagem sobre, estar avançando, progredindo em relação a outro(s)
- Os empíricos estão ultrapassando os teóricos.

GEARED TO/TOWARD(S)
- Toy commercials must be geared towards children.

Voltado para, preparado para atender a
- Os comerciais de brinquedos têm que ser voltados para as crianças.

Get along [with]
Get, got, gotten; getting
- Do you get along with your classmates?

"dar-se com", relacionar-se
- Você se dá bem com seus colegas de classe?

Get at
- What are you getting at?

Querer dizer, onde quer chegar
- Onde você quer chegar?

Get away
- The convict got away.

Fugir, escapar
- O condenado escapou.

Get away with
- Will the scoundrels get away with it?

Ficar impune ou safar-se com punição leve, dar-se bem, "acabar em pizza"
- Os patifes ficarão impunes? (= Vai ficar tudo nisso mesmo?)

Get [back] at
- It was high noon when the ex-convict met the man of honor he had sworn to get back at.

Vingar-se
- Era pôr-do-sol quando o ex-prisioneiro encontrou o homem honrado de quem tinha jurado vingar-se.

G

Get back in	**Voltar a ser "in"**
▶ I never would have imagined that the hula hoop would get back in.	◀ Eu nunca poderia imaginar que o bambolê voltaria à moda
Get back to, by	**Voltar a até**
⇆ Be back to, by	
▶ In "Round the World in 80 Days", Philleas Fogg must get back to London by December 21st or lose all his money.	◀ Em "Volta ao Mundo em 80 Dias", Philleas Fogg precisa voltar para Londres até o dia 21 de dezembro ou perde todo o seu dinheiro.
Get back to	**Responder depois Retornar com resposta**
▶ Off hand, I don't know the rates of the main hotels in Rio. I'll find out and get back to you, OK?	◀ Assim, de imediato, não sei as diárias dos principais hotéis no Rio. Vou descobrir e te retorno, OK?
Get by	**"Virar-se", sobreviver com**
▶ Can you get by with what you know today?	◀ Você pode sobreviver com o que sabe hoje?
Get down to	**"Atacar", começar alguma atividade**
▶ No more small talk: let's get down to work.	◀ Chega de conversa fiada. Vamos trabalhar.
Get down to the bottom line	**Chegar ao que interessa, no que é importante**
GET IN ou INTO	**Subir, entrar, em locais delimitados, veículos pequenos**
▶ (1) Get in the taxi and follow that car.	◀ (1) Entre no táxi e siga aquele carro.
▶ (2) "Get into the house out of the rain!" yelled mom from the window.	◀ (2) "Entre pr'á dentro, saia da chuva!" gritou a mãe da janela.
Get in gear	**Engrenar marcha (*Fig.*: pegar firme no trabalho)**
▶ It's high time to get in gear.	◀ Está mais do que na hora de começar a trabalhar para valer.
GET OFF	**Sair, descer de veículos grandes, locais elevados de onde se sobe ou se monta**
▶ I got off the bus and stopped a taxi.	◀ Desci do ônibus e fiz sinal para um táxi.

G

GET ON ou ONTO	**Subir em veículos grandes ou em locais elevados**
▼ Getting on the Ferris wheel, Suzy tripped and almost fell down.	◢ Ao subir na roda gigante, Suzy tropeçou e quase caiu.
Get on	**(1) Avançar, progredir, sair-se, como vai "indo" na escola, no trabalho** **(2) relacionar-se, "dar-se bem"**
▼ (1) How are you getting on at school? ▼ (2) Do you get on with your classmates? (= get along)	◢ (1) Como você vai indo na escola? ◢ (2) Você se dá bem com seus colegas de classe?
Get on [with]	**Seguir fazendo**
▼ Make no questions. Just get on with what you have to do.	◢ Não faça perguntas. Simplesmente vá fazendo o que você tem que fazer.
Get on the nerves ⇆ grate on the nerves	**Dar nos nervos, irritar**
▼ He grinds his teeth while sleeping and it started getting on my nerves.	◢ Ele range os dentes enquanto dorme e isso começou a me dar nos nervos.
GET OUT OF	**Sair de locais delimitados ou veículos pequenos**
▼ I got out of my house and got onto a bus.	◢ Saí da minha casa e subi num ônibus.
Get out of bed on the wrong side	**Levantar da cama com o pé esquerdo.**
Get over	**Superar, vencer golpes, traumas**
▼ The younger the child, the sooner he or she gets over traumatic events.	◢ Quanto mais nova a criança, mas rápido ela supera eventos traumáticos.
Get over with (something), **Get (something) over with**	**Acabar, terminar de uma vez alguma atividade**
▼ This has been going on for ages. Let's get it over with.	◢ Isso vem acontecendo há séculos. Vamos acabar logo com isso!
Get rid of	**Livrar-se, desfazer-se**
▼ I need to get rid of lots of useless stuff.	◢ Preciso me desfazer de uma porção de coisas inúteis.
Get the most out of something	**Tirar o máximo que puder, de algo**

G

Get through with (task, work)	Terminar, dar cabo de obrigação, trabalho
GIFT FOR He is gifted for music.	**Ter dons para, ter pendor para** Ele tem o dom da música.
Give away **Giveaway** *n.* ⇆ freebies " *Give, gave, given; giving* (1) I gave away the gifts given by my granny. I never told her because she could be hurt. (2) Don't give it away, please. (3) No giveaways at that meager event!	**(1) Dar, doar** **(2) "entregar", revelar** **(3) Brindes** (1) Doei os presentes dados por minha avó. Nunca contei para ela, pois ela poderia ficar sentida. (2) Não conte para ninguém, por favor. (3) Não havia brindes naquele evento mixo!
Give a bath to someone Give a bath to the baby before feeding him.	**Dar um banho em alguém** Dê um banho no bebê antes de alimentá-lo.
Give birth to someone Granny gave birth to 11 children.	**Dar à luz alguém** A vovó deu à luz onze crianças.
Give in [to] (1) I wonder if the new shoes will give in. (2) The fierce woman boxer didn't want to give in. She never gave in to fear.	**(1) Ceder, lassear** **(2) Ceder, entregar os pontos** (1) Será que os sapatos novos vão lassear? (2) A brava boxeadora não quis entregar os pontos. Ela nunca cedeu ao medo.
Give out They give out free samples at the street fair.	**Fornecer, distribuir (passes, informação, amostras)** Eles dão amostras gratis na feira ao ar livre.

G

Give up [on] ▶ I give up. After one month trying to break my new shoes in, I decided to give them away. ▶ Don't ever give up on what you believe in.	**Desistir** ◢ Desisto. Após um mês tentando amaciar meus sapatos novos, decidi doá-los. ◢ Jamais desista daquilo em que você acredita.
Give up for adoption ▶ He thinks he has grounds to believe that he was given up for adoption right upon birth.	**Entregar para adoção** ◢ Ele acha que tem fundamentos para acreditar que foi entregue para adoção assim que nasceu.
GLAD ABOUT ▶ Are you glad about your school education?	**Contente por** ◢ Você está contente em relação à sua formação escolar?
GLANCE AT ▶ Who is that guy in the farthest corner, who keeps glancing at us?	**Olhar rápido, de relance, para** ◢ Quem é aquele cara naquele canto, lá no fundo, que fica nos olhando de relance?
Glance back to ▶ Sometimes I cannot help glancing back to past events.	**Olhar rapidamente para trás, inclusive no tempo** ◢ Às vezes não consigo evitar que meu pensamento vá rapidamente para algum acontecimento do passado.
Glance over ▶ The teacher just glanced over my paper and marked it with a "B".	**Dar uma olhada, ver rapidamente, por alto** 💬 *Lit. ou fig.* ◢ O professor só deu uma olhada por cima no meu trabalho e deu um "B".
GO -x- ***North, Northward(s) South, Southward(s), East, Eastward(s), West, Westward(s), home.*** ❝ *Go, went, gone; going* ▶ Let's go West! ▶ No, let's go home.	**Ir para, em direção ao, na direção do, norte, sul, leste, oeste** **Ir para casa** ◢ Vamos para o Oeste! ◢ Não, vamos para casa.

G

Go about something ▶ After eating lunch, they went about their homework.	**Cuidar de, tratar de fazer algo** ◢ Após almoçarem, eles foram tratar de fazer a lição de casa.
Go back on (one's word)	**Dar para trás, voltar atrás com a palavra**
Go by the name of	Atender pelo nome de
Go for it!	Vai firme, manda ver
Go in for ▶ Are there girls in Brazil who go in for boxing?	**"Curtir", gostar muito** ◢ Há garotas no Brasil que curtam lutar boxe?
GO INTO ▶ He went into auditing while his brother was deep into drugs.	**Entrar em, envolver-se em** ◢ Ele entrou para o ramo de auditoria, enquanto seu irmão estava fundo nas drogas.
Go into ▶ I don't wanna go into that right now. Maybe later.	**Entrar em detalhes, falar mais sobre algo** ◢ Não quero entrar em detalhes sobre isso neste momento. Talvez mais tarde.
Go into effect ▶ The new regulations will go into effect as of January, 2012.	**Passar a vigorar (leis, regras)** ◢ As novas regras passarão a vigorar a partir de janeiro de 2012.
Go into shock	Ficar, entrar em estado de choque
Go off (U.K.) ⇆ go bad (U.S.) ▶ Mildred, the milk has gone off.	**Estragar** ◢ Mildred, o leite azedou.
Go off the rails ▶ As the family business went off the rails, so did we.	**Sair dos trilhos (literal e figurativamente)** ◢ À medida que o negócio da família foi saindo dos trilhos, o mesmo aconteceu conosco.

G

Going on	**(1) Indo para, chegando, perto de (idade)** **(2) Acontecendo, havendo**
▼ (1) I was just ten, going on eleven.	◢ (1) Eu só tinha dez anos, chegando nos onze.
▼ (2) I couldn't get what was going on.	◢ (2) Não conseguia entender o que estava acontecendo.
Go on: (a) *an eating binge* (= *to pig out*) (b) *a drinking binge, bout, or spree* (c) *a shopping spree*	(a) fazer uma comilança, encher a pança (b) tomar uma bebedeira, encher a cara (c) sair comprando como louca, fazer uma orgia de compras, comprar até cair
Go on sale	Entrar em liquidação.
Go on a picnic, on a tour	Ir fazer picnic, ir num tour
Go past some point ▼ Don't let caramelizing go past brown.	Passar de algum ponto ◢ Não deixe caramelar demais e passar da cor marrom.
Go over ▼ Go over your tests before handing them in.	Examinar, rever ◢ Reveja seus testes antes de entregá-los.
Go overboard [over the board]	Exagerar, passar da conta
GO TO ▼ Wake up, it's time to go to school.	Ir para ◢ Acorde, é hora de ir para a escola.
Go through customs ⇆ clear customs, go through custom clearance	Passar pela alfândega
Go through with ▼ Despite the troubles, we managed to go through with our assignment.	Terminar, levar a cabo ◢ Apesar dos problemas, conseguimos levar a cabo nossa tarefa.
Go to the bakery for some rolls.	Ir até a padaria buscar alguns pãezinhos
[Heart] Goes out to ▼ My heart goes out to this poor woman and her children.	**Solidarizar-se com,** **Simpatizar genuinamente com** ◢ Solidarizo-me com essa pobre mulher e seus filhos.

G

Go up to	**Ir até, aproximar-se, chegar para**
⚑ Why don't you go up to the manager and tell him what you think about the problems?	◢ Por que você não vai até o gerente/técnico e lhe diz o que você pensa dos problemas?
Go without ⇆ do without	**Passar sem**
⚑ Tell me you can't go without me.	◢ Diga-me que você não consegue ficar sem mim.
Goes without saying	**Não precisa nem dizer**
⚑ It goes without saying, and you know that.	◢ Nem é preciso dizer, e você sabe disso.
GODPARENTS TO - Godfather to - Godmother to	**Padrinhos de** - Padrinho de - Madrinha de
⚑ Dindinha and Dindinho are godparents to all our children.	◢ O Dindinho e a Dindinha são padrinhos de todos os nossos filhos.
(1) GOOD AT **(2) GOOD IN** **(3) GOOD FOR** **(4) GOOD TO** **(5) GOOD WITH**	**(1) Ser bom de, em, (atividade, como se sai em algo) (2) Na classe, no grupo (3) Ser bom para: resultar positivamente para o recebedor (4) Ser bom para: agir/atuar positivamente para o recebedor (5) Bom com, saber tratar**
⚑ (1) Is he as good at forecasting as he was at math?	◢ (1) Ele é tão bom em previsões quanto era em matemática?
⚑ (2) Indeed, he was one of the best in math class, the best in the group.	◢ (2) De fato, ele era um dos melhores na aula de matemática, o melhor do grupo.
⚑ (3) Take the medicine: remember that it is good for your health.	◢ (3) Tome o remédio. Lembre-se que é bom para a sua saúde.
⚑ (4) Johnny be good to me.	◢ (4) Joãozinho, seja bom para mim.
⚑ (5) She's good with children.	◢ (5) Ela é boa no trato com crianças.
GRADUATE FROM	**Graduar-se, formar-se pela**
⚑ I graduated from PUC.	◢ Graduei-me pela PUC.
GRADUATE IN	**Graduar-se, formar-se em**
⚑ What did you graduate in? What did you major in?	◢ No que você se formou? Qual é a sua área de especialização?

G

a GRADUATE OF ➤ s. ▶ As a graduate of Harvard in Economics, he was bound to have great opportunities anywhere he decided to live.	Ser graduado/diplomado da... ◢ Como graduado da Harvard em Economia, ele deveria ter ótimas oportunidades em qualquer lugar em que decidisse viver.
Grate on the nerves ⇆ get on the nerves ▶ It grates on my nerves, the same news over and over all day long.	Pegar nos nervos, irritar os nervos dar nos nervos ◢ Me irrita os nervos a mesma notícia passando seguidamente, o dia inteiro.
GRATEFUL TO, FOR ▶ To this date I feel grateful to those who gave me education for life.	Grato, agradecido à, por ◢ Até hoje sinto-me grata àqueles que me deram educação para a vida.
(the) Great Beyond	A vida após a morte
GROAN WITH pain	Grunhir, gemer de dor
GROPE FOR ▶ [On the blackout evening]: Blindly groping for our way out in the dark, we made it to the ground floor, safe and sound!	Procurar às cegas, tatear em busca de algo ◢ [Na noite do apagão]: Tateando às cegas no escuro em busca da saída, conseguimos chegar ao térreo sãos e salvos!
Grind away (teeth) ⁶⁶ *Grind, ground, ground; grinding* ▶ My dentist said that I have to restore the parts of my teeth that I have ground away.	**Desgastar de tanto ranger (dentes) (outros sentidos: trabalhar ou estudar laboriosamente, com insistência; remover algo quebrando, esmagando)** ◢ Minha dentista disse que tenho de restaurar as partes dos meus dentes que desgastei de tanto ranger.
Grow in confidence ⁶⁶ *Grow, grew, grown; growing* ▶ You will grow in confidence if you improve your knowledge of/on the subject.	Ganhar confiança ◢ Você ganhará confiança se melhorar seu conhecimento da/sobre a matéria.
Grow up ▶ My son is growing up: at age 8 he stands over 5 feet tall.	Crescer ◢ Meu filho está crescendo: aos 8 anos de idade, mede mais de 1,52.

149

G

Grow up to ▶ The beautiful shade tree can grow up to 2 meters in a couple of years.	**Crescer (em) até** ◢ A bela sombreira pode crescer até 2 metros em dois anos.
GUIDANCE ON, FOR ▶ Guidance on/for studies is an important department in most schools.	**Orientação para, sobre** ◢ Orientação para/sobre os estudos é um departamento importante na maioria das escolas.
GUIDE TO ▶ "The Elements of Style" by Strunk and White is a guide to style that will be useful well beyond school.	**Guia de, guia para** ◢ "Os Princípios de Estilística", de Strunk e White, é um guia de estilo em redação que será útil até bem depois de sair da escola.
GUILTY OF ▶ While going downstairs in the darkness, we wondered who was guilty of that. ▶ I am guilty of loving you too much.	**Culpado por, de** ◢ Enquanto descíamos as escadas na escuridão, nós nos perguntávamos quem era culpado por aquilo. ◢ Sou culpado de amá-la demais.
[Plead] GUILTY TO ▶ He pleaded guilty to 11 charges.	**Admissão de culpa por, de** ◢ Ele admitiu a culpa de 11 acusações.

H

Hand in | Entregar (principalmente sobre escola)
You can only hand your tests in after 30 minutes. | Você só pode entregar seus testes após 30 minutos.

Hands-on | Mão na massa
adj.
A hands-on position is an outlet for the creativity of overactive people. | Um cargo do tipo mão na massa dá vazão para a criatividade de pessoas hiperativas.

Hand out | Distribuir, entregar em mãos
n. a handout | *s.* **Material para distribuir** (por ex. em palestras)
Who could help me hand out the forms? | Quem pode me ajudar a distribuir (em mãos) os formulários?
I was hired to hand out fliers in front of the bakery. | Fui contratada para distribuir folhetos na frente da padaria.
The handouts are not ready. | O material para distribuição não ficou pronto.

Hand over [to] | Passar em mãos a... Entregar a
The clerks from/in the printing department promised to hand them over to me before coffee break. | Os funcionários da gráfica prometeram entregá-los para mim antes do intervalo do café.
Instead, they handed them over to the police. | Ao invés disso, eles os entregaram para a polícia.

Hand over fist | Bastante e rapidamente, principalmente referente a ganhos financeiros
After making money hand over fist, some great football players have been dedicating themselves to poor kids' education. | Depois de ganhar muito dinheiro rapidamente, alguns grandes jogadores de futebol vêm se dedicando à educação das crianças pobres.

Hang around/about | Ficar à toa, ficar "cercando" alguém ou algum local; Ficar por perto
⇆ stick around
Where do they usually hang around? | Onde eles costumam ficar?
Don't go away, hang around. | Não vá embora, fique por aqui.

151

H

HANG FROM | **Ficar pendurado, dependurado em**
- The hero was hanging from a cliff. | O herói estava dependurado em um despenhadeiro.

Hang in there | **"Aguente firme, segure"**
⇆ hold out

HANG ON | **Pendurar em**
- Hang a picture on the wall. | Pendure um quadro na parede.

Hang on | **Esperar, resistir, perseverar**
- Hang on. I'll be with you in a minute. | Aguente um pouco. Estarei aí com você num minuto.

Hang on [to] | **Conservar, manter, segurar algo firme com você**
- Hang on to the people you love. | Seja fiel às pessoas que você ama. (Ou) Não abandone as pessoas que você ama.

Hang out [with] | **(1) Andar com, circular com**
(2) Ficar à toa, passar o tempo
- (1) Who have you been hanging out with? | (1) Com quem você tem andado?
- (2) I'm doing nothing… just hanging out.. | (2) Não estou fazendo nada… só estou passando o tempo.

Hangover | **Ressaca**

Hang someone's head down | **Baixar a cabeça**
- I see you on the street and you walk on by… | Eu vejo você na rua e você passa sem parar.
- You make me wanna hang my head down and cry (Madonna, "Open Your Heart") | Você me dá vontade de baixar a cabeça e chorar.

Hang something up | **Desistir de algo**
- There is no way I can win. I'm going to hang it up. | Não tem jeito de eu ganhar essa. Vou desistir.

Hang up (on) | **Desligar o telefone**
- The pretty veterinarian hung up on Jon. | A linda veterinária desligou o telefone na cara do Jon.

HANGUP OU HANG-UP
> s.

▶ Luc clearly had a hang-up about the author's use of slang in some of the examples.

Cisma, implicância, preocupação constante e/ou excessiva

◢ O Luc tinha, claramente, implicância com o uso de gírias que a autora fazia em alguns dos seus exemplos.

HAPPEN TO
To + v. inf.

▶ (1) What happened to Little Rita?

▶ (2) She just happened to go nuts, get married and move out from here.

(1) Acontecer a, com
(2) Acontecer que, de

◢ (1) O que aconteceu à Ritinha?

◢ (2) Aconteceu que ela pirou, casou e mudou-se daqui.

Happen on, upon
⇆ come on, upon, stumble upon

▶ Browsing on the internet, I happened upon your blog. What a catchy name.

Encontrar casualmente, deparar, "dar com" algo ou alguém. (Menos de repente do que "run into" ou "come across")

◢ Navegando na Internet, deparei-me com o seu blog. Que nome legal e fácil de lembrar!

HAPPY ABOUT, AT, WITH

▶ I am happy about that.

Feliz com, sobre

◢ Fico feliz com isso.

HARD ON

▶ Life has been hard on them.

Difícil, "dureza" para alguém

◢ A vida tem sido dura para eles.

Hats off to you

Tiramos o chapéu para você(s); nossas homenagens a você(s)

Have on the body

▶ "I bet you have the diamonds on you", Nikki said to Paulo with a blank face and cold heart.

Ter, trazer no corpo, estar com algo

◢ "Aposto que os diamantes estão com você", disse Nikki a Paulo, com frieza e o rosto inexpressivo.

Have pity on

▶ Have pity on us, we deserve it.

Ter piedade de

◢ Tenha piedade de nós, nós merecemos.

HEAD -x-
Head South, North, etc.
Head home

Dirigir-se, ir para;
Para o sul, para o norte, etc.;
Para casa

Head for

▶ We headed for the church.

Dirigir-se para, ir para

◢ Dirigimo-nos para a igreja.

H

HEAD-ON (AGAINST)

On his way to the church the groom's car crashed head-on against a cement mixer truck.

De frente (enfrentamento, colisão)

No caminho para a igreja, o carro do noivo bateu de frente contra uma misturadeira de cimento.

Head over heels

Funny idiom! How come it means at the same time: hurriedly, in love, and heels over head…?

De cabeça virada, "louco" por alguém; completamente, "com tudo", "de cabeça"

Expressão idiomática engraçada! Como pode, ao mesmo tempo, significar: apressadamente, apaixonado e "de ponta-cabeça"….?

Hear something within

Feel something within

Ouvir algo em seu interior

Heart goes out to

Goes out to.

Simpatizar, solidarizar-se com

HEEDLESS OF, TO

Heedless of the warnings, we crossed the border.

Não dar ouvidos a

Sem dar ouvidos aos avisos, cruzamos a fronteira.

HELP WITH

Can someone help me with this presentation in Power Point?

Ajudar com

Alguém pode ajudar-me com essa apresentação em Power Point ?

HELP TO + *v.*

Help me [to] get it ready.

Ajudar a

Ajude-me a prepará-la.

HELP OUT OF

Help me out of this nightmare.

Ajudar a sair de

Ajude-me a sair deste pesadelo.

Help out

Somebody please, help me out.

Dar uma ajuda, especialmente de forma rápida, ou com algum gesto

Alguém me ajude, por favor.

Help to (food and drinks)

How about helping yourself to one more serving?

Servir-se de (alimentos e bebidas)

Que tal servir-se de mais uma porção?

H

HENCE	**Daí, daqui, consequentemente, disso, por isso**
➤ adv.	
▼ He works out everyday; hence his excellent physical conditioning.	◢ Ele faz musculação todos os dias; daí o seu excelente condicionamento físico.

Here+partículas	**Aqui**
➤ adv.	
(1) Hereabove/hereinabove/hereinbefore	(1) acima, supracitado
(2) Hereafter/hereinafter/hereinbelow	(2) doravante, abaixo
(3) Hereat	(3) neste, nesta ocasião
(4) Hereby	(4) por este
(5) Herein	(5) neste
(6) Hereof	(6) deste
(7) Hereon/hereupon	(7) neste
(8) Hereto/hereunto	(8) neste, deste, a este
(9) Heretofore	(9) até este momento
(10) Herewith	(10) com, juntamente com, a este

> **Nota:** São termos jurídicos formais, arcaicos ou até dispensáveis, usados em redação normativa como contratos, testamentos, etc. Uso muito específico; complementações fazem-se necessárias. A lista acima oferece uma noção geral. . Existe a mesma série de termos - com alguns a mais ou a menos - iniciados com "There" (therein = naquele; thereof = do mesmo, etc.) e com "Where" (whereat = em direção a, ao qual; wherein = em que, na qual, etc.). Consultar bons dicionários gerais ou específicos. (por ex., dic. de Direito, Economia e Contabilidade, de Marcílio Moreira de Castro)

Hit it off [with]	**Fazer amizade rapidamente**
❝ *Hit, hit, hit; hitting*	
▼ The shy youngster was criticized over his failure to hit it off with rich people.	◢ O jovem tímido foi criticado por não conseguir engatar amizade com pessoas ricas.

Hold back	**(1) Reter, não promover**
❝ *Hold, held, held; holding*	**(2) Atrapalhar, prejudicar**
▼ (1) Being held back means not being promoted to the next term.	◢ (1) Ser retido significa não ser promovido para o próximo semestre.
▼ (2) You could be well-off now, but your poor management is holding back your career.	◢ (2) Você poderia estar muito bem agora, mas o mau gerenciamento está prejudicando a sua carreira.

H

Hold off | **Adiar, ficar distante, "segurar"**

▸ Prices are too high, hold off buying for now. | ▸ Os preços estão muito altos, adie a compra por ora.

HOLD ON | **Controle, influência sobre pessoas ou situações**

⇒ s.
▸ Jean's exclusive hold on the kitchen was notorious. | ▸ Era notório o controle exclusivo de Jean sobre tudo na cozinha.

Hold on | **Ficar na linha, ter paciência, esperar**

⇆ hold up
▸ Hold on, don't hang up, I'll put you through. | ▸ Fique na linha, não desligue, vou passar a ligação.

Hold on [to] | **Agarrar (se) a ficar junto, não largar**

▸ Hold on to the people you love. | ▸ Agarre-se às pessoas que você ama.

HOLD ONTO | **Segurar firme; agarrar-se em algo que está fisicamente acima**

▸ The cat holds tightly onto the top shelf for fear of falling. | ▸ O gato segura-se firmemente na prateleira superior por medo de cair.

Hold out [against, to, for] | **Resistir, ficar firme, aguentar**

▸ Asterix's village held out against the Romans. | ▸ A vila de Asterix resistiu ao ataque dos romanos.

▸ Hold out to get the best offer. | ▸ Fique firme até encontrar a melhor oferta.

▸ Hold out for something better. | ▸ Espere até aparecer algo melhor.

Hold up v., holdup n. | **(1) Assaltar, assalto; Pôr as mãos para o alto**
| **(2) Esperar, ter paciência, aguentar**

▸ (1) During the bank holdup, everybody had to hold their hands up. | ▸ (1) Durante o assalto ao banco, todos tiveram que ficar com as mãos ao alto.

▸ (2) Hold up a minute, folks. (= Hold on, please.) | ▸ (2) Esperem um minuto, pessoal.

Hold (oneself) up to | **Exibir-se como exemplo, apresentar-se como sendo**

▸ He holds himself up as a guru and this is disgusting. | ▸ Ele se exibe como um guru, e isso é insuportável.

Hole up at home ▼ Now I've been holing up at home, watching sitcoms.	**Enfurnar-se em casa** ◢ Agora fico enfurnado em casa assistindo a comédias de situação.
HOME TO ➤ s. ▼ Our rainforest is home to a host of unknown medicinal plants.	**Abrigar, ser a pátria de** ◢ Nossa floresta tropical abriga um grande número de plantas medicinais desconhecidas.
HOSTILITY TO, TOWARD[S] ▼ It's not usual for Brazilians to feel hostility toward foreigners.	**Hostilidade contra, para com** ◢ Não é comum aos brasileiros sentir hostilidade contra estrangeiros.
HOWEVER ➤ adv., conj. ⇆ but ▼ However strong the temptation do not eat that pie. ▼ I couldn't succeed however hard I tried.	**Por mais que, não importa quanto; de qualquer modo, por qualquer meio** ◗ *Conj.: Porém, entretanto, todavia* ◢ Por mais forte que seja a tentação não coma aquela torta. ◢ Não tive sucesso por mais que tentasse.
HUNCH OVER ▼ He has spent hours and hours hunched over his iPad.	**Curvar-se sobre algo** ◢ Ele tem passado horas e horas curvado sobre o iPad dele.
Hunt for ▼ In days of yore young men would go hunting for wild pigs. Nowadays they must hunt for good jobs.	**Procurar, caçar, ir em busca de** ◢ Nos dias de outrora, os jovens iam caçar porcos selvagens. Hoje em dia, eles precisam sair em busca de bons empregos.

IDENTICAL TO
▼ Your cell phone ring tone is identical to mine!

Idêntico a
◢ O toque do seu celular é idêntico ao do meu!

IDENTICAL WITH
▼ Raphael is not identical with Daniel although they are twin brothers.

Idêntico a
◢ Raphael não é idêntico ao Daniel, embora sejam irmãos gêmeos.

Nota: Ambas as regências são aceitas, apesar de existir preferência por "with" por parte de alguns especialistas. O exemplo do Oxford Collocations para a regência com "with" é: "Offspring that are genetically identical with the parents" (filhos geneticamente idênticos aos pais).

IGNORANT OF, ABOUT
▼ Ignorant of Dov's religion, Zé invited him to a Saturday feijoada.

Não estando informado, desconhecendo
◢ Desconhecendo a religião do Dov, o Zé o convidou para uma feijoada de sábado.

IMBUED WITH
▼ Finally, imbued with the necessity of knowing more English than the average applicants, Terê and Cadú started studying prepositions.

Imbuído, convencido de
◢ Finalmente, imbuídos da necessidade de saberem mais inglês do que a média dos candidatos, Terê e Cadú começaram a estudar preposições.

IMPORTANT FOR

(1) Construção fixa:
adjetivo + for + objeto + verbo
(2) Importante para o benefício de algo ou de alguém, do ser como um todo

▼ (1) It is important for foreign students to listen to native speakers of the language.

◢ (1) É importante para os estudantes estrangeiros ouvir falantes nativos da língua.

▼ (2) Becoming aware of the environment is important for future generations and for a better life for us all .

◢ (2) Tornar-se consciente quanto ao meio ambiente é importante para as futuras gerações e para uma vida melhor para todos nós.

IMPORTANT TO

(1) Importante em relação a algo, como um passo nessa direção
(2) Importante em relação à opinião, à ideia, à valorização de algo por alguém; remete à consideração que se dá à algo

▼ (1) It is important to the project that he call as soon as possible.

◢ (1) É importante para o projeto que ele ligue o mais rápido possível.

▼ (2) His call is important to us, for us to proceed with the plans.

◢ (2) Sua ligação é importante para nós, para que prossigamos com os planos.

▼ (2) It is important to me that he not fail because I am relying on him.

◢ (2) Para mim, é importante que ele não falhe, porque estou confiando nele.

Nota: Com muita freqüência o que comanda o uso de To ou de For é a **intenção** de quem fala, não havendo certo ou errado.

Com uso de FOR:

- Para algo inteiro, como um todo:

- Do your best: it is important **for** the project!
= Dê o melhor de si: é importante para o projeto!

- Responde à pergunta "Por quê?".
Resposta: por + a, o = pela, pelo, devido a, por causa de.

- It's important **for** the opportunity.
= é importante pela oportunidade [que representa].

- It's important **for** the satisfaction.
= é importante pela satisfação [que proporciona.].

Com uso de TO:

- Responde à pergunta: "em relação a quê?".
Resposta: para, a.

- Whether the project is profitable or not, makes no difference **to** me
= It's not important **to** me
= Seja o projeto lucrativo ou não, não me faz diferença.
(Isto é, não é importante em relação ao que penso,
em minhas considerações; é algo mental).

- It's important **to** career opportunity (para um aspecto da carreira).

- It's important **to** career satisfaction (para um aspecto da carreira).

- It's important **to** the career advancement of a scientist
(para um passo, um estágio na carreira).

Os três exemplos acima podem ser usados com **for**, significando **pela, pelo, devido a:**
- It's important for career opportunity
- It's important for career satisfaction.
- It's important for the career advancement of a scientist.

Obs.: Ver também <u>G</u>ood to x <u>G</u>ood for, caso em que há diferença.

IMPOSE ON, UPON (taxes or other detriments)	**Impor tributos ou outras sanções a, sobre**
IMPOSE ONESELF UPON [the staff, the group]	**Impor-se a, sobre o pessoal, o grupo; Implica, de alguma forma, tirar vantagem pela força**
IMPROVEMENT IN, ON, TO, OVER, OF ▼ (1) Improvement **in** international relations derives from mutual understanding.. ▼ (2) Improvements were made **on** the product. ▼ (3) I thought up some improvements **to** the design. ▼ (4) This new, breakthrough procedure is an improvement **over** the previous one. ▼ (5) We need funds for the improvement **of** education.	**Melhora em, sobre, em relação a, para, em, de** ◢ (1) A melhoria nas relações internacionais resulta da compreensão mútua. ◢ (2) Foram feitas melhorias no produto ◢ (3) Bolei algumas melhorias para o design. ◢ (4) Este procedimento novo, de ponta, é um avanço em relação ao anterior. ◢ (5) Necessitamos de fundos para a melhoria da educação.

> **Nota:** Este é um exemplo de termo que aceita várias partículas com significados equivalentes ou muito próximos.
>
> No exemplo (1) também caberia "**of**"; literalmente: "melhoria **das** relações internacionais".
>
> No exemplo (2) "melhorias **no** produto" é igual a uma melhoria **sobre** o produto.
>
> No exemplo (3) "melhorias **para** o design" pode ser pensado também como melhorias **relativamente ao** design.
>
> No exemplo (4) com **"over"**, foi usada a tradução **"em relação a"**, mas pode ser pensado também como **"sobre"**.
>
> No exemplo (5) "improvement **of** education", poderia ter sido redigida como "improvement **in** education" = **na** educação.

IN
> Prep., adv., adj., s.

(i) **Dentro, entrar** *(ii)* **como, usando o quê, de** *(iii)* **ceder, entregar, diminuir**

Em, dentro de, no meio de, durante, daqui a (in a while), parte de, com, a (in bulk), às, há, "faz" certo tempo (in years), de que modo, em qual maneira (in a rush), ao fazer (in doing so), qual forma (in writing); como (in a trance), em, com (in arrears), usando no corpo, vestindo, "de" (in jeans, in a suit and tie, Puss in Boots, The Man in Iron Mask), na moda (in fashion), devido a (in pain= de dor), chegada, presente, entrada (call in), entrar à força ou interrompendo (push in, cut in on); entrega (turn in, hand in); ceder (give in); diminuir (take in sentido 1.), assentar gradualmente (sink in), fazer entrar (rub in), dentro de limite (the ball is in), preso (lock in); interno, por dentro, dentro, no poder (in power); the ins (as pessoas no poder), the ins and outs (os detalhes, as minúcias de algo).

In a bad (or good) mood
▶ When I get up I'm usually in a bad mood while Felix is happy as a clam.

De bom ou mau humor
◢ Quando levanto, estou geralmente de mau humor, enquanto o Félix está feliz como pinto no esterco.

In a big way
▶ Jason's 5th birthday was celebrated in a big way.

Em grande escala
◢ O aniversário de 5 anos do Jason foi celebrado com grandiosidade.

In a broad range	**Em um largo espectro, em ampla faixa**
▶ We have samples in a broad range of colors	◀ Temos amostras numa ampla faixa de cores.
In a corner, in the corner	**Em um canto, no canto**
▶ Who is that girl sitting in the corner, with a sullen face and pouted lips?	◀ Quem é aquela garota sentada no canto com a cara emburrada e fazendo bico?
In a fit of	**Num acesso de**
▶ In a fit of anger, Jason kicked the non-toy gifts. What a brat!	◀ Num acesso de raiva, Jason chutou os presentes que não eram brinquedo. Que pestinha!
In a fix	**Numa enrascada**
⇆ In a pickle, in a pinch	
▶ Have you found yourself in a real fix yet?	◀ Você já se viu numa enrascada de verdade?
In a flash	**Num instante, muito rapidamente**
▶ Once I realized, in a flash, that I was going to be in a fix, I found my way out of it though quite hurriedly.	◀ Assim que percebi, num átimo, que ia entrar numa enrascada, achei um jeito de ir embora ainda que às pressas.
In a jiffy	**Num instante, correndo**
⇆ in haste, in a hurry	
▶ Nowadays women are liberated and assertive, but on the other hand, they're always in a hurry. They fix dinner in a jiffy. Instant soup, usually.	◀ Hoje em dia, as mulheres são liberadas e assertivas, mas também estão sempre com pressa. Preparam o jantar correndo. Sopa instantânea geralmente.
In a meeting	**Em uma reunião na... em reunião com...**
▶ A drastic action had been decided in a meeting with the residents at the end of the year.	◀ Uma medida drástica havia sido decidida em uma reunião com os condôminos no final do ano.
In a nutshell	**Resumindo**
▶ In a nutshell, it was like a big, dusty show.	◀ Resumindo tudo, foi como um grande e poeirento show.
In a pinch	**Num aperto**
⇆ In a pickle	
▶ Boy, was she in a pinch…!	◀ Cara….! Ela estava num aperto…!

In a rush	**Correndo, voando, apressadamente**
▼ My friend came in a rush.	◢ Minha amiga veio voando.
In a suit and tie	**De terno e gravata**
▼ I was in my old working suit and tie and had to go to a very formal social event.	◢ Eu estava usando meu velho paletó e gravata de trabalho e tinha que ir para um evento social muito formal.
In a trance	**Em transe**
▼ "You might suffer a serious accident," a medium had told my friend, in a trance.	◢ "Você pode sofrer um acidente sério", tinha dito uma médium em transe à minha amiga, .
In a way	**De certo modo**
▼ In a way, she was right.	◢ De certo modo, ela estava certa.
In a while	**Logo, não demora muito**
▼ I'll be seeing you all in a while.	◢ Logo estarei vendo vocês todos.
In a whirl	**Girando**
▼ Her mind was in a whirl.	◢ A cabeça dela estava girando.
In accordance with	**De acordo com, conforme, segundo**
⇆ according to	
▼ I had the party in accordance with his wishes. According to the guests, even the adults enjoyed it.	◢ Fiz a festa de acordo com seus desejos. Segundo os convidados, até os adultos gostaram.
[be] in accord with	**Estar em concordância com**
In addition to	**Em acréscimo a, além de**
▼ In addition to our e-mail from this Tuesday, we have a further comment on the issue, as follows.	◢ Em acréscimo ao nosso e-mail desta terça-feira, temos mais um comentário sobre a questão, como se segue.
▼ In addition to promoting actions to improve the basic training of teachers, the state must improve their salaries.	◢ Além de promover ações para melhorar o treinamento básico dos professores, o estado deve melhorar seus salários.
In advance	**Antecipadamente**
▼ We thank you in advance for your attention to this matter.	◢ Agradecemos-lhe antecipadamente pela sua atenção em relação a este assunto.

In advance [of]
- You cannot use your room in advance of the check-in time because the chambermaid has not yet finished..
- Knowing things in advance is not always good.
- Some people order a casket in advance of their death.

Com antecedência, antes de
- Você não pode usar o quarto antes da hora do check-in porque a camareira ainda não terminou.
- Saber as coisas com antecedência nem sempre é bom.
- Algumas pessoas encomendam o caixão antes da morte.

In alignment with
formal
- In alignment with the above, cooked meals will be history. But not for those who revel in family meals.

Alinhado a, com; em harmonia; sob, de acordo com
- De acordo com o acima, refeições preparadas em casa serão coisa do passado. Mas não para aqueles que se deliciam com refeições familiares.

In all likelihood
- In all likelihood, the majority of men would be in a tux.

Segundo todas as probabilidades
- Segundo todas as probabilidades, a maioria dos homens estaria de smoking.

In amazement
- Everybody saw, in amazement, when the imploded building came down.

Com espanto
- Todos viram, com espanto, quando o prédio implodido veio ao chão.

In an effort to + v.
- Actually, it was all in an effort to improve their safety.

Num esforço para
- Na verdade, tudo era feito num esforço para melhorar a segurança deles.

In any event
- In any event, I will be waiting for you.

Haja o que houver De qualquer forma
- Haja o que houver, estarei esperando por você.

In any way
- Electronic debit cards are not 100% safe in any way.

Em qualquer sentido, de nenhuma forma
- Cartões de dinheiro eletrônico não são 100% seguros de nenhuma forma.

In arrears
⇆ overdue
- If you pay your bills in arrears, i.e. overdue, there'll be a fine.

Atrasado, com atraso
⇆ vencido
- Se você pagar suas contas com atraso, ou seja, vencidas, haverá uma multa.

In attendance at, to ▼ Everybody was in attendance at the meeting, even those in wheelchairs.	**Estar presente em, comparecer a** ▲ Todos estavam presentes na reunião, até mesmo aqueles em cadeiras de rodas.
🍃 **Nota:** "Everybody attended the meeting = Todos compareceram à reunião" (forma simples e direta).	
In back of ⇆ behind ▼ A beautiful papaya tree grew right in back of the house.	**Atrás de** ▲ Um lindo pé de mamão cresceu bem atrás da casa.
In the back of ⇆ at the back of ▼ You have to pay taxes on everything, even on some handicraft piece made in the back of your house.	**Nos fundos, na parte de trás** **de carro, casa, cabeça** ▲ Você tem que pagar impostos sobre tudo, até mesmo sobre alguma peça de artesanato feita nos fundos da sua casa.
In bad taste ⇆ "in good taste" ▼ That band's music was not in bad taste. It was a form of "healthy" bad taste, which does not make it in good taste, though.	**De mau gosto** ⇆ de bom gosto ▲ A música daquela banda não era de mau gosto. Era uma forma de mau gosto "saudável", o que, porém, não a torna de bom gosto.
In batches ▼ Programs in banks used to run in batches during the night.	**Em lotes** ▲ Os programas dos bancos funcionavam em lotes durante a noite.
In bed ▼ You can't talk to Granny now; she's already in bed.	**Na cama** ▲ Você não pode conversar com a Vovó agora, ela já está deitada.
In behalf of 👁 on behalf of ▼ Many scientists work in behalf of humanity.	**Para o bem de** ▲ Muitos cientistas trabalham para o bem da humanidade.

In between
▼ The doctor had a tight schedule that day, but his assistant said he would see me quickly in between patients.

No intervalo, entre
◢ O doutor estava com a agenda lotada naquele dia, mas sua assistente disse que ele iria me atender rapidamente no intervalo entre pacientes.

In black and white
▼ Let's put the deal in black and white.

Por escrito, preto no branco
◢ Vamos colocar o acordo por escrito.

In boots
▼ Puss in Boots and The Man In the Iron Mask are very good books. I still have them.

De botas
◢ O Gato de Botas e O Homem da Máscara de Ferro são livros muito bons. Eu ainda os tenho.

In brief
▼ In brief, let's make it formal.

Em resumo
◢ Em resumo, vamos fazê-lo formalmente.

In broad daylight
▼ I was robbed in broad daylight – how outrageous!

Em plena luz do dia
◢ Fui roubado em plena luz do dia… Que ultrajante!

In bulk
▼ Some people buy their cereals in bulk.

A granel, solto, em grande quantidade
◢ Algumas pessoas compram os cereais a granel.

In bunches
⇆ In groups
▼ "Not only bananas come in bunches: the same goes for more things, like patrons, internship applicants, bills payable…" complained my restaurant-owner friend.

Em bandos, em cachos
⇆ em grupos
◢ "Não só as bananas vêm em cachos, o mesmo se aplica a mais coisas, como fregueses, candidatos a estagiário, contas a pagar…", queixou-se meu amigo dono de restaurante.

In cahoots with
▼ The organization was in cahoots with the local leaders.

Em combinação, em sociedade com
◢ A organização estava em combinação com os líderes locais.

In case
▼ In case you missed it: a rerun of **M** will be on TV tonight.

Caso, se, para o caso de
◢ Caso você tenha perdido, uma reprise de "M – O Vampiro de Dusseldorf" passará na TV esta noite.

In charge of ⚑ Who is in charge of maintaining the office supplies? We are running short of several items; they need replenishing.	**Encarregado de, responsável por** ◢ Quem é o encarregado de manter o material de escritório? Estamos ficando sem vários itens; precisam de reposição.
In cold blood ⚑ A whole family killed in cold blood gave rise to an excellent book by Truman Capote.	**A sangue frio** ◢ O assassinato de uma família inteira a sangue frio deu origem a um excelente livro de Truman Capote.
In compliance with ⇆ complying with ⚑ In compliance with your request, we will send you, under separate cover, ten copies of the company's yearly report.	**Em cumprimento a,** **Atendendo a** ◢ Atendendo à solicitação de V.Sas., enviamo-lhes em envelope separado 10 cópias do relatório anual da empresa.
In contrast with ⇆ (menos comum: in contrast to) ⚑ In contrast with his sister, he is rather shy..	**Em contraste com** ◢ Em contraste com sua irmã, ele é um bocado tímido.
In control [of] ⚑ Are you in control of the situation?	**No controle [de]** ◢ Você está no controle da situação?
In cooperation with ⚑ In cooperation with the local educational council, an effort must be made for schools to be in control of the bullying issue.	**Em cooperação com** ◢ Em cooperação com o conselho de educação local, deve ser feito um esforço para que as escolas fiquem no controle da questão de intimidação.
In days of yore	**Antigamente, nos tempos de outrora**
In debt, in debt to ⚑ I'm deep in debt. ⚑ I'm in debt to the bank.	**Devendo, endividado; devendo a** ◢ Estou afundado em dívidas. ◢ Estou devendo ao banco.
In demand ⚑ Those toys are in high demand.	**Procurado, em alta.** ◢ Aqueles brinquedos estão sendo muito procurados.

In depth	**Em profundidade, a fundo**
▼ We need an in-depth analysis of the situation.	▲ Precisamos de uma análise a fundo da situação.
In despair	**Em desespero**
▼ Malu dialed her mom's phone number in despair.	▲ Malu discou o número do telefone da mãe em desespero.
In disguise	**Sob disfarce; com disfarce**
▼ The plumber for whom she opened the door was a kidnapper in disguise. (Ou) The plumber she opened the door to was a kidnapper in disguise.	▲ O encanador para quem ela abriu a porta era um sequestrador disfarçado.
In disgust	**Com nojo; de nojo**
▼ When Uncle Ted belched repeatedly, some people laughed and others left the table in disgust.	▲ Quando o Tio Ted soltou longos arrotos repetidamente, algumas pessoas riram, outras saíram da mesa com nojo.
In distress	**Angustiado, preocupado; agir com aflição**
▼ They have been in distress over their future.	▲ Eles têm estado aflitos quanto ao futuro.
In due course	**No seu devido curso,**
⇄ In due time	⇄ na devida hora, no devido tempo
▼ They will get in touch, in due time.	▲ Eles entrarão em contato no seu devido tempo.
In duration	**De duração, de quanto tempo**
▼ Classes of 45 mins. in duration each.	▲ Aulas de 45 mins. [de duração] cada.
In earnest	**A sério**
▼ I was talking in earnest.	▲ Eu falava a sério.
In effect	**Em funcionamento, em vigor, ativado**
⇄ working, operating	
▼ Safety rules must be in effect, otherwise they are ineffective.	▲ Regras de segurança devem estar em vigor; caso contrário, são ineficazes.
In error	**Por erro, por engano**
▼ If you have received this message in error, please delete it.	▲ Se você recebeu esta mensagem por erro, favor apagá-la.

In every way ▼ Overcautious people say that relationships started through the Internet are in every way dangerous. Some do not agree.	**Em todos os sentidos** ◢ Pessoas cautelosas em excesso dizem que os relacionamentos feitos através da Internet são perigosos em todos os sentidos. Alguns não concordam.
In excess of	**Acima de**
In fact ⇆ actually, as a matter of fact ▼ In fact, they are hazardous.	**Na verdade, de fato** ◢ De fato, são arriscados.
In fear ⇆ with fear ▼ Illegal immigrants have lived in fear. ▼ In Gaza, people live with fear. They are in fear of being hit somehow, somewhere.	**No medo, envolvido no medo, Junto com o medo** ◢ Os imigrantes ilegais têm vivido com medo. ◢ Em Gaza, as pessoas convivem com o medo. Eles têm medo de serem atingidas de alguma forma em algum lugar.
In force ▼ The new Civil Code has been in force for over five years now.	**Em vigor** ◢ O novo Código Civil está em vigor há mais de cinco anos.
In for it ⇆ In for trouble ▼ As soon as he saw his father's angry face, Jason knew that he was in for it.	**Sem escapatória; pagar o pato, ser pego para punição** ◢ Assim que viu a cara brava do pai, Jason sabia que não haveria escapatória.
In full ▼ (1) You are supposed to write in full: this is no internet message. ▼ (2) The agreement must be read in full. Actually, in full view of everyone.	**(1) Por extenso (2) Totalmente, na íntegra** ◢ (1) Espera-se que vocês escrevam por extenso. Isto não é mensagem pela Internet. ◢ (2) O contrato precisa ser lido na íntegra. Na verdade, abertamente, à vista de todos.
In full swing ▼ Meanwhile, the New Year celebration parties are in full swing.	**No máximo, à toda** ◢ Enquanto isso, as festas de comemoração do Ano Novo estão à toda.

In fun ⇆ for fun ◤ Don't say it won't come out right, not even in fun, please.	**Por brincadeira** ◢ Não diga que não dará certo nem por brincadeira, por favor.
In gear ⇆ out of gear ◤ He put the car in gear and drove off.	**Engatado, com marcha** ⇆ sem marcha, no ponto morto ◢ Ele engatou uma marcha no carro e partiu.
In [good] repair ⇆ out of repair ◤ Before signing the lease contract make sure to check if the apartment is in good repair.	**Conservado, em bom estado** ⇆ em mau estado ◢ Antes de assinar o contrato de aluguel, certifique-se de que o apartamento esteja em bom estado de conservação.
In good time ◤ We will get in touch with you in good time, as soon as we have the results.	**Oportunamente** ◢ Entraremos em contato com os senhores oportunamente, assim que tivermos os resultados.
In great haste ◤ Now that she is a vegetarian, Marian buys green leafy vegetables in great heaps and does not cook in great haste like before.	**A toda pressa** ◢ Agora que se tornou vegetariana, Marian compra vegetais folhosos aos montes e não cozinha à toda pressa como antes.
In great heaps	**Aos montes**
In honor of ◤ In honor of our parents, we shall strive to achieve our highest objectives.	**Em honra a** ◢ Em honra aos nossos pais, vamos nos empenhar para atingirmos nossos mais elevados objetivos.
In hopes of ◤ Do you happen to keep this old jeep in hopes of a price appreciation on it?	**Na esperança de** ◢ Será que você conserva este jipe velho na esperança de uma valorização do preço?
In installments ◤ Maybe somebody will put in an offer to buy it in 100 installments.	**Em prestações** ◢ Talvez alguém faça uma oferta para comprá-lo em 100 prestações.

In jeans ▼ I was in my old blue jeans.	**De jeans, vestido com, de, usando jeans** ◢ Eu estava com a minha calça jeans velha.
In jest ▼ He always behaves in jest, but his jesting manners annoy many a girl.	**De brincadeira, gozação** ◢ Ele sempre faz as coisas de brincadeira, mas seus modos gozadores não agradam a muitas garotas.
In labor ▼ Through the rearview mirror, the taxi driver saw that his passenger was in labor.	**Em trabalho de parto** ◢ Pelo espelho retrovisor, o motorista do táxi viu que a passageira estava em trabalho de parto.
In a/ the lane ▼ He had picked her up in a dirt lane.	**Na pista, na viela, na rota, na passagem, no caminho** ◢ Ele a tinha pego numa ruazinha de terra.
In-law ⇆ by marriage ▼ No relative was accompanying her, not even her mother-in-law.	**Parentes por casamento, (ex.: sister-in-law = cunhada)** ◢ Nenhum parente a acompanhava, nem mesmo sua sogra.
In lieu of 💬 Formal, business ▼ He was a brave and humanistic person. In lieu of getting nervous, he gained courage.	**Ao invés de, no lugar de** ◢ Ele tinha bravura e humanismo. Ao invés de ficar nervoso, ganhou coragem.
In light of the above 💬 Formal, business ▼ Hence, in light of the above, urgent steps had to be taken.	**Em vista do acima À luz do que foi exposto** ◢ Daí que, em vista do exposto, providências urgentes tinham que ser tomadas.
In like manner	**De forma semelhante, de modo igual**

In line	**(1) Em fila, na fila (2) Ficar "na linha", comportar-se (3) De acordo, em sintonia**
▶ (1) Keep in line, please!	◀ (1) Mantenham-se em fila, por favor!
▶ (2) You'd better get yourself in line before I tell your parents how you've been acting.	◀ (2) É melhor você entrar na linha antes que eu conte aos seus pais como você tem se comportado.
▶ (3) The campaign is in line with the company's vision.	◀ (3) A campanha está em sintonia com a visão da empresa.
In love with	**Apaixonado**
▶ He was a guy in love with his profession.	◀ Ele era um cara apaixonado pela sua profissão.
In many ways	**Em muitos aspectos**
▶ In many ways, taxi drivers and police officers must be more than just motorists or cops.	◀ Em muitos aspectos, motoristas de táxi e policiais precisam ser mais do que simplesmente motoristas ou guardas.
In mind	**Em mente; pretender fazer**
▶ What did he have in mind?	◀ O que ele tinha em mente?
In most cases	**Na maioria dos casos, em muitos casos**
⇆ In many cases	
▶ In most cases, they have to play the roles of a social worker or a doctor.	◀ Em muitos casos, eles têm que fazer o papel de assistentes sociais ou de médicos.
In need of	**Necessitando de**
▶ We are in need of specialized education.	◀ Estamos necessitando de educação especializada.
In no time (at all)	**Num instante, bem rapidamente**
▶ In no time, a beautiful baby-boy was born.	◀ Num instante, um lindo bebê do sexo masculino tinha nascido.
In on it	**Estar informado, a par, "por dentro", sabendo de algo (principalmente se for secreto)**
▶ I'm in on it.	◀ Estou sabendo disso.
In one's shoes	**No lugar de...**
▶ I wouldn't like to be in her shoes	◀ Eu não queria estar no lugar dela.

In order to	**Para, a fim de**
▼ A police officer was assigned undercover in order to catch the spy on the spot.	◢ Um policial foi designado para, disfarçado, pegar o espião no ato.
In plain clothes	**À paisana, em roupas comuns**
▼ The police officer was in plain clothes for his surveillance job.	◢ O policial estava à paisana para o seu trabalho de campana.
In principle	**A princípio**
▼ In principle, police officers cannot take side jobs as private security guards.	◢ A princípio, policiais não podem pegar serviços extras como seguranças particulares.
In progress	**Em andamento**
▼ "Pay attention: the work-in-progress file is different from the working progress file", said the senior auditor to his junior.	◢."Preste atenção: a pasta de trabalho em andamento é diferente da pasta de progresso no trabalho", disse o auditor sênior para o seu júnior (na equipe).
In receipt of	**Temos em mãos Recebemos**
▼ We are in receipt of your e-mail dated June 9, 2006 and comment as follows.	◢ Temos em mãos sua mensagem eletrônica datada de 9 de junho de 2006 e comentamos como se segue.
In recognition of	**Em reconhecimento de**
▼ In recognition of your team's effort, a cash bonus will be awarded to all the members.	◢ Em reconhecimento do esforço do seu time, será concedido um bônus em dinheiro a todos os participantes.
In recruiting	**Ao recrutar, no recrutamento de**
▼ Setting the desired profile is an important element in recruiting new employees.	◢ A definição do perfil desejado é um importante elemento ao recrutar novos empregados.
In reference to	**Em referência a,**
▼ In regard to your request by letter dated April 1st of the current year, we must inform you as follows:	◢ Com referência à sua solicitação por carta datada de 1º de abril do ano corrente, temos que informá-los do seguinte:
In regards to	**Com referência a, Com respeito a, Referindo-se a**
⇆ with regards to, regarding	

In reply to ▶ In reply to your request, we have revised the figures in our May 30 bill to your company.	**Em resposta a, Respondendo** ◀ Em resposta à sua solicitação, efetuamos uma revisão nos números de nossa conta de 30 de maio para a sua empresa.
In resolving ▶ All of us have experienced clashes and in resolving them we have grown as individuals.	**Ao resolver** ◀ Todos nós vivenciamos conflitos e, ao resolvê-los, crescemos como indivíduos.
In self-defense ⇆ In one's own defense ▶ Is there anything you can say in self-defense?	**Em legítima defesa; como autodefesa** ◀ Há algo que você possa dizer em sua defesa?
In shame ▶ The girl's blouse was blotched with some sauce and she left the party in shame.	**De vergonha** ◀ A blusa da garota estava manchada com algum molho e ela foi embora da festa por vergonha.
In shape ▶ How do you keep in shape?	**Em boa forma física** ◀ Como é que você se mantém em forma?
In sight ▶ What's in sight for new graduates like us?	**Em vista** ◀ O que existe em vista para recém-formados como nós?
In short ▶ In short, if there isn't anything, you're lost.	**Em síntese** ◀ Em síntese, se não houver nada, você está perdido.
In short supply	**Em falta no mercado.**
In spite ▶ Don't do anything in spite.	**Por maldade** ◀ Não faça nada por maldade.
In spite of ⇆ despite ▶ In spite of everything, life is good, believe me.	**Apesar de** ◀ Apesar de tudo, a vida é boa, acredite.

In strictest confidence
▼ The suit was filed in strictest confidence.

No maior sigilo
◢ O processo foi registrado no maior sigilo.

In style
▼ They are dressed up in style for their 50th wedding anniversary.

Na moda
◢ Eles estão arrumados, vestidos na moda, para as bodas de ouro de seu casamento.

In such a way that
▼ In such a way that, among other things, they will look beautiful in the picture.

De tal forma que
◢ De tal forma que, entre outras coisas, sairão bonitos na foto.

In that form
Daquele jeito, naquela forma

In that
▼ In that this is the truth.

▼ In that he stated so.

Visto que, pois; sendo, tendo
◢ Sendo essa a verdade. (= visto ser essa a verdade)

◢ Tendo ele assim declarado.

In the aggregate
💬 Business

Juntando tudo, no total

In the back of beyond
⇄ In the boondocks

▼ As I lived in the back of beyond, my husband asked me in marriage soon after we started dating.

Onde Judas perdeu as botas, No cafundó do Judas, No fim do mundo, para lá do fim do mundo
◢ Como eu morava para lá do fim do mundo, meu marido me pediu em casamento logo depois que começamos a namorar.

In the balance sheet
👁 Nota abaixo

No balanço

> **Nota:** Ver <u>on</u> the balance sheet. Ambos são bastante usados, com prevalência de "on".

In the beginning
▼ In the beginning, they didn't get along well; they were suspicious of each other.

No início
◢ No início, eles não se davam muito bem, suspeitavam um do outro.

In the black
⇄ In the red

No azul (tem crédito)
⇄ No vermelho (está devedor)

In the hotel brochure, in a booklet, in a leaflet, in a folder, in the playbill	**No folheto informativo do hotel, em um livreto, em um folheto, em um folder, no programa do teatro**
In the closet ▶ Over 30 and still in the closet? Come out of it, Tom.	**Enrustido, Não assumir-se perante o mundo** ◀ Mais de 30 e ainda enrustido? Saia do armário, Tom.
In the clouds ▶ We are teenagers, our heads are in the clouds, we daydream in the mid-afternoon. We just can't help it.	**Sonhando; nas nuvens** ◀ Somos adolescentes. Nossas cabeças estão nas nuvens, sonhamos acordados no meio da tarde. Não conseguimos evitar isso.
In the corner ▶ "These are accounting books. Put them in that corner, just for now" said the boss to the clerk.	**No canto** ◀ "Estes são livros contábeis. Coloque-os naquele canto, somente por ora", disse o chefe ao funcionário.
In the course of time ⇆ through the course of time ▶ The clerk forgot about them in the course of time and so did the boss.	**Com o decorrer do tempo** ⇆ com o passar do tempo ◀ O funcionário esqueceu-se deles com o passar do tempo, e o mesmo aconteceu com o chefe.
In the daytime ▶ Owls and nightshift workers sleep in the daytime.	**Durante o dia** ◀ As corujas e os trabalhadores do turno da noite dormem durante o dia.
In the exercise of	**No uso de, no exercício de (autoridade, poder)**
In the façade 👁 On the façade of a building ▶ Looks can be deceiving: in spite of their efforts, cracks are showing in the façade of that scam organization.	**Na fachada** *(fig.)* ◀ As aparências podem ser enganadoras: apesar dos seus esforços, as rachaduras estão aparecendo na fachada daquela organização desonesta.

In the face of ⇆ vis-à-vis ▼ They had to withdraw in the face of the enemy's more powerful arms.	**Face a** ▲ Eles tiveram que recuar face às armas mais poderosas dos inimigos.
In the fast lane	**Na pista rápida**
In a file, in the file ▼ There will be a negative letter in that teacher's file.	**Numa pasta, na pasta** ▲ Haverá uma carta com avaliação negativa na pasta daquele professor.

> **Nota:** veja a diferença com ON FILE = no arquivo, em arquivo, arquivado.

In the flesh ▼ "Nice to meet you in the flesh," said the girl's Internet boyfriend.	**Em pessoa: pessoalmente** ▲ "Prazer em conhecê-la em carne e osso", disse o namorado que a garota conhecera pela Internet.
In the full sense of the word ▼ She was a real knock-out in the full sense of the word. The boy felt enchanted.	**Na plena acepção da palavra** ▲ Ela era linda de morrer na plena acepção da palavra. O rapaz sentia-se encantado.
In the know ▼ Are you in the know?	**Sabendo, estar ao par de** ▲ Você está sabendo?
In the least ▼ He wanted them to elope, but she wasn't in the least interested.	**Minimamente** ▲ Ele queria que fugissem para casar, mas ela não estava nem um pouco interessada nisso.
In the long run ▼ In the long run, she proved right. It wouldn't work out [right]. ▼ However, there are some answers that hardly matter in the long run.	**Com o tempo; no final; a longo prazo** ▲ No final, ela provou estar certa. Não daria [certo]. ▲ Entretanto, há certas respostas que quase não importam a longo prazo.
In the market for ▼ We are in the market for steel billets.	**Procurando; estar interessado em algo, para comprar** ▲ Estamos interessados em comprar tarugos de aço.

In the meantime ▶ In the meantime, we are visiting the steel mills.	**Enquanto isso** ◀ Enquanto isso, estamos visitando as fábricas de aço.
In the meeting **In a meeting**	**Na reunião, numa reunião.**
In the mood for **In the mood to** + v. ▶ We are not "in the mood for love", like in that old song. ▶ We are in the mood to plan on setting up business.	**Estar no clima, com a disposição para algo** ◀ Não estamos "com disposição ao romance", como naquela velha canção. ◀ Estamos com vontade de planejar o estabelecimento de um negócio.
In the near future ▶ We expect to export to them in the future.	**Em futuro próximo** ◀ Deveremos exportar para eles no futuro.
In the nick of time ▶ A helping hand pulled out the drowning kid in the nick of time.	**Na hora H** ◀ Uma mão salvadora puxou para fora o garoto que se afogava na hora H.
In the prime of life 💬 Formal ▶ Otherwise, he would have died in the prime of his life.	**Na plenitude da vida** ◀ Do contrário, ele teria morrido na plenitude da vida.
In the red ▶ My bank statement says I am in the red.	**"A descoberto", devedor** ◀ De acordo com o meu extrato bancário, estou no vermelho.
In the sand 👁 Draw a line in the sand	**Na areia**
In the shade ▶ Come sit in the shade, or you'll get sun-burned!	**Na sombra** ◀ Venha sentar-se na sombra ou você ficará queimada.
In the short term ▶ Nothing happens in the short term.	**A curto prazo** ◀ Nada acontece a curto prazo.

In the small hours ⇆ in the wee hours of the night, after hours ▮ He insists on playing the drums in the small hours.	**Alta madrugada, Tarde da noite, em horário impróprio** ◢ Ele insiste em tocar bateria tarde da noite.
In the spur of the moment 👁 On the spur of the moment	**No calor do momento, de improviso**
In the system **In the circulatory system** **In the data processing system**	**No sistema, no sistema de processamento de dados, no sistema circulatório, etc.**
In the street(s) 👁 On the streets ▮ In the streets of New York you can see many interesting things.	**Nas ruas, pelas ruas** ◢ Nas ruas de Nova York, podem-se ver muitas coisas interessantes.
In the table ▮ The figures in the table do not match the survey.	**Na tabela** ◢ Os números da tabela não coincidem com o levantamento.
In the wake of	**Na sequência, seguindo-se a**
In the way ▮ Tackle the defender who is in your way!	**No caminho** ◢ Derrube o jogador da defesa que está no seu caminho.
In the works	**Sendo burilado, no processo de ser aprontado.**
In time 👁 ON TIME ▮ Make sure to arrive in time for your job interview.	**Na hora, até com alguma folga** ◢ Tenha certeza de que vai chegar em boa hora para a sua entrevista de emprego.
In tow ▮ I came to his house with John in tow. (fig.)	**Rebocado, a reboque** ◢ Eu fui para a casa dele com o John a reboque.
In turns ⇆ by turns	**Alternadamente, um de cada vez** 👁 By turns

INTO
> Prep.

(i) **Para dentro, de repente, com impacto** *(ii)* **mudança**
(iii) **envolver-se, estender-se, prosseguir**

Para dentro (jump into); até bater, tocando (back into); mudança, transformação para certo estado ou condição (sign into, sue into); envolver-se, entrar para certa área (go into, be into); "adentro", duração, extensão, prosseguir (last into), dar detalhes (go into); examinar, investigar (look into); dá ideia de impacto, algo inesperado (run into).

In uniform

Clerks in uniform make a much better impression on customers.

Uniformizados, de uniforme

Funcionários uniformizados impressionam muito melhor os clientes.

In unison

"Yeah, hooray" the whole class cried in unison.

A uma só voz, juntos, em uníssono

"Sim, obááá", a classe inteira gritou a uma só voz.

In vest

In London, Jamie works in vest while his American cousin has to be dressed in a vest under his suit & tie.

De colete (U.S.) ou de camiseta (U.K.)

Em Londres, Jamie trabalha de camiseta enquanto seu primo americano tem que estar de colete sob o terno e gravata.

In view of

In view of the political outlook of the nation, the talks are stalled.

Em vista de

Em vista do panorama político da nação, as conversações estão paralisadas.

In weight, in width

(1) How much do you weigh?
I'm 200 kg in weight.

(2) How wide is your bed?
It's just enough in width.

De peso, de largura

(1) Quanto você pesa?
Tenho 200 kg de peso.

(2) Qual a largura da sua cama?
Tem largura suficiente, não mais.

In writing (in ink, in pencil, in capital letters)

Por escrito, à tinta, à lápis, em letras maiúsculas

In wonder

People gazed at the famous star in wonder.

Maravilhados

As pessoas olhavam maravilhadas para o famoso astro.

In writing | Por escrito
Wills must be made in writing. | Testamentos têm que ser feitos por escrito.

In years | Há anos, faz anos
⇆ for years
I haven't seen you in years. | Não o tenho visto há anos.

In your career | Em sua carreira
He's had ups and downs in his career. | Ele tem tido altos e baixos em sua carreira.

Inasmuch as | Porquanto, pois, visto que
➤ adv., conj.
💬 Antigo, formal

INCAPABLE OF
Incapaz de
Things are more difficult for those who are incapable of at least reading in English. | As coisas são mais difíceis para aqueles que são incapazes de, pelo menos, ler em inglês.

INCONSIDERATE OF
(1) Não considerar algo, não levar em consideração (2) Ser falta de consideração

(1) Being inconsiderate of the differences in language command can result in misunderstandings. | (1) Não levar em consideração as diferenças no conhecimento de línguas pode resultar em mal-entendidos.

(2) It was inconsiderate of them to smoke at the table of a non-smoking family. | (2) Foi falta de consideração deles fumar à mesa numa família de não-fumantes.

INCORPORATE INTO
Incorporar a, adicionar
New recipes were incorporated into the menu. | Novas receitas foram incorporadas ao menu.

INCREASE IN
Aumento em
News from California: There has been an increase in the number of Latino children who cannot communicate reasonably well in English. | Notícias da Califórnia: tem havido um aumento no número de crianças latinas que não sabem comunicar-se razoavelmente bem em inglês.

INCREASE OF	**Aumento de**
There was an increase of taxes which was not welcome.	Houve um aumento de impostos que não foi bem recebido.
INCREASED BY	**Aumentado em**
As of today, the minimum wage is increased by 20%.	A partir de hoje, o salário mínimo foi aumentado em 20%.
INDEBTED TO	**Em dívida com, Ter gratidão para com (dinheiro, favores)**
I'm indebted to my parents.	Estou em dívida para com os meus pais.
INDEPENDENT OF, FROM	**Independente de**
As Brazil became independent of/from Portugal, the young prince became independent from/of his father, the king.	Na medida em que o Brasil tornou-se independente de Portugal, o jovem príncipe tornou-se independente de seu pai, o rei.
INFILTRATE -x-, BY, INTO	**Infiltrar-se em, através de, para dentro de**
He could infiltrate the enemy's headquarters as a nun in disguise. (Or: By disguising himself as a nun, he infiltrated into the enemy headquarters.)	Ele conseguiu infiltrar-se no quartel general do inimigo disfarçado de freira. (Ou: Disfarçando-se de freira, ele infiltrou-se no quartel general inimigo.)
INFLUENCE OF, FROM, BY, ON	**(1) Influência de (2) Influência vinda de (3) Influenciado por (4) Influência sobre**
(1) I became a doctor with the influence of my parents.	(1) Tornei-me médico com a influência dos meus pais.
(2) I became a doctor because of the influence from my parents.	(2) Tornei-me médico devido a influência [vinda] dos meus pais.
(3) I was influenced by my parents to become a doctor.	(3) Fui influenciado pelos meus pais para tornar-me um médico.
(4) One can say that the parents do have an influence on their offspring.	(4) Pode-se dizer que os pais exercem mesmo uma influência sobre a prole.

(1) INFORM -x-; INFORM ABOUT **(2) INFORM AGAINST ON** **(3) INFORM OF**	**(1) Informar; informar sobre, a respeito** **(2) falar contra, delatar** **(3) informar sobre, a respeito**
▼ (1) Inform the due authorities about the incident.	◢ (1) Informe as autoridades competentes a respeito do incidente.
▼ (2) We must inform on her.	◢ (2) Precisamos denunciá-la.
▼ (3) We shall inform you of our decision.	◢ (3) Deveremos informá-lo sobre a nossa decisão.
INHERIT FROM	**Herdar de**
▼ Whom did you inherit this relic from? Is it worth keeping?	◢ De quem você herdou essa relíquia? Vale a pena conservar?
INITIATION INTO **(a field, the world of..)**	**Iniciação (em um campo, no mundo de)**
▼ Have you been initiated into the world of vintage cars?	◢ Você teve uma iniciação no mundo dos carros antigos e valiosos?
INSCRIBE; INSCRIPTION - **FOR/TO** someone - **IN** a book - **ON** the gravestone - **WITH** names, words	**Fazer/escrever uma dedicatória, dizeres:** - a alguém; - em um livro; - na lápide; - com nomes, palavras.
▼ She inscribed nice words for/to her first teacher.	◢ Ela escreveu uma dedicatória com palavras gentis para a sua primeira professora.
▼ On the tomb of a national hero, someone had made an inscription with parts of a poem.	◢ Sobre a tumba de um herói nacional, alguém fizera uma dedicatória com partes de um poema.
Inside out	**(1) Do avesso (2) "Tudo", completamente**
▼ (1) Have you ever worn your sweater inside out?	◢ (1) Alguma vez você já vestiu a sua malha do avesso?
▼ (1) I love inside out sushis.	◢ (1) Adoro sushis com a parte do recheio para fora.
▼ (2) He knew that place inside out.	◢ (2) Ele conhecia tudo naquele lugar [até do avesso].

INSIST ON, UPON **INSIST TO** somebody **INSIST THAT** + v. inf. ▼ (1) Don't insist on asking personal questions. ▼ (2) She insisted to me that I could pay off my debts by selling my car. ▼ (3) I insist that you don't do that.	(1) Insistir em, sobre (2) Insistir com alguém (3) Insistir para fazer algo ◢ (1) Não insista em fazer perguntas pessoais. ◢ (2) Ela insistiu comigo que eu poderia pagar todas as minhas dívidas vendendo meu carro. ◢ (3) Insisto para que você não faça isso.
Insofar as ➤ conj. 💬 Antigo, formal	À medida que
Insomuch as ➤ adv., conj. 💬 Antigo, formal	A tal ponto que, à extensão em que
Inspect for defects	Inspecionar para certificar-se de que não há defeitos
INSTEAD OF ▼ Instead of reading about movie stars, that pretty teenage girl would spend her afternoons reading about the lives of great men in History.	Ao invés de ◢ Ao invés de ficar lendo sobre artistas de cinema, aquela linda adolescente passava suas tardes lendo a respeito de grandes figuras da História..
INSURANCE AGAINST, FOR, ON, WITH ▼ I must make an insurance against losses for my company and on my personal properties, with my bank.	Seguro contra, para, sobre, com ◢ Eu preciso fazer um seguro contra perdas para a minha empresa e sobre minhas propriedades pessoais com o meu banco.
INTEGRATE INTO ▼ Let's integrate the tables into the report.	Inserir em ◢ Vamos inserir as tabelas no relatório.
INTENDED FOR ▼ Thin broth is intended for the sick.	Destinar-se a, feitos com a intenção de servirem a ◢ Caldinhos ralos destinam-se a doentes.

INTENT ON ▼ You have to be intent on getting better, otherwise nothing will change.	**Decidido quanto a, Determinado a** ◢ É preciso ter a firme determinação de melhorar, senão nada mudará.
INTERESTED IN ▼ What are you actually interested in?	**(Estar) interessado em** ◢ Você está interessado no quê realmente?
INTERFERE WITH something, IN an area 👁 Nota abaixo ▼ Do not interfere with her doings.	**Interferir em, com** ◢ Não interfira nos assuntos dela.
🔖 **Nota:** conforme o contexto, **interfere with** pode significar molestar sexualmente, praticar atos de natureza sexual.	
INTOLERANT OF ▼ Being intolerant of other people's ideas leads to bitter arguments.	**Ser intolerante quanto a** ◢ Ser intolerante quanto às ideias das outras pessoas leva a discussões ásperas.
intolerance of ▼ From birth Teresa has had an intolerance of milk.	**intolerância a** ◢ Desde que nasceu, Teresa tem sofrido de intolerância ao leite.
INTRIGUED AT, BY **Intrigued** + *v. inf.* ▼ Leôncio was intrigued by the company's in-house memorandum he received that morning. ▼ He was intrigued to learn its content.	**Sentir-se intrigado com, por** ◢ Leôncio estava intrigado com o memorando interno da empresa recebido naquela manhã. ◢ Ele ficou intrigado ao conhecer o conteúdo.
INVEST IN ▼ The company is going to invest in people.	**Investir em** ◢ A empresa vai investir nas pessoas.

INVITE [over] TO, FOR **To** + *Inf.* ▼ I invited them over for dinner. ▼ Did you invite them for dinner?! All we have are leftovers. (= to dinner) ▼ Then, let's invite them to eat at the pizza parlor.	**Convidar para** ◢ Eu os convidei para virem aqui para o jantar. ◢ Convidou-os para jantar?! Só temos sobras. ◢ Então, vamos convidá-los para comer na pizzaria.
INVITATION TO, FROM ▼ We have an invitation to a Jorge Benjor show – from himself and we cannot miss that.	**Convite para eventos em geral: exposições, festas, shows, etc.** ◢ Nós temos um convite para um show do Jorge Benjor – do próprio e não podemos perder isso.
Iron out the differences ▼ We are here today so you two can iron out your problems.	**Acertar as diferenças** ◢ Estamos aqui hoje para que vocês dois possam acertar suas diferenças.
Ironed into [a permanent press] ⇆ Burned into	**Passar o ferro até ficar marcado, marcar o vinco permanente a ferro**
[Be] Issued with ▼ All the supporters will be issued with a Statement of Results.	**Receber algo.** ◢ Todos os colaboradores receberão uma Demonstração de Resultados.
It looks like rain	**Parece que vai chover** 👁 LOOK LIKE.
It turns out that ▼ It turned out that the pants got burned and the employee scurried off.	**Acontece que...** ◢ Aconteceu que a calça ficou queimada e o empregado deu no pé.
It's... to ▼ It's two weeks to graduation.	**Falta, faltam... para, até** ◢ Faltam duas semanas para a formatura.

J

JEALOUS ABOUT, OF
> adj

Why is he so jealous of /about those old records?

Ciumento de

Por que ele tem tanto ciúme daqueles discos velhos de vinil?

JEER AT
> v.

Do not jeer at others because it could backfire.

Zombar de, escarnecer de

Não zombe dos outros, porque o tiro pode sair pela culatra.

JEERS FROM
> s.

Some day, your performance can be so bad as to draw jeers from the crowd.

Zombarias, escárnios de

Algum dia, o seu desempenho pode ser ruim a ponto de arrancar zombarias da multidão.

JEST ABOUT, WITH
> v

"Jest about / jest with" sounds almost synonymous with "jeer at" others, however, it is lighter than the latter.

Fazer pilhéria com

"Fazer pilhérias a respeito/com" parece quase um sinônimo de "zombar dos" outros, entretanto é mais leve do que este último.

Join in with

The parade is coming: will Mr. Whiteman join in with the singing crowd?

Juntar-se a

O desfile vem vindo. Será que o Sr. Whiteman vai juntar-se à multidão que vem cantando?

Jot down

I'll tell you my mobile number: ready to jot it down?

Anotar rapidamente

Vou te dar o número do meu celular: pronto para anotar?

JUDGE BY

Judged by/from the yardstick of how many of the students succeeded at the college entrance exams, the prep course has been successful.

Julgar por

Julgando-se pelo parâmetro de quantos dos estudantes tiveram sucesso nos exames vestibulares, o cursinho tem sido um sucesso.

J

JUDGE FROM
▶ v.

Julgar a partir de

JUMP ABOUT, AROUND
▶ v.
▼ She started to jump about when she won the lottery.

Pular de alegria, sair pulando por não conseguir conter-se

◢ Ela começou a saltar de alegria quando ganhou na loteria.

JUMP AT, TO
▶ v.
▼ The young man jumped at the opportunity offered to him.

Atirar-se para

◢ O jovem atirou-se para a oportunidade que lhe era oferecida.

Jump for joy
⇆ jump with joy
▼ Later on, he could be seen jumping for joy.

Pular de alegria

◢ Mais tarde, ele podia ser visto pulando de alegria.

JUMP INTO
▼ It was such a hot day that he jumped into the lake.

Pular para dentro

◢ Era um dia tão quente que ele pulou para dentro do lago.

JUMP ON
▶ v.
▼ At the very sight of her archrival, the jealous bride jumped on her.

Cair sobre, ir para cima de

◢ Só de ver a sua arquirrival, a noiva ciumenta pulou para cima dela.

> 🐾 **Nota:** O verbo de movimento "to jump" tipicamente, assim como run, walk, go, etc. pode ser usado com muitas preposições: jump over (por cima, para cima), jump through (saltar através de algo), jump between (pular entre duas pessoas ou coisas), jump from (saltar a partir de certo ponto), jump in, into (saltar para dentro de), etc.

JURISDICTION OVER
▼ The document must be certified by the Brazilian Consulate having jurisdiction over your city.

Jurisdição sobre, em

◢ O documento deve ser autenticado por consulado do Brasil com jurisdição sobre a sua cidade.

Just as soon
▼ I would just as soon see to it right now.

De preferência

◢ Eu preferia cuidar disso imediatamente.

J

Just as soon as I can	**Assim que eu puder, logo que me for possível**
▼ Actually, just as soon as possible	◢ Na verdade, assim que eu puder.
Just in case	**Para o caso de; Por prevenção; Por via das dúvidas; Pelo sim, pelo não; Para garantir; Para evitar problemas**
▼ The girl had an umbrella with her, just in case, and made good use of it.	◢ A garota carregava um guarda-chuva por prevenção e fez bom uso dele.
Just as well	**Foi por sorte; Que bom que; Ainda bem que**
▼ Just as well she had the umbrella, because it rained steadily until the evening.	◢ Ainda bem que ela estava com o guarda-chuva, porque choveu sem parar até a noite.

K

[be] KEEN ON ➤ adj ▸ I'm keen on tending to the orchard.	**Gostar muito de, ser zeloso com** ◂ Gosto imensamente de cuidar do pomar.
Keen to + *v.* ▸ He's keen to hire new people for the project.	**Querer; Ter interesse em; Ter tendência a** ◂ Ele está interessado em contratar novas pessoas para o projeto.
Keep on hand ▸ I keep my tools on hand just in case I need them.	**Manter disponível, estocar, ter à mão** ◂ Eu mantenho minhas ferramentas nesta caixa, bem à mão.
Keep an eye out [for] ▸ Keep an eye out for gangs. They can take over.	**Ficar de olho, ficar alerta** ◂ Fique de olho nas gangues. Eles podem assumir a liderança.
Keep away [from] ▸ How can we keep them away from school?	**Ficar longe, manter distância de** ◂ Como podemos mantê-los longe da escola?
Keep from ▸ We must keep them from getting in.	**Evitar que, segurar para que algo não aconteça** ◂ Precisamos evitar que eles entrem.
Keep off ⇆ Keep away, keep out ▸ No entrance. Personnel only. Keep off. ▸ Getting into the habit of walking after a meal could help you keep the pounds off.	**Manter longe, distante** ◂ Entrada proibida. Área restrita dos funcionários. Mantenha distância. ◂ Adotar o hábito de caminhar após uma refeição poderia ajudá-lo a manter longe o peso extra.
Keep on [with] ▸ Keep on with the good work.	**Continuar, prosseguir** ◂ Continue com o bom trabalho
Keep out ⇆ keep off	**Evitar a entrada, ficar ou deixar invasores de fora**

193

Keep up with | Manter o nível, acompanhar outros; Manter-se atualizado

▼ Trying to keep up with their neighbors, the Joneses, the Smiths went bankrupt. | ▲ Tentando manter o nível de seus vizinhos, os Jones, os Smiths foram à falência.

Keep to a minimum
Keep to one side | Limitar ao máximo, manter no mínimo possível; Manter-se de um lado

KEY FOR/TO | Chave de
▼ Where is the key to/for this door? | ▲ Onde está a chave desta porta?

> **Nota:** "Key of the door" = correto, porém muito pouco usado. A propósito, a forma direta "door key" é amplamente usada.

Key to | Chave para (fig.)
▼ The key to success is perseverance.
In other words, persevering is the key to succeeding. | ▲ A chave para o sucesso é a perseverança. Em outras palavras, perseverar é a chave para ser bem-sucedido.

Kick-off | Pontapé inicial, início de evento
➤ s.
▼ Who will announce the kick-off? | ▲ Quem anunciará o início?

[to be] KIND OF, TO adj.
KINDNESS OF, TO s. | Gentileza da parte de

▼ (1) It is very kind of you. | ▲ (1) É muito gentil da sua parte (: é gentileza sua)

▼ (2) Be kind to people. | ▲ (2) Seja gentil para com as pessoas.
▼ (3) Kindness to animals shows kindness of heart. | ▲ (3) A bondade para com os animais mostra a bondade do coração.

> **Nota:** (i) "KINDS OF" também significa "tipos de". Ex.: There are many kinds/types of cars = Existem muitos tipos de carro; (ii) "kind of" (kinda) inf. também significa "até que, meio que, um tanto". Ex.: I kind of agree with you, but you seem to have overlooked some details = Eu até que concordo com você, mas você parece não ter notado alguns detalhes .

K

Knock at the door *Knock on the door*	Bater à porta, bater na porta
KNOW ABOUT ▶ v. ▶ I know nothing about this kind of gossip.	Saber sobre, saber a respeito de algo ◢ Não sei nada sobre esse tipo de fofoca.
KNOW FROM ▶ v. ▶ (1) At first, the kitchen help didn't know pasta from risotto. ▶ (2) I knew him from my old neighborhood.	(1) Diferenciar entre (2) Conhecer de, saber de ◢ (1) No início, o ajudante de cozinha não sabia a diferença entre pasta e risoto. ◢ (2) Eu o conhecia da minha antiga vizinhança.
KNOW OF ▶ v ▶ Does anybody know of any good English school?	Conhecer -x- Saber de ◢ Alguém conhece alguma boa escola de inglês?

L

LACK -x-, v.
LACKING IN, adj.
A LACK OF, s.

Faltar, faltar a;
Falta de

▶ The candidate's speech was lacking in brilliance. It was lackluster.

◢ Faltava brilho ao discurso da candidata. Era opaco.

▶ In my opinion, she lacks confidence in her arguments.

◢ Na minha opinião, falta-lhe confiança em seus argumentos.

▶ She shows a lack of training.

◢ Ela mostra uma falta de preparo.

Laid-back

> adj.

💬 informal

▶ The house needs painting but my husband is too laid-back to do it himself.

Pessoa calma, que age sem pressa, despreocupada, até relaxada

◢ A casa precisa de uma pintura, mas o meu marido é muito devagar para fazer isso ele mesmo.

LAP OVER

> v.

▶ Singer Roberto Carlos wears his white shirt collar lapped over the collar of his blue jacket.

Jogar por cima, sobrepor

◢ O cantor Roberto Carlos usa o colarinho da sua camisa branca sobreposta ao colarinho da jaqueta azul.

Lash out v.
[at, against]

▶ Lashing out at others to let off steam is not a good idea.

Atacar verbal ou fisicamente, descontar em, sobre, "Ir para cima de"

◢ Atacar descontando nos outros para aliviar o stress acumulado não é uma boa ideia.

LAST INTO

▶ The celebration lasted into the night as the crowd jumped to samba music.

Prosseguir por um período de tempo

◢ A comemoração entrou noite adentro com a multidão pulando ao som do samba.

LAUGH AT, OVER

> v.

▶ The nervous candidate sat to be interviewed by a panel and his fly was partially open. The incident was laughed at. For years to come, they would have a good laugh over that.

Rir de

◢ O nervoso candidato sentou-se para ser entrevistado pelo painel, e a braguilha da sua calça estava parcialmente aberta. Riram do incidente. Por muitos anos ainda, eles davam boas risadas com isso.

L

Laugh off	**Rir para livrar-se de algo desagradável, fazer passar à força de risos**
▶ Now he is a director and can just laugh it off.	◀ Agora ele é diretor e pode simplesmente rir e esquecer daquilo.
Lay into	**Criticar duramente, atacar, inclusive fisicamente; cair em cima**
" *Lay, laid, laid; laying*	
▶ Today's headline: Lawmakers lay into Lehman CEO.	◀ A manchete do dia: Legisladores caem em cima do executivo principal da Lehman.
Lay off	**Despedir empregados, em especial temporariamente.**
👁 Nota abaixo	
▶ Many laid off employees are on the dole.	◀ Muitos funcionários despedidos recebem o seguro-desemprego.

> **Nota:** Assim como outras entradas neste glossário, existem vários outros significados para o termo selecionado. Este, *lay off*, é de se notar: parar de fazer algo, abandonar, encostar roupas, transferir responsabilidade, tirar as mãos, desviar a mira, tirar medidas de áreas, dar um passe bem calculado em esportes!

Lay out *v.* **Layout** *s.*	*v.* **Delinear, dar as linhas gerais.** *s.* **Traçado, esboço, plano, disposição geral.**
Lean over	**Curvar-se para alcançar**
▶ Help me, honey: I cannot lean over to clip my toenails.	◀ Benhê, me ajude, não consigo curvar-me para cortar as unhas do pé.
LEARN FROM	**Aprender com, saber através, de, por**
➤ v.	
" *Learn, learnt/learned, learnt/learned; learning*	
▶ On eating raw garlic: I had learned this from my grandma, and I just learned from a nutritionist that it is very healthy.	◀ Sobre comer alho cru: eu tinha aprendido isso com a minha avó e acabei de saber por uma nutricionista que é muito saudável.

LEARN OF / ABAUT

> v.

" *Learn, learnt/learned, learnt/learned; learning*

▶ Have you learned of the latest news? (= learn about)

◢ Vocês souberam da última?

Leave for

Partir, ir para

" *Leave, left, left; leaving*

▶ I was leaving for Phuket, but changed my mind in the nick of time.

◢ Eu estava de partida para Phuket, mas mudei de ideia no último minuto.

LEAVE TO

Deixar para

" *Leave, left, left; leaving*

▶ In my will, I leave my cat to you.

◢ No meu testamento, deixo meu gato para você.

Leftover

Sobra, sobrado, "já-te-vi"

> s.

▶ I must warn you that Felix is not fed leftovers only.

◢ Devo avisá-la que o Félix não é alimentado somente com sobras.

LESSON IN

Aula de, lição de

> s.

▶ They need a lesson in good manners.

◢ Eles precisam de uma aula de boas maneiras

LESSON TO

Lição a, para

> s.

▶ Let that be a lesson to you.

◢ Que isso lhe sirva de lição.

LEST

(1) Para que não, se não;
(2) a não ser que

> Conj.

💬 *Antigo, raro*

▶ (1) Grab the rail lest you can slip.

◢ (1) Agarre o corrimão, se não, você pode escorregar.

▶ (2) Lest my memory fails me.

◢ (2) A não ser que me falhe a memória.

L

Let down
▸ v.
" *Let, let, let; letting*
▰ (1) I have to take the pants to a seamstress, to have the hems let down.
▰ (2) "Don't let me down," sang John with emotion.

(1) Encompridar roupas
(2) Decepcionar
▰ (1) Tenho que levar as calças para a costureira, para encompridar as pernas.
▰ (2) "Não me decepcione", cantou John com emoção.

Let go (of)
▸ v.
⇆ "Leggo"
▰ "Leggo of my kitty" yelled the man before jumping on the thug.

Soltar, libertar
▰ "Largue a minha gatinha", berrou o homem antes de saltar para cima do bandido.

Let in
▸ v.
▰ If you don't dress up, you won't be let in.

Deixar entrar
▰ Se você não estiver bem vestido, não o deixarão entrar.

Let oneself in for
⇉ Get in = mais comum
▰ Take care, sonny: don't let yourself in for trouble.

Deixar-se envolver em algo ruim; Entrar em fria
▰ Tome cuidado, filhinho: não vá deixar-se envolver em problemas.

Level off
▸ v.
▰ We must have the backyard leveled off to grow a vegetable garden.
▰ In 1980 the number of drownings leveled off.

Acertar a superfície; parar de variar, de flutuar; assentar-se, equilibrar em certo nível
▰ Precisamos mandar acertar o nível do solo do quintal para cultivar uma horta.
▰ Em 1980, o número de afogamentos estabilizou-se.

Level up
▸ v.
⇆ level down

Igualar aumentando, aumentar até igualar (por ex. a renda, os ganhos)
⇆ diminuir, abaixar até igualar

LEVIED ON
▰ ISS, or Service Tax, is levied on commissions.

Incidir sobre, recair sobre
▰ O ISS, ou Imposto sobre Serviços, incide sobre comissões.

LIABLE FOR
> adj.

- Are recruiters liable for discrimination in recruiting at companies?

Ser responsável por, Responder por, Ser responsabilizado por

- Os recrutadores respondem por discriminação ao recrutar nas empresas?

LIABLE OF
> adj.

- Can a recruiter be found liable of such a charge against him?

Culpado de

- Pode um recrutador ser considerado culpado de tal acusação contra ele?

LIABLE TO
> adj.

- I am not up to becoming liable to the justice for something I do not agree with.

Responsável perante

- Não estou a fim de ser responsabilizado perante a justiça por algo com o qual não concordo.

Lie about/around
To lie, lay, lain; lying
- Enough lying about.

Passar o tempo à toa, frequentemente deitado

- Chega de só ficar deitado.

Life is but a dream

A vida é só sonho

Lift off

- (1) The motorcycle had to be lifted off the injured victim.
- (2) "Houston, we have lift off!", is a famous phrase in the space program.

(1) Remover algo erguendo; tirar de cima
(2) Erguer-se, subir no ar

- (1) A motocicleta precisou ser erguida de cima da vítima ferida.
- (2) "Houston, é hora de decolar!" é uma famosa frase do programa espacial.

Lighten up [on]
⇆ Ease off [on]
- Lighten up on yourself. Come on, ease off! You will move on in your career, eventually.

Facilitar, deixar mais "light", "pegar leve"

- Não se exija demais. Vamos, pegue leve! No fim, você vai melhorar na carreira.

LIKE -x-
> v.
- I like to learn.

Gostar de

- Eu gosto de aprender.

LIKE (one thing) OVER (another)

▶ v.

He likes playing chess over swimming.

Gostar mais de algo do que de outro, preferir um a outro

Ele gosta mais de jogar xadrez do que de nadar.

[the] LIKE(S) OF

She thought she was too good for the likes of me.

"The gates are intended to keep out the likes of you," she said.

Pessoas como, tipos

Ela se achava boa demais para tipos como eu.

"As portarias/portões existem para manter fora pessoas como você", disse ela.

LIKE

▶ Prep., adv., adj., s.

(i) **Similaridade** *(ii)* **igual, semelhante**

Como, similar a (look like, be like, feel like); como, de que modo (like mad); igual, semelhante, tal como (in like manner, be like); provavelmente (like as not); coisa ou pessoa igual ou parecida, os semelhantes (like cures like); sufixo "como, à moda de" (childlike behavior = comportamento infantil, gentlemanlike – cavalheiresco); prefixo "similar" (likewise)

Nota: *(i)* O uso de "like" ao fazer a comparação entre duas coisas (conjunção subordinada), acontece no uso popular, informal, e significa "como, do jeito que, da forma em que" (It's not *like* I had imagined = Não é como eu tinha imaginado, e Do as I say not *like* I do = Faça o que digo, não o que faço). Em ambos os exemplos, **o formalmente correto** é com "as": It's not **as** I had imagined e Do **as** I say not **as** I do. É recomendável evitar tal uso indiscriminado de "like". Ver o cabeçalho sobre "As".

(ii) "Like" também não deve ser usado a torto e a direito em expressões com certa hesitação no sentido de "assim, como, de forma que, tal como". Ex.: Hmm, it's *like*... how could I say, *like* I was doing something wrong = Ahn, é como ..., como eu poderia dizer, como se eu estivesse fazendo algo errado". Correto: **"as though", "as if"**: "It's **as if** I was doing something wrong" = É como se eu estivesse fazendo algo errado.

O termo "like" (com exceção do verbo "to like" = gostar de) e seus derivados podem ser bastante confusos para os estudantes. Se necessário, consulte dicionários grandes, obras de referência – veja "Obras consultadas". Para chegar ao domínio tanto deste - como de praticamente todos os tópicos envolvidos -, é sempre válido o conselho de ler muito, envolver-se o máximo possível em situações e ler textos no idioma que pretende aprender.

> Aproveito para registrar dois opostos bastante usados em textos originais:
>
> unlike = distinto, não similar (adj.); diferente de, ao contrário de, não ser típico de (prep.)
>
> unlikely = improvável (adj.)

Like as not ⇆ to be likely (ser provável), probably ▶ Like as not, they will come over for the weekend.	**Provável, provavelmente, deverá acontecer** ◢ Eles provavelmente virão aqui para o fim de semana.
Like cures like.	**Semelhante cura o semelhante**
Like father like son	**Tal pai tal filho**
Like mad	**Como louco.** (forma coloquial, corrente, de dizer "As if one was a mad person")
(and) the likes ⇆ etc., and so on	**Variação para "etc.":** et cetera, e outros mais, e assim por diante
Like this ▶ Twist like this.	**Desse jeito, assim** ◢ Gire assim.
Likelihood ➤ s. ⇆ probability ▶ She believes in the likelihood of winning the Lottery.	**Probabilidade, possibilidade** ◢ Ela acredita na possibilidade de ganhar na loteria.
Likely *adj., adv.* ⇆ probable, probably ⇆ unlikely (adj.) ▶ I would say that it's not likely to happen. ▶ I think she will most likely (very likely) lose money.	**Provável, possível** ⇆ Provavelmente, possivelmente ⇆ improvável (adj.) ◢ Eu diria que não é muito provável que tal aconteça. ◢ Acho que ela muito provavelmente perderá dinheiro.
Likewise *adv* ▶ I thanked the graceful old lady and she answered: "Likewise".	**Da mesma forma, igualmente** ◢ Agradeci à gentil senhora de idade, e ela respondeu: "Igualmente".

LIMIT ON, TO

▼ Each large-scale emitter should have a limit on the amount of greenhouse gas that it can emit.

▼ There is a limit to what you can ask about.

Limite sobre, na, a

◢ Todos os emissores em larga escala deveriam ter um limite sobre a quantidade de gás-estufa que podem emitir.

◢ Existe um limite ao que se pode perguntar.

Line up

▼ The workers lined up to punch out.

Fazer fila, ficar em fila

◢ Os trabalhadores fizeram fila para bater o cartão de saída.

LISTEN FOR

👁 Nota a seguir

⇒ Listen To

▼ Listen for the feelings..

▼ Let's listen for the announcement.

Ficar atento para conseguir ouvir, ou "ficar na escuta"

🗨 Há um esforço ou uma expectativa por parte da pessoa interessada

◢ Ouça captando os sentimentos.

◢ Vamos ficar atentos para conseguir ouvir, para escutar o aviso.

LISTEN TO

👁 Ver Nota

▼ Listen to me, dear, just hear what I have to say. You'll regret if you don't listen to my words.

Escutar

◢ Escute o que digo, querida, apenas ouça o que eu tenho a dizer. Você se arrependerá se não escutar minhas palavras.

> 🗨 **Nota:** *(i)* Os dois exemplos para LISTEN FOR podem ser substituídos por LISTEN TO, porém o contrário não se aplica. Em "Listen to me, dear" e "...listen to my words" não podem ter FOR ao invés de TO; *(ii)* To listen – ed - ed equivale ao verbo *Escutar*, e To hear – heard – heard a *Ouvir*.

Listen in [on]

▼ Hush! Somebody is listening in on us.

Escutar conversas alheias, interceptar

◢ Psiu! Tem alguém nos escutando.

LIVE BY

▼ Living by their ancestors' strict principles, they saved a lot of money.

Viver sob, de acordo com (dá ideia de aderir a)

◢ Vivendo sob os severos princípios de seus ancestrais, eles pouparam bastante dinheiro.

LIVE IN

▼ Maharajas live in luxury.

Viver (mergulhado) em

◢ Marajás vivem em meio ao luxo.

Live off [of]	**Viver de, sobreviver de, tirando de, à custa de**
	💬 *pode dar ideia de parasitismo de acordo com o contexto*
▼ Living off other people's efforts is not a good idea. However, many a youngster has to live off of their parents' allowance.	◢ Não é boa ideia viver à custa do suor dos outros. Entretanto, muitos jovens precisam sobreviver com a mesada dos pais.
▼ She lives off of choc bars she hides under the mattress.	◢ Ela vive das barras de chocolate que esconde sob o colchão.
LIVE ON **Live on**	**(1) Viver de, sobreviver de** **(2) Continuar vivo, reinando**
	⇆ live off of
▼ (1) How can one live on minimum wage?	◢ (1) Como se pode viver apenas com salário mínimo?
▼ (2) Elvis lives on.	◢ (2) Elvis continua vivo.
Live out	**Exteriorizar, pôr em ação, viver certo tipo de vida**
▼ "Temptress was just living out her name," said the judge.	◢ "A Tentadora estava apenas fazendo jus ao seu nome", disse o juiz.
LIVE OUT [OF]	**Morar fora [de]**
▼ That interchange student lives out of the dorms.	◢ Aquele estudante de intercâmbio mora fora dos dormitórios escolares.
Live out of a suitcase	**Nem desfazer a mala, por ser muito curta a estada**
Live out of cans	**Viver só de enlatados.**
Live through	**(1) Sobreviver, escapar com vida** **(2) Passar por**
▼ (1) I think I cannot live through such a horrible experience.	◢ (1) Eu acho que não sobrevivo a experiência tão horrível.
▼ (2) Oh, come on! I bet you have lived through situations worse than that.	◢ (2) Ah vá, aposto que você já passou por situações piores do que essa.
Live to a hundred years	**Viver até 100 anos**

L

Live up to — Corresponder, viver à altura

- "Yes, darling, I won't let you down. I'll stand by you and live up to your expectations," she answered John. — "Sim, querido, eu não o decepcionarei. Ficarei ao seu lado e corresponderei às suas expectativas", respondeu ela ao John.

Liven up — Animar, tornar mais interessante

- Your words have livened me up. — Suas palavras me animaram.
- We all need some livening up. — Todos nós precisamos de algo que nos anime.

Load up [on] — Carregar; (*Fig.*): **Carregar (se) de, lotar de, empanturrar-se de**

- Some kids are trained to load up on candy, soft drinks and popcorn at the movie theater. Later on, that becomes a problem for them. — Algumas crianças são treinadas a empanturrar-se de doces, refrigerantes e pipoca no cinema. Mais tarde, isso se torna um problema para elas.

Load [up] with — Carregar de

💬 *O* **up** *é apenas um reforço, enfatizador.*

- Soft drinks are loaded up with sugar. — Refrigerantes são carregados de açúcar.

Lock away — Trancar bem, esconder sob sete chaves, internar em instituições contra a vontade

- Being locked away for many years is more than a quagmire: it's a nightmare. — Ser escondida trancada por muitos anos é mais do que uma situação complicada, é um pesadelo.
- Have you ever locked yourself away for some silent time? — Você já se trancou para ter um pouco de silêncio?

Lock in — Prender, trancar

- Working overtime I got locked in the office building. — Trabalhando horas extras, eu fiquei trancado no prédio do escritório.

Lock into — Ficar preso a algo, como compromissos, "entrar em algo" que prende

- Don't you lock yourself into commitments that are hard to get out of. — Não vá prender-se a compromissos dos quais será difícil sair.

Lock out
- Mike was locked out.

Trancar e deixar alguém do lado de fora
- O Mike ficou do lado de fora com a porta trancada.

Lockout
› s.

Greve patronal, "locaute"

Look after
- I shall look after your house while you are gone.

Cuidar, tomar conta
- Tomarei conta da sua casa enquanto você estiver fora.

LOOK AT
👁 LOOK TO
- Look at me! Don't turn away from me.

Olhar para
- Olhe para mim! Não me vire as costas.

Look away [from]
- I either look away or shut my eyes when the film shows extremely violent scenes.

Desviar o olhar, olhar para o outro lado
- Eu desvio o olhar ou fecho os olhos quando o filme mostra cenas extremamente violentas.

Look back [on]
- Decades after leaving his poor little hometown Frankie looked back on his life there, but never missed anything.
- Looking back on your life should not be made a habit.

Lembrar-se do passado, relembrar; Olhar para trás; "Lembrar o" passado ou "lembrar-se do" passado
- Décadas após deixar a sua pobre e pequenina cidade natal, Frankie relembrava sua vida lá, mas nunca sentiu saudade de nada.
- Olhar para o passado não deve se tornar um hábito.

Look down on
- Being prejudiced is looking down on others.

Desprezar, olhar de cima, com superioridade
- Ser preconceituoso é desprezar os outros.

LOOK FOR
- I'm looking for my glasses. Have you seen them?

Procurar
- Estou procurando os meus óculos. Você os viu?

Look forward to	**Ficar em prazerosa expectativa, aguardar ansiosamente, não ver a hora de**
▼ We are looking forward to seeing you soon.	◢ Ficamos na prazerosa expectativa de um breve encontro.
Look into	**Examinar algo, investigar**
▼ As yet, I've had no time to look into that matter.	◢ Até agora, não tive tempo para examinar aquele assunto.
LOOK LIKE	**Parecer**
▼ You don't look like your brother.	◢ Você não se parece com o seu irmão.
▼ Uh-oh, it looks like rain!	◢ Ai ai... parece que vem chuva!
Look on	**Observar, olhar sem agir**
▼ I was held up and people just looked on.	◢ Fui assaltado, e as pessoas ficaram apenas olhando.
LOOK ON	**Verificar em**
▼ Look on your own computer as well as on the office's network of computers	◢ Verifique no seu próprio computador, assim como na rede de computadores do escritório.
Look out [for]	**Procurar; ficar de olho, precaver-se**
▼ From that day on, I am always on the look out for pickpockets, street urchins and the like.	◢ A partir daquele dia, fico sempre de olho contra prováveis batedores de carteira, trombadinhas e similares.
Look out [on, into, over, across]	**Ter vista sobre, dar vista para**
▼ The window looked out on a small garden.	◢ A janela dava vista para um pequeno jardim.
LOOK OVER	**Olhar por cima de, por sobre algo**
▼ Why do old people look over their glasses?	◢ Por que as pessoas idosas olham por cima dos óculos?
Look over	**Examinar, dar uma olhada, rever**
▼ Never send an e-mail without looking it over; sometimes mistakes can be overlooked.	◢ Nunca mande um e-mail sem revê-lo; algumas vezes, erros passam despercebidos.

> **Nota:** atente para a diferença entre **to look over** e **to overlook**, em que o primeiro significa "rever", e o último geralmente significa "deixar passar", "não olhar com cuidado".

(1) LOOK TO **(2, 3) Look to** 👁 LOOK AT ▼ (1) Look to the sign on your right: what does it say? ▼ (2) "Look to me and do as I do," said the woman to her husband. ▼ (3) Look to banks for loans.	**(1) Olhar para sinais, avisos, flechas de direção (2) Mirar-se em, olhar e tomar como modelo. (3) Recorrer a** ◢ (1) Olhe para o sinal à sua direita: o que diz ele? ◢ (2) "Mire-se em mim e faça o que faço", disse a mulher para o marido. ◢ (3) Recorra aos bancos se quiser empréstimos.
Look under letter "S"	Veja na letra S.
Look up [in books, on the Internet] ▼ I looked up in the dictionary for "seamstress" and found out that it means the same as "dressmaker".	**Consultar em livros, dicionários, Internet** ◢ Consultei no dicionário a palavra "seamstress" e descobri que significa o mesmo que "dressmaker" ("costureira").
Look up to ▼ Look up to the great men and women in History and proceed with your work.	**Mirar-se em, admirar, erguer os olhos para** ◢ Mire-se nos grandes homens e mulheres da História e continue com seu trabalho.
Loom up ▼ Dark clouds are looming up in the horizon.	**Aparecer, surgir de repente; carrega sentido negativo, ameaçador** ◢ Nuvens escuras e ameaçadoras estão aparecendo no horizonte.
LOSE AT. ❝ *To lose, lost, lost; Losing* ▼ "You've lost at gambling? Well deserved," – said his mother.	**Perder, ser derrotado principalmente em jogos, apostas** ◢ "Perdeu no jogo? Bem feito." – disse a mãe dele.
LOSE ON ▼ I lost all my money on that deal.	**Ter prejuízo financeiro, perder em alguma oportunidade** ◢ Perdi todo o meu dinheiro naquele negócio.

Lose out [on, to]	**Perder, perder para, ser derrotado, ficar prejudicado**
▼ Now, don't you lose out on your business deals to your more serious competitors. Get serious yourself!	◢ Não vá agora ser derrotado nos seus negócios para seus concorrentes mais sérios. Fique você próprio mais sério!
▼ To subscribe to only one social network means losing out on friendships with people who are active in other social networks.	◢ Assinar somente uma rede social na Internet significa perda nas amizades com pessoas mais ativas em outras redes sociais.
LOSE TO	**(I) Perder para, ser derrotado por** **(2) Ser levado pela força de, ceder à ação de**
▼ (1) The local team lost to the visiting team by 2 to 0. (= lost against the visitors)	◢ (1) O time local perdeu para os visitantes por 2 a zero. (= perdeu contra os visitantes).
▼ (2) Like a poem on the sand our love was lost to the surf.	◢ (2) Como um poema na areia, nosso amor foi levado pelo mar.
Lost for words	**Não ter palavras, sentir-se perdido, sem encontrar as palavras certas**
▼ Though not yet senile, I sometimes feel lost for words.	◢ Embora ainda não esteja senil, às vezes sinto-me incapaz de encontrar as palavras.
Love for, of ➤ s. ▼ The tribal leader was remembered for her love of children, animals, food and drinks.	**Ter amor, muito gosto, por** ◢ A líder tribal era lembrada pelo seu amor por crianças, animais, comida e bebida.
▼ Joe had love for every one from the bottom of his heart.	◢ Joe tinha amor por todos do fundo do seu coração.
Love to	**Lembranças carinhosas para**
▼ "Love to all of you."	◢ "Lembranças carinhosas a todos vocês."

MAD ABOUT
⊩ I'm mad about you.

Louco por algo ou alguém (apaixonado)
◢ Sou louco por você.

MAD AT
⇆ with, about

⊩ Her little boy was mad at her, but had to swallow his anger.

⊩ I'm mad about that!

Louco de raiva com alguém, com algo, furioso

◢ O filhinho ficou louco da vida com ela, mas teve que engolir a raiva.

◢ Estou furiosa por causa disso!

(1) MADE OF
(2) MADE OUT OF
(3) MADE FROM
(4) MADE WITH
(5) MADE UP OF

(1) Ser feito de; não há transformação do material básico
(2) Feito tirando de
(3) Feito a partir de algo; ocorre transformação da matéria original
(4) Feito com
(5) Formado, composto de (qualidades distintas)

⊩ (1) The table is made of wood.

⊩ (2) It was made out of a huge trunk.

⊩ (3) "Geléia de mocotó" is a sweet jelly made from pig's feet.

⊩ (4) This pie was made with lemons from the backyard. Moreover, it was homemade, with love.

⊩ (5) An egg is made up of the white and the yolk inside the shell.

◢ (1) A mesa é feita de madeira.

◢ (2) Foi feita de um tronco enorme.

◢ (3) "Geléia de mocotó" é uma geléia doce feita do pé do porco.

◢ (4) Esta torta foi feita com limão do quintal. Mais ainda, foi feita em casa, com amor.

◢ (5) Um ovo compõe-se da clara e da gema dentro da casca.

> **Nota:** O uso das formas acima é algo aleatório, como nesse exemplo, tirado da revista "Time" de Maio/2010 : "Bioplastics have been around for decades. Henry Ford made parts for the Model T out of corn and soybean oils", ou seja "O bioplástico existe há décadas. Henry Ford fazia peças para o Modelo T com milho e óleos de soja". O redator usou "made out of" onde caberia também o uso de "from" ou de "with".

MAIL-IN

⊩ Mail-in ballot.

Algo executado através de envio pelo correio

◢ Voto pelo correio.

M

MAJOR IN	Graduar-se em,, formar-se com foco em, estudos principais em
MAKE -x- ▶ The topic on UFOs never made the syllabi.	Conseguir chegar a, entrar em ◀ O tópico sobre OVNIs nunca entrou nos programas de estudos.
Make a move on someone ▶ In the 60's, taking a homemade pie to a single man's mother was making a move on that son of hers.	Flertar, cortejar, dar cantada em. ◀ Na década de 60, levar uma torta caseira para a mãe de um homem solteiro era "dar cantada" nesse filho dela.
Make for ⇆ make towards ▶ (1) When he saw her, he turned away and made for the back door. ▶ (2) An agreeable personality makes for social success.	(1) Ir para, dirigir-se para (2) Resultar em, levar a, favorecer ◀ (1) Quando ele a viu, virou-se e dirigiu-se para a porta dos fundos. ◀ (2) Uma personalidade agradável favorece o sucesso social.
MAKE FOR ▶ Her grandmother made the vest for her. ▶ The suit seemed to have been custom-made for the occasion.	Fazer algo destinado a, especialmente para ◀ A avó fez o colete para ela. ◀ O conjunto parecia ter sido feito sob medida para a ocasião.
Make it [to] ▶ (1) He'll take forever to make it to his classroom. ▶ (1) He wouldn't stop playing the video game until he made it to the next stage. ▶ (2) According to a famous song, one who makes it in New York will make it anywhere.	(1) Conseguir chegar em algum lugar ou algum ponto, no sentido físico ou figurativo (2) Obter sucesso ◀ (1) Ele vai demorar séculos para conseguir chegar à sala dele. ◀ (1) Ele não queria parar de jogar o vídeo game até que atingisse o próximo estágio. ◀ (2) De acordo com uma famosa canção, alguém bem sucedido em Nova York conseguirá sê-lo em qualquer lugar.
MAKE MISTAKES IN ▶ Making mistakes in spelling? Use the spellchecker!	Fazer erros em ◀ Cometendo erros de ortografia? Use o corretor ortográfico!

M

Make out	(1) Entender, conseguir determinar, ver claramente (2) Escrever, completar, preencher (3) Fazer crer, fazer (se) passar por, imputar (4) Ficar se agarrando
▶ (1) What is that? I can't make it out.	◢ (1) O que é aquilo? Não consigo ver direito.
▶ (2) The accountant filled out my income tax return and I made out a check for him.	◢ (2) O contador preencheu meu formulário de imposto de renda, e eu emiti um cheque para ele.
▶ (3) The Revolution wasn't all it was made out to be.	◢ (3) A Revolução não foi tudo aquilo que diziam ter sido.
▶ (4) After making out in a corner for several minutes, the couple was taken to the principal's office. He got suspended and she got detention.	◢ (4) Após ficarem se agarrando num canto por vários minutos, o casal foi levado à sala do diretor. Ele levou suspensão, e ela ficou retida até mais tarde.
Make up [for]	**Compensar** v.
▶ To make up for the missed classes, he will have to take a make-up test.	◢ Para compensar as aulas perdidas, ele terá que fazer uma prova substitutiva.
make-up	**"substitutiva"**
➤ adj.	➤ adj.
Make up the mind	**Decidir**
▶ I haven't made up my mind yet about where to go on the holiday.	◢ Ainda não decidi onde vou passar o feriado (ou aonde irei nas férias).
Make up	**Maquiar-se**
▶ It takes her one hour to put make up on .	◢ Ela leva uma hora para se maquiar.
Make up	**Ficar de bem, reconciliar-se**
▶ Let's make up, I'm tired of fighting .	◢ Vamos fazer as pazes, estou cansada de brigar.
Make something up	**Arrumar, fazer, compor; Inventar**
▶ As soon as you make up your bed, go and write that composition for tomorrow. If you don't know anything about the theme just make it up.	◢ Assim que você arrumar sua cama, vá escrever aquela redação para amanhã. Se você não sabe nada a respeito do tema, simplesmente invente.

M

Man to man
Homem a homem

- He opened up in a man to man conversation with me.
- Ele se abriu em uma conversa de homem para homem comigo.

Map out
Planejar, detalhar os passos, geralmente por escrito ou esquematizado "no papel".

- The career path was mapped out in front of me.
- O caminho para a minha carreira foi esquematizado na minha frente.

Mark off
Dar visto, colocar sinal de "checado"

⇆ tick off

- Mark off the names on the list.
- Dê um visto nos nomes da lista.

MARRY -x- someone
Casar-se com alguém

⇆ be MARRIED To / get MARRIED To

⇆ ser casado com

" To marry, married, married; marrying

👁 Wed -x-

- He was going to marry a girl he thought perfect for him.
- Ele ia casar-se com uma moça que achava ser perfeita para ele.
- She also wanted to get married to him. She would be married to the person she loved.
- Ela também queria casar-se com ele. Ela seria casada com a pessoa que amava.

Marry into
Casar e entrar para, tornar-se parte de

- He had thought of marrying into big money but instead, he was going to marry into a family where almost 100% of them were kind of crazy.
- Ele tinha pensado em dar o golpe do baú, mas ao invés disso, ia casar-se com alguém de uma família em que quase 100% eram meio pirados.

Match for
Agrupar de acordo com, por

- Match for age and sex.
- Agrupar de acordo com idade e sexo.

MATCH TO, WITH
Associar a, com; correlacionar a

- On dog dos: Once the fecal DNA is matched to a given dog's DNA file, the dog's owner will be mailed a ticket.
- Sobre sujeiras de cães: uma vez tendo o DNA correlacionado com o registro de DNA de um cão, o dono deste recebe uma multa pelo correio.

MATRICULATE TO
Matricular-se em

⇆ ENROLL IN

- Matriculate to our graduate program.
- Matricule-se em nosso programa para graduados.

M

MATURE INTO, TO	**Amadurecer e tornar-se; desenvolver-se e transformar-se em**
⚑ He was so puny as a child, but took lots of yeast and has matured into a strong adolescent, six-packed and all.	◢ Ele era muito mirrado quando criança, mas tomou um monte de levedo de cerveja e transformou-se num adolescente forte, com barriga sarada e tudo o mais.
MEAN BY	**Querer dizer com**
⚑ What do you mean by that?	◢ O que você quer dizer com isso?
Meet with ❝ *Meet, met, met; meeting*	**(1) Deparar com, topar com, experimentar, passar por (2) Encontrar pessoas, mais usado referindo-se a longas conversas; reunir-se com**
⚑ (1) Everybody meets with misfortunes and lucky events in life.	◢ (1) Todos experimentam azares e sortes na vida.
⚑ (2) This time, I'll have to meet with them.	◢ (2) Desta vez, terei que ir encontrar-me com eles [e ter uma conversa].
Meet up with	**Conhecer, encontrar por acaso, ou não formalmente**
⚑ I'll go to that event, no matter what. It's a rare opportunity to meet up with some virtual friends.	◢ Irei a esse evento haja o que houver. É uma oportunidade rara de encontrar alguns amigos virtuais.

> 🕮 **Nota:** Qual a diferença entre "I met her at the party" e "I met **up** with her at the party"? O primeiro refere-se a conhecer alguém, encontrar pela primeira vez; o segundo, apesar de também ser usado para conhecer/encontrar, soa mais como encontrar alguém com quem já estava combinado encontrar-se.

MEMORIES OF, FROM	**Lembranças, memórias de**
⚑ "Istanbul" by Orhan Pamuk is a superb book with memories of a unique city and civilization.	◢ "Istambul', de Orhan Pamuk, é um livro esplêndido com memórias de uma cidade e civilização únicas.
MERCY ON, OVER	**Ter piedade de**
⚑ Pray to the Good Lord to have mercy on them.	◢ Reze ao Senhor para que tenha piedade deles.
MERGE INTO	**Fundir transformando em**
⚑ Three jobs were merged into one position.	◢ Três cargos foram fundidos em um só.

215

M

Mess about, around [with]
Mexer em; envolver-se de modo não apropriado com, "aprontar, zoar, meter-se com"

- Don't mess around with these documents, please.
- Não mexa nesses documentos, por favor.
- He messed about with a highly confidential information.
- Ele brincou com informações altamente confidenciais.

Mete out [on, to]
Infligir a, infligir justiça a, ministrar; dispensar punições; distribuir, servir comida a

💬 *Mais comum em textos jur, formal, arcaico*

- (1) What you mete out to others will also be meted out to you. (= What you do unto others will be done unto you).
- (1) O que fizeres aos outros ser-lhe-á igualmente infligido.
- (2) He meted out the food on a first come first serve basis.
- (2) Ele serviu a comida de acordo com a ordem de chegada.

METHODICAL IN (doing)
Metódico ao (fazer)

- One must be methodical in preparing dishes for banquets.
- É preciso ser metódico ao preparar pratos para banquetes.

MINDFUL OF
Atento a, Importar-se com

- More and more young people are mindful of environmental issues nowadays.
- Mais e mais jovens estão atentos às questões ambientais hoje em dia.

MISS -x-
Sentir falta de algo ou de alguém

- I miss her. I miss her happy smile.
- Sinto falta dela. Sinto falta do seu sorriso feliz.

Miss out [on]
Perder chances, não aproveitar

- I won't miss out on this great opportunity to meet up with new people, come rain or high water.
- Não perderei essa ótima chance de conhecer novas pessoas, faça chuva ou faça sol.

MISTAKE FOR
Confundir com

- I mistook our president for a childhood buddy.
- Confundi nosso presidente com um amigo de infância.

M

Mix up — Misturar tudo, confundir

- The figures are all mixed up and I got mixed up.
  - As imagens estão misturadas, e eu me confundi.
- I wish you would stop mixing up my mind.
  - Gostaria muito que vocês parassem de me deixar confusa.

Mop up — Esfregar, limpar esfregando

- The deck must be mopped up twice a day.
  - O convés tem que ser esfregado duas vezes ao dia.

MORALIZE ON, OVER — Deitar moral sobre

- It's a basic rule not to moralize on subjects when you have a glass ceiling.
  - É regra básica não deitar moral sobre assuntos quando se tem telhado de vidro

MOREOVER adv. — Além disso, ademais

👁 Furthermore

There is more to it — Há mais aspectos envolvidos nessa questão

- But in this case, I agree that there is more to it.
  - Mas concordo que, neste caso, há mais aspectos envolvidos na questão.

MOURN -x-
MOURN FOR, OVER — Ficar de luto por, afligir-se por

- Are you still mourning for that undeserving crook? Come on.... stop it.
  - Você ainda se aflige por aquele malandro que não te merece? Ora... pare com isso.
- Mrs. O'Brien was mourning the loss of her son.
  - A Sra. O'Brien estava de luto pela perda do filho.

Move in on someone — Aproximar-se dominando, chegar e controlar

- "Students figure you out and move in on you," said a senior teacher to the rookie.
  - "Estudantes veem qual é a sua e tomam conta de você", disse um professor antigo ao novato.

Move in (with) — Mudar (vir ocupar o imóvel); ir morar com

⇋ move out of

- All set for you to move in? Is your cousin moving in with you?
  - Está tudo certo para você se mudar? Sua prima vai morar com você?

M

Move on [to] **(solutions, the next step)**	**Mexer-se, seguir adiante, em direção a**
▶ Moving on to the next step: I need a fridge, a cooker, and a mattress.	▲ Seguindo para o próximo passo: preciso de uma geladeira, um fogão, e um colchão.
▶ Stop living in the past. You have to move on!	▲ Pare de viver no passado. Você tem de seguir adiante.
Move on [with] **(my life, the plans, the career)**	**Prosseguir, seguir com**
▶ Only then can I move on with my rut.	▲ Somente então poderei dar seguimento à minha rotina.
Move over	**Ceder o lugar, físico ou de posição hierárquica**
▶ I have never moved over.	▲ Eu jamais dei meu lugar a outro.
Move up (the corporate ladder, the social ladder, in the company, in life)	**Subir, ascender (na hierarquia empresarial, socialmente, financeiramente)**
▶ The ambitious trainee said: I'll move up in life. First, the corporate ladder; next, the social one.	▲ O estagiário ambicioso disse: vou subir na vida. Primeiro, na hierarquia corporativa; depois, na hierarquia social.
Muddle through	**Fazer algo como puder, do jeito que der**
▶ At first, he just muddled through.	▲ No início, ele ia tocando de qualquer jeito.

NAG [AT]
▶ I wish she stopped nagging [at] me.

Pegar no pé de
◀ Eu queria demais que ela parasse de pegar no meu pé.

NAME AFTER
▶ My mother was named Iracema, after José de Alencar's character.

Batizar, dar nome, em homenagem a
◀ Minha mãe recebeu o nome de Iracema em honra à personagem de José de Alencar.

Narrow down [to]
▶ After a preliminary investigation, the list of suspects was narrowed down to men with ages between 35 and 50.

Limitar a, reduzir a
◀ Após uma investigação preliminar, a lista de suspeitos foi limitada a homens com idade entre 35 e 40.

NATIVE OF *adj*
- A native of *s.*
▶ The great writer José de Alencar was a native of the state of Ceará.

Nativo de, natural de
(local de nascimento, origem da pessoa)
- Um filho de certa localidade
◀ O grande escritor José de Alencar era um filho do estado do Ceará.

NATIVE TO
▶ Potatoes are native to South America.

Natural de, nativo, originário de algum local (plantas, animais)
◀ A batata é natural da América do Sul.
(= A batata é planta nativa da America do Sul).

NECESSARY FOR, TO
To + *v. inf.*
▶ High-level education is necessary for the growth of the country.
▶ It is necessary to increase the data base.

Necessário para
👁 Important to e Important for
◀ É necessário ter educação de alto nível para o crescimento do país.
◀ É necessário aumentar o banco de dados.

(1) NEED + ...ING
(2) To + *v. inf.*
▶ (1) The roof needs fixing.
▶ (2) I need to go now. The roof needs to be fixed.

(1) Precisar, necessitar de
(2) Precisar de, necessitar de
◀ (1) O telhado necessita de conserto.
◀ (2) Eu preciso ir agora. O telhado precisa ser consertado.

A NEED FOR
There is a need for skilled employees.

Uma necessidade de
Há necessidade de empregados qualificados.

NEGOTIATE ABOUT, ON, OVER
It's advisable to have a lawyer standing by you when negotiating about business whose ins and outs you do not master.

Negociar sobre
É aconselhável ter um advogado que lhe dê suporte ao negociar a respeito de assuntos cujos detalhes você não domina.

NEGOTIATE WITH
The old fox is unwilling to compromise. It's impossible to negotiate with him!

Negociar com
A raposa velha não quer chegar a um acordo. É impossível negociar com ele!

NERVOUS ABOUT
Will you stop, please. I'm getting nervous about this meeting!

Nervoso devido, por, com
Quer parar, por favor? Estou ficando nervoso com essa reunião.

NEVERTHELESS
⇆ nonetheless
➤ Adv., conj.

I know you are getting nervous about it. Nevertheless, the show must go on.

Entretanto, porém, no entanto

Eu sei que você está ficando nervoso com isso. No entanto, o show precisa continuar.

NEW TO
Are you new to this field?
We are new to You Tube.

Novo, principiante em algo
Você é novo nesta área?
Somos novos no YouTube.

NEXT TO

(1) The dog came and sat next to his owner.

(2) His wife loved dogs next to cats.

(3) The salary raise was next to nothing.

(1) Ao lado de (2) Depois de, em seguida a (3) Quase (nada) *fig*.

(1) O cachorro veio e sentou-se ao lado do seu dono.

(2) Depois dos gatos, era de cães que a mulher dele mais gostava.

(3) O aumento de salário foi quase que zero.

NONETHELESS,
➤ Adv., conj.

Entretanto, porém, no entanto
👁 Nevertheless

NOSE IN, INTO

▼ Jason was nosing into other people's private business... even tampering with their doings! Tsk, tsk...

Intrometer-se em, xeretar

◢ Jason estava xeretando nos negócios particulares dos outros... até mexendo nas coisas deles!

No through street

▼ He was caught on the spot, in a no through street, fumbling in the secretary's handbag.

Rua sem saída

◢ Ele foi pego em flagrante numa rua sem saída mexendo na bolsa da secretária.

Nothing at all

Absolutamente nada.

Nothing short of

👁 Short of

Nada dever a, não ter nada a dever a

Nothing to it

▼ I asked Jim "How do I manage to chew a piece of sugarcane and whistle at the same time?"

▼ Jim answered: "There ain't nothing to it...".

Não haver nada de especial, ser fácil de fazer

◢ Perguntei ao Jim "Como é que consigo chupar cana e assobiar ao mesmo tempo?".

◢ Jim respondeu: "Não tem nada de especial nisso."

NOTIFY OF, ABOUT

▼ We had to notify Jason of/about the inappropriateness of his bad behavior. He could even be charged with theft.

Notificar, inteirar, avisar sobre, de

◢ Tivemos que avisar o Jason sobre a inconveniência de seu mau comportamento. Ele poderia até ser acusado de roubo.

NOTIFY TO

▼ The incident was notified to the president. (=The president was notified of the incident.)

Comunicar formalmente a, para

◢ O incidente foi comunicado ao presidente. (= O presidente foi avisado sobre o incidente).

NOTWITHSTANDING

➤ Prep., adv.

👁 nevertheless e nonetheless

▼ Notwithstanding all the warnings the boy carried on. This notwithstanding some colleagues liked him!

Apesar de, não obstante; todavia, entretanto

◢ Apesar de todos os avisos, o menino continuou com suas ações. Isso não obstante/Todavia, alguns colegas gostavam dele!

Observe to the letter	**Observar nos mínimos detalhes, notar com muita atenção**
OBSESSED BY, WITH	**Obcecado por**
▼ Obsessed by money, the MacRiches lived with fear. Now, it is an obsession with security.	◢ Obcecados por dinheiro, os MacRiches viviam com medo. Agora, é uma obsessão por segurança.
OBSESSION WITH	**Obsessão por**

OF
➤ Prep.

(i) **De, por parte de** *(ii)* **pertencente à** *(iii)* **por causa de**

De algo (legs of the table), parte (one of them), feito de (a table of wood), pertencente à (a friend of mine, a member of the family) dá a conexão ou referência a partir de (on the corner of, South of), qual condição, que tipo (of age, of use, of necessity) dentre (of all things), por causa de (die of, tired of).

Of age	**Maior de idade**
▼ How old must someone be, to be of drinking age in Brazil?	◢ Quantos anos é preciso ter para ser maior de idade [e poder tomar bebidas alcoólicas] no Brasil?
Of all the nerve!	**Que cara de pau!**
▼ My ex asked me to do his laundry…of all the nerve!	◢ O meu ex me pediu para lavar a roupa dele… Que cara de pau!
Of all things!	**Tinha que me acontecer justo isso! Essa não!**
▼ The lights went out when I was washing my hair… Of all things!	◢ A luz acabou quando eu estava lavando o meu cabelo… Tinha que acontecer justo isso?!
Of course!	**Claro! Lógico! Evidente!**
▼ Did I finish washing my hair with cold water? Of course!	◢ Se eu acabei lavando meu cabelo com água fria? Claro!

Of descent

▶ We are of Indian descent, that is, we descend from Brazilian Indians. (= we are descendants of …)

De ascendência

◢ Nós somos de ascendência indígena, isto é, descendemos de índios brasileiros.

Of late

⇆ as of late, lately

▶ I haven't read the newspapers of late.

Ultimamente, recentemente

◢ Não tenho lido os jornais ultimamente.

Of no avail

⇆ To no avail

▶ My mom called the electric co. to restore electricity right away, but that was of no avail.

Em vão, inutilmente, de nada adiantou

◢ Minha mãe ligou para a companhia de eletricidade, para religarem a energia imediatamente, mas foi em vão.

Of old age

▶ I hope to die of old age, but far from senility.

De velhice

◢ Espero morrer de velhice, mas longe de estar senil.

Of use

▶ My grandparents keep lots of old things in the hopes that they can be of use some day…

Útil, de uso, usáveis

◢ Meus avós guardam um monte de coisas velhas na esperança de que elas possam ser úteis algum dia…

OFF
▶ Prep., adv., adj.

(i) **Distância, disparo, afastamento, rapidez, partida** *(ii)* **corte, desligamento, suspensão** *(iii)* **Tirar, a partir de** *(iv)* **descer, oposto de estar ON** *(v)* **compleição, término: "todo, tudo"** *(vi)* **ideias negativas: errado, ainda falta, não tem, estragou.**

Saído de, próximo a (5 minutes off the station); ausente, afastado, descanso (be off, off duty), distante (far off); às custas de, obtendo, retirando, tirando de (live off); fora, para fora de (skid off, slip off), sem; Afastamento, partida (start off, see off, run off,), disparo (trigger off), distância; início, começo (start off); até passar (laugh off, walk off); cortar, tirar fora (cut off); interrupção, desligamento (switch on/off, turn on/off, doze off), erguimento, soltura (lift off, take off); descer de (get off), ausência, término (call off), suspensão (be off, break off); enfatizador: completar, terminar (finish off, play off); estar fora, errado em, por (off by, way off); diminuição, redução (50% off, sales fall off); rapidez (rush off); condição, estado (off and on, be well off or badly off); faltar ainda certo tempo (the wedding is only two months off); distanciamento, afastamento, que sai de, transversal, travessa (off "x" street); desligamento, fora (off-record, off hours), não tem (off season = fora da temporada); adiar, postergar (put off sentido 1, hold off); em que condição (off-key); estragar (go off); desânimo, "baixo astral" (put off sentido 3)

Existem inúmeras locuções com essa partícula! Veja vários logo abaixo, interessantes e úteis para fluência e compreensão.

Off and on
▼ Dozing off and on happens to anybody, I can tell you!

De vez em quando, intermitentemente, a intervalos
◢ Ficar cabeceando de sono acontece para qualquer um, posso lhe dizer!

Offbeat
▼ The product is far too offbeat and we cannot risk putting money in on it.

Fora do padrão, inconvencional
◢ O produto é por demais fora do padrão e nós não podemos arriscar colocar dinheiro nele.

Off by
▼ The amount is off by two digits.

"Fora", errado por (tanto)
◢ O valor está errado por dois dígitos.

Off duty
▼ Hurray! Off duty, finally.

De folga
◢ Obaaa! De folga finalmente.

Off form
⇆ out of shape
▼ Off form and overweight are almost synonymous.

Fora de forma
◢ Fora de forma e acima do peso são quase sinônimos.

Off guard
▼ I was caught off guard.

Desprevenido
◢ Fui pego desprevenido.

Off-hand
▼ Just offhand, I can't remember the company's name.

Assim, de imediato, agora
◢ Assim, de imediato, não consigo me lembrar do nome da empresa.

Off-hours

Fora de hora, inconveniente

Off-key
▼ John complained that his girlfriend told him that his singing was off-key, which hurt him immensely.

Desafinado, fora do tom
◢ João queixou-se que sua namorada lhe disse que o seu canto era desafinado, o que lhe causou imensa dor.

Off-line

▶ (1) I was told that the sneaker model I most loved went off-line, it was discontinued!

▶ (2) I was off-line for two days, that's why I haven't seen your e-mail.

(1) Fora de linha
(2) Fora do ar, oposto de estar "online"

◢ (1) Disseram-me que o modelo de tênis que eu mais adorava saiu de linha, pararam de fabricar!

◢ (2) Estive fora do ar por dois dias, por isso não vi seu e-mail.

OFF [of, from]

▶ The author of Midnight Cowboy stayed forever drunk off the royalties from one hit.

▶ I live off of my monthly salary.

Tirando de, à custa de

◢ O autor de Midnight Cowboy vivia permanentemente bêbado à custa dos royalties recebidos por um grande sucesso.

◢ Eu sobrevivo à custa do meu salário mensal.

Off-record
Off the record

▶ It's off-record information: take it with a grain of salt.

Fora dos registros, de fonte não identificada

◢ É uma informação de fonte não identificada. Desconfie.

Off the book

⇆ under the table, under the counter
▶ Does "off the book" always mean under the counter? What if the accountant just disappeared?

Fora dos livros contábeis

⇆ por baixo do pano, de forma ilegal
◢ "Fora dos livros" significa sempre "de forma ilegal"? E se o contador simplesmente tiver desaparecido?

Off the hook

▶ The receiver is off the hook!

Fora do gancho

◢ O telefone está fora do gancho!

Off the hook

▶ Children are let off the hook from school whenever it snows too hard.

Liberado, solto, perdoado (*Fig.*)

◢ As crianças têm permissão de faltar à aula quando neva muito.

Off the mark

▶ Your answer is way off the mark, said the teacher.

Não exatamente correto, errado, "fora, ", equivocado

◢ "Sua resposta está totalmente equivocada", disse o professor.

Off the shelf
⇆ ready-made
▸ The new off-the-shelf pants fit you perfectly!

Diretamente das prateleiras, pronto para usar, não customizado
◂ Essas calças novas prontas para uso ficaram perfeitas em você!

Off we go!

Lá vamos nós!

Offset
▸ Some men offset their baldness with a bushy mustache.

Compensar
◂ Alguns homens compensam a calvície com um farto bigode.

OFFSET AGAINST
💬 Bus.

Compensar com, contrabalançar por

Offshore company

▸ It is said that theirs is an offshore company.

Empresa em paraíso fiscal, empresa no exterior
◂ Dizem que a deles é empresa em paraíso fiscal.

OFF TO
➤ adj.
💬 (após verbo de ação)
▸ His dad saw him off to bed. Actually, he waltzed him off to bed.

Para, conduzir até
👁 off

◂ Seu pai o levou até a cama. Na verdade, ele o levou valsando até a cama.

***"Off with her head"* bellowed the Queen.**

"Cortem-lhe a cabeça", trovejou a rainha

Off-white

▸ I don't think it's proper for a bride to wear off-white at her wedding.

Branco-sujo, branco não totalmente branco, com matiz ligeiramente cinzento ou cor de areia
◂ Não considero apropriado para uma noiva usar branco-sujo no seu casamento.

OJT = on the job training
▸ OJT, or On-the-Job Training is very important for young workers.

Estágio no trabalho
◂ O estágio no trabalho é muito importante para os jovens.

ON
> Prep., adv.

(i) **Tocando a superfície, dando sustentação, usando no corpo** *(ii)* **de lado** *(iii)* **sobre, a respeito, focar** *(iv)* **localiza o que está sobre, onde se pisa** *(v)* **estar ligado, valendo, em operação, constando em** *(vi)* **viver, sobreviver, com o que, como opera, qual condição** *(vii)* **conforme, ao, no ato de** *(viii)* **direção** *(ix)* **no que tocou, o que causou algo** *(x)* **estar, participar de grupos, corpos institucionais; (xi) seguir, prosseguir**

Em cima, sobre, em, (on the plate, on the tray) tocando superfícies, preso, sustentado, suportado (on the wall, on the hanger = na parede, no cabide) ; no corpo, usando (have on the body = trazer no corpo) ; a, à, direção, em que lado, referindo-se a alguma parte (on the right/left, on the side, on the inside/outside, front on); de, intenção, sob condição (on parole), a respeito; endereços, locais: ruas, avenidas, pontes, fazendas, ilhas, instalações; onde se pisa; perto, junto a (on the lake); dias exatos, datas, ocasiões identificáveis no tempo; em, sobre, montado (ride on, sail on) ; em que condição, processo (on order, on fire), estar aberto, valendo, ligado; tomar remédios viver, crescer, funcionar, operar, alimentando-se de o quê (become drunk on wine, raised on bread, survive on pizza, it runs on gas); por motivo de; ligar; por meio de; constar em notas, contas (on the bill), tabelas, listas, programas, existir, estar havendo, em progresso, funcionando (on TV, on the movies, on display); meios com uso de eletricidade, cabos (on the computer, on the phone);ter sobre si, assumir (be on someone, take on, put on a brave face), dependência, confiança (depend on, rely on) ao, conforme, no ato de (on the third ring); sentido de continuação, (keep on, pass on), prosseguir, progredir (read on, dream on, go on) "contra" (die on someone, hard on); no que se feriu, o que causou algo (trip on a stone, choke on); estar, ser membro, participar em times, júri, corpo de jurados, corpo docente, comitês, painéis (on the committee, on the jury); pôr em funcionamento (switch on);

On a ...basis
▶ Seats are allocated on a first-come, first-served basis.

Por, baseado em
◢ Os lugares são designados pela ordem de chegada.

On a daily basis
(or weekly, monthly, yearly, as needed)
▶ Huge amounts of money are sent to tax havens on a weekly basis, or just as needed.

Em uma base diária (ou semanal, mensal, anual; conforme necessário)
◢ Enormes quantias de dinheiro são enviadas aos paraísos fiscais semanalmente ou simplesmente conforme necessário.

On a budget	**Com economia, com limite orçamentário, dentro de uma faixa de gastos**
▼ People on a budget rent their cars from the lowest tier.	◢ As pessoas com limite orçamentário alugam carros da faixa mais econômica.
On a date	**Para um encontro, geralmente romântico, amoroso**
▼ I am going out on a date tonight.	◢ Vou sair para um encontro esta noite.
On a diet	**De dieta**
▼ Let's not go to a Minas Gerais restaurant if you are on a diet.	◢ Não vamos para um restaurante mineiro se você está de dieta.
On a faculty	**Em um corpo docente**
On a form, on the form	**Em um formulário, no formulário**
▼ Your biodata on the form is wrong and you will end up with lots of problems because of that. So, have it fixed.	◢ Seus dados pessoais no formulário estão errados, e você acabará tendo um monte de problemas por causa disso. Então, mande consertar.
On a flight	**Em um voo**
On a future date	**Numa data futura**
On a future occasion	**Numa ocasião futura**
▼ We can do that on a future occasion, when you are not present	◢ Nós podemos fazer isso numa ocasião futura, em que você não esteja presente.
On a large scale	**Em grande escala**
▼ Supermarket chains buy everything on a large scale. Only small greengrocers buy on a small scale.	◢ As cadeias de supermercado compram tudo em grande escala. Somente as quitandinhas compram em pequena escala.
On a scholarship	**Com bolsa de estudos**
▼ Coming to São Paulo city on a scholarship, he had to share the room with 4 others.	◢ Ao chegar na cidade de São Paulo com bolsa de estudos, ele teve de ficar no mesmo quarto com outros quatro.
On a small scale	**Em pequena escala**
On [a] survival level	**Em nível de sobrevivência**

On [a] par with Its quality is on par with the best ones.	**Igualar-se a** Sua qualidade iguala-se à dos melhores.
On a plate Some people want everything on a plate, so as to say.	**"De bandeja", facilitado** Algumas pessoas querem tudo na bandeja, por assim dizer.
On a schedule As a matter of fact, the power cut was on a schedule, but I had forgotten about it.	**Em um plano, no programa, programado** Na verdade, o corte de energia estava programado, mas eu tinha me esquecido disso.
On a spree The two friends went on a shopping spree.	**Desenfreadamente, sem controle, "curtindo", "numa boa", ideia de divertir-se que até pode ter conotação negativa** As duas amigas foram às compras como loucas.
On a tour	**Em uma turnê**
On account Take this check on account. I'll pay the rest upon delivery of the goods.	**Por conta, como parte do pagamento, em adiantamento** Pegue este cheque como adiantamento. Pagarei o restante contra entrega da mercadoria.
On account of His mother worried he might starve to death on account of how his wife couldn't cook.	**Devido a, motivado por** A preocupação da mãe era que ele poderia morrer de fome pela falta de habilidade da esposa ao cozinhar.
On all fours The pain from kidney stones makes a man crawl on [his] all fours...	**De quatro, engatinhando, rastejando** A dor causada por pedras nos rins faz um homem engatinhar...
On all that sugar, alcohol, fat What happens to our metabolism, on all that sugar?	**Com todo esse açúcar, álcool, gordura** O que acontece ao nosso metabolismo com todo esse açúcar?

On and on
In Porto Seguro, the music goes on and on all night long.

Sem cessar
Em Porto Seguro, a música toca sem parar a noite inteira.

On approval
A few items were taken by them on approval.

Para testar, sob a condição de poder experimentar antes de comprar algo
Alguns itens foram levados por elas para testar antes de comprar.

On somebody's arm
⇆ arm In arm
She had the engagement ring on her finger while strolling down the avenue on his arm.

No braço de alguém
⇆ de braços dados
Ela estava com o anel de noivado no dedo enquanto passeava pela avenida apoiada no braço dele.

Nota: in somebody's arm = alguém está aconchegando, segurando nos braços, abraçando.

On assignment
My daughter was sent to the Far East on a business assignment.

Em missão
Minha filha foi enviada ao Extremo Oriente em missão de negócios.

On average, on the average
(Above average, below average)
He's doing fairly well, on the average.

Em media, na média, pela média
Ele vai indo razoavelmente bem na média.

On bail
The suspect was released on bail (He was bailed out).

Sob fiança
O suspeito foi liberado sob fiança.

On balance
⇆ overall, all things considered
How was the business year, on balance?

Considerando tudo, no geral, de forma geral
Como foi o ano comercial no geral?

On behalf of
I talk on behalf of my peers.

Por, em nome de
Falo em nome dos meus iguais.

On [the] bed	**Sobre a cama, colocado em cima da cama**
▼ The bridal gown had been carefully laid on her bed after ironing. Then the cat comes in and sleeps on it!	◢ O vestido de noiva fora cuidadosamente colocado sobre a cama depois de passado. Aí, lá vem o gato e dorme em cima.
On board (or aboard)	**A bordo**
▼ Everyone on board, fasten your seat belts.	◢ Todos a bordo, coloquem o cinto de segurança.
On business **On leisure, on pleasure**	**A negócios**
▼ My first trip abroad was on business, not on pleasure.	◢ Minha primeira viagem para o exterior foi a negócios, não por lazer.
On call	**De plantão**
▼ Which doctor is on call tonight?	◢ Qual médico está de plantão esta noite?
On camera **On the live show**	**Ao vivo, na frente da câmera**
▼ Contestants are voted off on camera on the live show.	◢ Os participantes são eliminados na frente da câmera no show ao vivo.
On consignment	**Em consignação**
▼ I was taking typical Brazilian goods to China on consignment.	◢ Eu estava levando produtos típicos brasileiros para a China em consignação.
On credit ⇆ on tick (UK)	**A crédito, em prestações**
▼ When you buy on credit, you have to make a down payment.	◢ Quando se compra a crédito, é necessário dar uma entrada.
On death row	**No corredor da morte**
On delivery ⇆ upon delivery	**Na entrega**
▼ On delivery, someone has to sign many copies of an invoice.	◢ No ato da entrega, alguém tem que assinar muitas vias de uma fatura.
On demand	**A pedido, sob encomenda**
▼ They only make furniture on demand.	◢ Eles só fazem móveis sob encomenda.

On display ▼ It was on display at the shop window.	**À mostra, no mostruário, sendo exibido** ◢ Estava à mostra na vitrine da loja.
On drugs ▼ Still a kid, and already on drugs.	**Tomando drogas, sob drogas** ◢ Um garoto ainda, e já usando drogas.
On edge ▼ You'll end up losing if you are permanently on edge.	**Nervoso, tenso** ◢ Você terminará prejudicado se ficar permanentemente nervoso.
On [an] empty stomach ▼ I took the blood test on an empty stomach and almost fainted.	**Em jejum, de estômago vazio** ◢ Fiz o exame de sangue de estômago vazio e quase desmaiei.
...on end ▼ Months, even years on end went by since I last saw my dentist.	**A fio (períodos de tempo)** ◢ Meses, até anos a fio se passaram desde que eu vi minha dentista pela última vez.
On familiar terms with ▼ Calling someone by their nickname is only for those who are on familiar terms with that person.	**Ter relações de amizade com, ter intimidade, estar bem com alguém** ◢ Chamar alguém pelo apelido é somente para os que têm relações de amizade com a pessoa.
On file 👁 IN A FILE, IN THE FILE ▼ Paper documents used to be kept on file. There were filing cabinets in all offices.	**Nos arquivos** ◢ Os documentos em papel costumavam ser mantidos em arquivos. Havia armários de arquivos em todos os escritórios.
On film **[in the film/ in a movie]**	**Em forma de filme** **[no filme, na história]**
On finding out ▼ On finding out that her husband is gravely ill, Trudi decides that now may be the time to take that long, deferred trip to see the children.	**Ao descobrir** ◢ Ao descobrir que seu marido está gravemente doente, Trudi decide que pode ter chegado a hora de fazer aquela longa e postergada viagem para ver os filhos.

On fire ▎ "Help! My kitchen is on fire," yelled the newlywed.	**Em chamas** ◢ "Socorro! Minha cozinha está pegando fogo", gritou a recém-casada.
On floppy disks, CDs, DVDs, hard drives	**Em disquetes, em discos flexíveis, CDs, DVDs, discos rígidos**
On foot ▎ Just for a short while, lucky Carlos could go to his office on foot.	**A pé** ◢ Por um curto tempo, o sortudo do Carlos podia ir a pé para o escritório.
On hearing ⇋ upon hearing ▎ On hearing her name, the girl stood up right away.	**Ao ouvir** ◢ Ao ouvir o seu nome, a menina levantou-se de pronto.
On good terms ▎ Are they on good terms? Otherwise, we had better not invite them over.	**Estar "de bem", em bons termos** ◢ Tudo bem entre eles? Se não, é melhor não os convidarmos para vir aqui.
On guard ⇋ on the alert ▎ You'd better be on guard against the possibility of a family feud.	**Em guarda, de guarda** ◢ Seria melhor você ficar de sobreaviso contra a possibilidade de uma briga familiar.
On hand ▎ Make sure to keep the fire extinguisher on hand at all times.	**À mão, à disposição, pronto para ser usado** ◢ Certifique-se de ter o extintor de incêncido à mão à qualquer hora.
On hold ▎ Let's keep this invitation on hold for a while.	**No aguardo, "segurando"** ◢ Vamos aguardar um pouco antes de fazer esse convite.
On horseback ▎ "Eloping on horseback is so romantic," sighed Marie.	**A cavalo** ◢ "Fugir a cavalo para casar é tão romântico", suspirou Marie.

On leave ⇆ LOA: Leave of absence ⇆ AOL: absence on Leave ▰ AOL is the acronym for 'absence on leave', For example: She went AOL and hasn't come back yet.	**De licença** ▰ AOL é sigla que significa "ausência por estar de licença". Por exemplo: Ela saiu de licença e ainda não voltou.
On level ▰ Your boy will be reading on level by the end of the year.	**No nível, bem** ▰ Seu filho estará lendo bem até o final do ano.
Nota: At grade level: igual, no mesmo nível da série. Ex.: The girl is at her grade level = O conhecimento da menina está no nível da série.	
On-line ▰ If your son is on-line, it's easier to tell him live that dinner is ready than shout out the message to reach him	**Plugado, na Internet** ▰ Se o seu filho estiver na Internet, é mais fácil avisá-lo ao vivo [via computador] que o jantar está pronto do que berrar a mensagem para ele ouvir.
On location ▰ The movie will be made on location.	**In loco, no local, não em estúdio** ▰ O filme será rodado in loco.
On medical grounds ▰ Our son was exempted from military service on medical grounds	**Por motivos de saúde** ▰ Nosso filho foi dispensado do serviço militar por motivos de saúde.
On [the] mind 👁 In mind ▰ Georgia is always on my mind.	**Na cabeça, na mente, no pensamento** 👁 Em mente ▰ A Geórgia não me sai do pensamento.
On my part ▰ On my part, it's OK to ride buses and trains.	**Da minha parte** ▰ Da minha parte, ter que andar de ônibus e trem não é problema.
On no account ▰ On no account will the population agree to that in São Paulo.	**De forma alguma** ▰ De forma alguma a população irá concordar com isso em São Paulo.

On occasion	**Em ocasiões especiais** **De vez em quando, quando é o caso; oportunamente**
▼ Nowadays, we only have our clothes made to order on occasion.	◢ Hoje em dia, nós só mandamos fazer roupas sob medida para ocasiões especiais.
On offer	**Em oferta, aberto, sendo oferecido**
▼ We have two posts on offer.	◢ Temos duas posições em aberto.
▼ Some free medications are on offer at that drugstore.	◢ Tem alguns remédios grátis em oferta naquela drogaria.
On one condition ⇆ under, with	**Com/sob uma condição**
▼ I'll go with the team on one condition.	◢ Irei com o time com uma condição.
On one's back	**(1) De costas (2) Pelas costas**
▼ (1) Lie on your back, that is, belly up.	◢ (1) Deite-se de costas, isto é, de barriga para cima.
▼ (2) Shame on you: talking on my back, I heard.	◢ (2) Que vergonha, falando pelas minhas costas, ouvi dizer.
On one's own	**Sozinho**
▼ "I want to sleep on my own," said the great soccer player. He didn't want to share his bedroom with a teammate.	◢ "Quero dormir sozinho", disse o grande jogador de futebol. Ele não queria dividir o quarto com um colega do time.
On one side, on the other	**Em um lado/de um lado, no outro/do outro**
▼ Here's a study system: draw a line down the center of a notebook page, write notes from the text on one side and those from the teacher's lecture on the other.	◢ Aqui está um sistema de estudo: trace uma linha vertical, descendo do meio da página de um caderno, escreva as anotações do texto de um lado e os comentários do professor no outro.
On one's side	**Do lado de, dar suporte**
▼ Are you on our side or not?	◢ Você está do nosso lado ou não?
On an empty stomach	**De estômago vazio.**
▼ How can one conquer the Earth on an empty stomach?	◢ Como pode alguém conquistar o mundo com o estômago vazio?

On [a] scale ▼ Every piece of furniture must be on [a] scale.	Desenhar, projetar com escala, na escala ◢ Cada peça de móvel deve estar em [uma] escala.
On a tourist visa ▼ If you enter the country on a tourist visa, you cannot work.	Com visto de turista ◢ Se você entrar no país com visto de turista, não pode trabalhar.
On order ▼ "It's on order," the waiter told the hungry, impatient diners.	Pedido, encomendado ◢ "Já foi pedido", disse o garçom para os comensais famintos e impacientes.
On our part ▼ On our part, we could go home and have instant noodles.	De nossa parte ◢ De nossa parte, podíamos ir para casa e comer macarrão instantâneo.
On pass 💬 Mil. ▼ The soldiers were in town on pass.	De folga ◢ Os soldados estavam na cidade de folga.
On parole ▼ He's been freed on parole.	Em liberdade condicional ◢ Ele foi posto em liberdade condicional.
On patrol ▼ Who is on patrol tonight?	De patrulha ◢ Quem está de patrulha esta noite?
On principle ▼ On principle, he couldn't even be seen in bars.	Por princípio, por norma, por fundamento, pelas regras ◢ Pelas regras, ele não podia nem mesmo ser visto em bares.
On probation	(l) Em experiência (= "on trial") (2) Sob suspensão condicional da pena, em "sursis"
On purpose ▼ "Tell me the truth: you did that on purpose, didn't you?" – asked the attorney.	De propósito ◢ "Conte-me a verdade: você fez aquilo de propósito, não fez?" – perguntou o advogado.

On receiving ⇆ On receipt of; upon receipt [of] ▼ On receiving your instructions, we will deposit the amount in your current account. (= The amount will be deposited upon receipt of your instructions.)	**Ao receber; No recebimento; Por ocasião do recebimento** ◢ Ao receber as suas instruções, depositaremos o valor em sua conta corrente. (= O valor será depositado em seguida ao recebimento das suas instruções.)
On record ▼ The information is on record.	**Nos registros, lançado, nos arquivos, no prontuário, na ficha** ◢ A informação está registrada na ficha.
On reflection	**Ao refletir, refletindo**
On sale 👁 For sale for ▼ Did you like my shoes? I paid very little for them, because they were on sale.	**Em liquidação** 👁 À venda por ◢ Gostou dos meus sapatos novos? Paguei bem pouco por eles, porque estavam em liquidação.
On schedule ▼ The airline company used to pride themselves for operating on a punctual schedule.	**No horário, conforme programação** ◢ A companhia aérea costumava orgulhar-se de operar pontualmente.
On schedule ▼ "Do classes usually start on schedule?" asked the freshman.	**No horário, Na hora certa** ◢ "As aulas costumam começar no horário?" perguntou o calouro.
On second thought ▼ She wasn't going to run for a political position again, but on second thought, she decided to do so.	**Pensando melhor, pensando bem** ◢ Ela não ia concorrer novamente a um cargo político, mas pensando melhor, decidiu fazê-lo.
Onset s. ▼ The onset of operations is scheduled for August 1st. ▼ I had an onset of sleep during the speech.	**Início, começo de algo; ataque, acesso de** ◢ O início das operações está programado para o dia 1º de agosto. ◢ Tive um ataque de sono durante o discurso.

On several occasions ⇆ various ⏵ She had been defeated on several occasions, but would never give up.	**Em várias ocasiões** ◢ Ela havia sido derrotada em várias ocasiões, mas nunca desistia.
On-site staff;	**Quadro de pessoal, time, equipe do local**
On-site gym, beauty salon, pool, sauna.	**Ginásio ou academia, salão de beleza, piscina, sauna, do local**
On somebody ⏵ Don't worry about the bill. It's on us, the company will foot it, said the financial manager.	**Por conta de, recair sobre, ser da responsabilidade de** ◢ Não se preocupe com a conta. É nossa, a empresa vai pagar — disse o gerente financeiro.
On speaking terms	**Estar se falando, estar "de bem"**
On stage	**No palco**
On strike ⏵ Steelworkers were on strike: their union was the strongest.	**Em greve** ◢ Os metalúrgicos estavam em greve. O sindicato deles era o mais forte.
On suspicion of 👁 "under suspicion" ⏵ On suspicion of being the main instigator, the union leader was taken to jail.	**Por suspeita de** 👁 "sob suspeita" ◢ Por suspeita de ser o principal incentivador, o líder sindical foi levado para a cadeia.
On tape ⏵ Juruna, an Indian chief, used to record all the promises made to him, on tape.	**Gravado, em fita** ◢ Juruna, um cacique índio, costumava gravar em fita todas as promessas que lhe faziam.
On terms ⏵ "Any transactions must be at a value that fully reflects the value of our company and on terms that provide certainty to our stockholders," said the chairman.	**Em termos, em condições** ◢ "Todas as transações devem ser em valor que represente inteiramente o valor de nossa empresa e em condições que ofereçam certeza aos acionistas", disse o presidente.

On that date
▶ On that date, I was just a kid.

Naquela data
◀ Naquela data, eu era apenas um jovem.

On the agenda
▶ What's on my agenda for tomorrow?

Na agenda (programação), marcado, agendado
◀ O que eu tenho agendado para amanhã?

On [the] alert
⇆ on the lookout
▶ Although we were permanently on the alert, a slight mistake was made.

Ficar alerta, de olho, ligado
⇆ em vigilância, de vigia
◀ Embora estivéssemos permanentemente de alerta, um leve erro foi cometido.

On the assembly line
▶ People are not like the robots on the assembly line.

Na linha de montagem
◀ As pessoas não são como os robôs da linha de montagem.

On [the] average
▶ On the average, the work is grade A..

Em média
◀ Em média, o trabalho é de nível A.

On the back
⇆ on the reverse side

Na parte de trás, no verso, de algo

On the bandwagon

Junto com a maioria

On the balance sheet
⇆ In the balance sheet.
▶ Results are shown on the balance sheet at the end of the year.
▶ Some items can be on-balance sheet or off-balance sheet.

No balanço
◀ Os resultados são mostrados no balanço ao final do ano.
◀ Alguns itens podem estar no balanço ou fora do balanço.

On the basic level
▶ We are acquainted on the basic level only, but I've hired him on the basis of loyalty towards our common University.

Em nível básico
◀ Nós nos relacionamos apenas em nível básico, mas eu o contratei com base na lealdade para com nossa universidade.

On the basis of
💬 plural: bases
▶ College admission on the basis of race and skin color is currently a hot topic.

Na base de, com base em, baseado em
◀ As matrículas das faculdades com base na raça e cor da pele são uma questão muito discutida atualmente.

On the bill
▼ What's this extra charge on the phone bill?

Na conta
◢ O que é essa cobrança extra na conta do telephone?

On the black market
▼ What's the U.S. dollar exchange rate today on the black market?

No mercado negro
◢ Qual é a taxa do dólar de hoje no câmbio negro?

On [the] budget
▼ The rate is too high. This amount is not on the budget. Let's put off the trip.

No orçamento
◢ A taxa está alta demais. Esse valor não está no orçamento. Vamos adiar a viagem.

On the button
▼ They demanded that she be here at 7 AM, on the button.

Em ponto (horário)
◢ Eles exigiram que ela estivesse aqui às 7 da manhã em ponto.

On the canal
▼ She lives far away, on the canal.

No canal
◢ Ela mora longe, no canal.

On channel ...
▼ The TV drama on channel 7 is gloomy, let's change to the news-only channel.

No canal (de TV)
◢ A novela do canal 7 é desanimada, melancólica, vamos mudar para o canal só de noticiários.

On the campus
▼ We used to go running on the campus.

No campus.
◢ Nós costumávamos ir correr no campus.

On the committee
▼ Guess who is on the committee now?

Na comissão
◢ Adivinhe quem faz parte da comissão agora.

On the computer
▼ I was on the computer, ready to start working.

No computador
◢ Eu estava ao computador com tudo ligado para começar a trabalhar.

On the condition of
▼ He only spoke on a condition of anonymity.

Com, sob a condição
◢ Ele só falou com a condição de haver anonimato.

On the contrary ⇆ To the contrary ▼ Have you put on weight? ▼ No, on the contrary, I've lost 100 grams.	**Ao contrário, pelo contrário** ▲ Você ganhou peso? ▲ Não, pelo contrário, perdi 100 gramas.
On the corner of ⇆ at the corner of ▼ Let's meet on the corner of Ipiranga and São João Ave.	**Na esquina de** ▲ Vamos nos encontrar na esquina das Avenidas Ipiranga e São João.
On the defensive ▼ When the Principal sent for him, Hughie was already on the defensive.	**Na defensiva** ▲ Quando o Diretor mandou chamá-lo, Huguinho já estava na defensiva.
On the dole ▼ Going on the dole is a way out from famine in some regions of the world.	**Vivendo de seguro-desemprego; "estar numa pior"** ▲ Ficar recebendo o seguro-desemprego é uma saída para a fome em algumas regiões do mundo.
On the doorstep ▼ Babies left on the doorstep are not so unusual, for a variety of reasons.	**No degrau da porta, na entrada da casa** ▲ Bebês deixados no degrau de entrada da porta não são assim tão raros, por variados motivos.
On the dot ▼ Night shift starts at 10 PM on the dot.	**Em ponto (horário)** ▲ O turno da noite começa às 22h00 em ponto.
On the double! ▼ Join the Army and you will learn how to say "On the double, Sir!"	**Já, já! É pra já.** ▲ Entre para o Exército e você aprenderá a dizer "É pra já, senhor!"
On the edge of ▼ As there was no chair for visitors at the hospital ward, I sat on the edge of the bed.	**Na beirada, na pontinha** ▲ Como não havia cadeira para visitas na enfermaria do hospital, sentei na beirada da cama.

On the façade (of buildings)	**Na fachada (de prédios)**
👁 In the façade	👁 Na fachada (fig.)
⚑ Our mayor has banned large business signs on façades, as well as billboards.	◢ Nosso prefeito baniu os grandes letreiros comerciais das fachadas, assim como os outdoors.
On the face	**Na face, no rosto**
⚑ Mr. Santos always keeps a smile on his face. One day, although a ball hit him in the face, he still managed to keep a smile.	◢ O Sr. Santos sempre tem um sorriso na face. Um dia, apesar de uma bola tê-lo atingido no rosto, ele ainda conseguiu manter um sorriso.

> **Nota:** veja que bolas, golpes, etc., atingem a pessoa "*in* the face".

On the first visit	**Na primeira visita**
⚑ On the first visit to the dentist, you have to fill out a form.	◢ Na primeira visita ao dentista, você tem que preencher uma ficha.
On the form, on the print out	**No formulário, no impresso do computador**
On the fringes	**Nas franjas, na periferia, na margem, marginal** *(adj.)*
	💬 *Uso formal e/ou literário.*
⚑ On the fringes of society.	◢ Às margens da sociedade.
On the front	**No front**
⚑ "All quiet on the Western front" is a war movie from the 30's.	◢ "Sem Novidade no Front" é um filme de guerra da década de 30.
On the go	**Na pressa; Correndo apressado durante a rotina**
⇆ on the run	
⚑ Granola bars can be great for eating on the run, but are basically candy bars in disguise, nutritionists say.	◢ As barras de cereais podem ser ótimas para se comer correndo, mas basicamente são doces disfarçados, dizem os nutricionistas.
'On the go' attitude	**Jeito de ser ativo, sempre em movimento**
➢ s.	

On the grounds [that]
▼ Do not go on diets on the grounds that they have been in ads with famous people.

Com base em, baseado em que
◢ Não entre em dietas baseado no fato de que estão em anúncios com pessoas famosas.

On the high seas
▼ Captain Hook ruled on the high seas.

No alto-mar
◢ O Capitão Gancho reinava no alto-mar.

On the horizon
▼ One day, while his eyes were set on the horizon, he scratched his eyes with the wrong hand.

No horizonte
◢ Um dia, enquanto seus olhos estavam no horizonte, ele coçou os olhos com a mão errada.

On the house
▼ The round of beer is on the house.

Por conta da casa
◢ A rodada de cerveja é por conta da casa.

On the inside, on the outside
Na parte de dentro, na parte de fora; interna, externa; no interior, no exterior

▼ Not only the teeth but also the gums and the teeth on the inside of the mouth must be brushed everyday.

◢ Não basta escovar só o lado de fora dos dentes todos os dias, é preciso escovar também o lado de dentro e as gengivas.

On the installment plan
⇆ In installments
▼ The car had been bought on the installment plan, as well as the apartment.

No plano para pagamento a prazo
⇆ em prestações
◢ O carro tinha sido comprado a prazo, assim como o apartamento.

On the Internet
Na Internet

On the invoice
Na fatura

On the job
⇆ OJT (on the Job training)
▼ What you learn in theory, mainly from books, is put to practice on the job. Actually, OJT learning is the best.

No trabalho
◢ O que você aprende na teoria, principalmente dos livros, é posto em prática no trabalho. Na verdade, o aprendizado na prática é o melhor.

On the jury
▼ There were twelve just men on the jury.

No júri
◢ Havia doze homens justos no júri.

On the lap ▶ While working at the computer, Leda had her baby on her lap.	**No colo** ◀ Trabalhando no computador, Leda estava com seu bebê no colo.
On the keyboard	**No teclado**
On the lawn	**No gramado**
On the level ▶ Although he was a recent immigrant to the USA, his speech was on the level.	**De modo correto e franco, honesto** ◀ Embora ele fosse um imigrante recente nos EUA, sua fala era correta, franca.
On the... level ▶ He was pursuing a degree on the doctoral level.	**No nível de** ◀ Ele estava em busca de obter um grau no nível de doutorado.
On the line ▶ "My life is on the line," said the criminal to his lawyer.	**Em risco, na linha de tiro** ◀ "Minha vida está em risco", disse o criminoso ao seu advogado.
On the lookout ▶ I got tired of always being on the lookout for a better opportunity in life.	**De olho, buscando** ◀ Fiquei cansado de estar sempre de olho numa oportunidade melhor na vida.
On the mark ▶ Your wife's remarks are on the mark. Just go by her words.	**Certo, correto** ◀ As observações da sua mulher estão corretas. Trate de seguir as palavras dela.
On the market 👁 In the market for ⇆ onto the market ▶ (1) The product has been on the market for over 100 years. ▶ (2) The house came on the market.	**(1) Produtos que estão, ou existem no mercado** **(2) À venda** ◀ (1) O produto está no mercado há mais de 100 anos. ◀ (2) A casa foi colocada à venda.

> **Nota:** Outros usos comuns com "market": (1) "in ou at the fresh produce market" (na feira-livre, no local físico) e "<u>in</u> the market for something" (interessado em adquirir algo) (2) empresa existente no mercado = in operation, ongoing, além de "been ou existing in the market"

On the move ▼ Like a gypsy, I'm always on the move.	**Indo e vindo, agitada** ◢ Como uma cigana, estou sempre indo e vindo.
On the one hand ▼ Let's take a chance. On the one hand, we could take the risk and make good money. On the other hand, we could lose everything...	**Por um lado** ◢ Vamos arriscar. Por um lado, nós podemos ganhar um bom dinheiro. Por outro lado, podemos perder tudo...
On the other hand	**Por outro lado**
On the outside	**Do lado de fora, na superfície externa**
On the page **On page 10**	**Na página,** **na página 10**
On the panel ▼ I was on the school behavioral issues panel and listened to her complaints.	**No painel, na comissão, no quadro** ◢ Eu fazia parte da comissão para assuntos comportamentais da escola e escutei suas queixas.
On the part of ▼ (1) Perception, knowledge and behaviors on the part of customers can create demand and/or price premium for a branded product. ▼ (1) She is a second-cousin on the part of my mother's family: that's all I know. ▼ (2) "Too much noise on the part of the class," complained Miss Molly.	**(1) Por parte de** **(3) Algo feito ou manifestado por** ◢ (1) As percepções, conhecimentos e comportamentos por parte dos fregueses podem criar demanda e/ou aumento de preço de produtos de marca. ◢ (1) Ela é uma prima de segundo grau por parte da família da minha mãe. Isso é tudo o que sei. ◢ (2) "A classe faz muito barulho", queixou-se a Srta. Molly.
On the picket line ▼ Those who crossed the line and went in were shouted at, and called "scabs".	**Na linha do piquete, dos grevistas** ◢ Os que cruzavam o piquete e entravam eram alvo de gritos e chamados de "fura-greves".
On the plane	**No avião**

On the plantation ⇆ on the ranch, on the small farm	**Na plantação, na fazenda, no sítio**
On the plate, on the tray, on the meal tray	**No prato, na bandeja, na bandeja de refeições**
On the premises ▼ On the new premises they expanded the existing business.	**No local, nas instalações** ◢ Nas novas instalações, eles expandiram o negócio existente.
On the product line	**Na linha de produtos**
On/over the radio ▼ The footballer heard over the radio that he had been cut from the team.	**Pelo rádio** ◢ O jogador de futebol ouviu pelo rádio que tinha sido cortado do time.
On the record ▼ There is no entry on the record.	**No prontuário, na ficha** ◢ Nada está lançado no prontuário.
On the right ▼ Girls used to stroll on the right, boys on the left around the only square in the little town.	**À direita** ◢ As meninas costumavam passear no lado direito e os rapazes no esquerdo em torno da única praça da minúscula cidade.
On the... ring ▼ On the third ring.	**Ao... toque, ao... sinal** ◢ No terceiro toque.
On the runway	**Na pista de pouso e decolagem**
On the safe side ▼ On an attempt to keep always on the safe side, she missed out on some joyful events.	**No lado seguro Ficar com o que é seguro** ◢ Na tentativa de manter-se sempre no lado seguro, ela perdeu alguns eventos alegres.
On the screen ▼ No longer on stage, now Tonia can be seen on the screen.	**Na tela** ◢ Não mais no palco, agora Tônia pode ser vista na tela.

On the shelf
▼ At 25, unmarried girls were tagged "on the shelf". That was decades ago.

"Sobrar", ficar para titia *(Fig.)*
⇆ be an old maid, a spinster
◢ Aos 25, as moças solteiras eram rotuladas como "encalhadas". Isso foi há décadas.

On the shore
⇆ on the beach
▼ It's no good running barefoot on the beach, advised his personal trainer.

Na praia
◢ Não é bom correr descalço na praia, aconselhou o seu treinador pessoal.

On the show
▼ Lauren is so happy to be on the show that she could barely sleep last night.

No show, fazer parte do show
◢ Lauren está tão feliz de estar no show que mal conseguiu dormir na noite passada.

On the side
▼ (1) The retired accountant prepares individual income tax returns on the side.

▼ (2) He likes shoe-string potatoes on the side with his feijoada.

(1) Nas horas vagas; "bico";
(2) Como guarnição de pratos, acompanhamento, extra
◢ (1) O contador aposentado prepara declarações de imposto de renda de pessoa física como "bico".

◢ (2) Ele gosta de batata palha como guarnição da feijoada.

On the sly
▼ People from Minas Gerais are said to work on the sly.

Sorrateiramente, na surdina, na moita, quietinho
◢ Dizem que os mineiros trabalham na surdina.

On the spot
⇆ Red-handed, in the very act
▼ Caught on the spot with his hands in the cookie jar, Jamie was scolded by his mother.

No ato, em flagrante, "em cima"
◢ Pego em flagrante com as mãos na lata de biscoitos, Jaiminho levou uma bronca da mãe.

On the spur of the moment
⇒ "in" the spur of the moment
▼ Though usually a shy person, the father of the bride delivered a long, touching speech on the spur of the moment.

De improviso, no calor do momento
◢ Embora fosse normalmente uma pessoa tímida, o pai da noiva proferiu um discurso longo e emocionante de improviso.

On the staff
On the team

UK = in

(1) Unfortunately, Lauren has just found out that she is on the support staff and will not come on stage.

(2) Look who is on our team now: Robbie.

No grupo, no time

(1) Infelizmente, Lauren acabou de descobrir que está no time de apoio e não subirá ao palco.

(2) Olhe quem está no nosso time agora: Robinho.

Nota: Vale lembrar que em frases como "Changes in the staff" a palavra que controla é "change". Assim, "mudanças em" = changes in.

On the street(s)

In the streets

Kids raised on the streets have street-savvy.

Na rua, nas ruas, pelas ruas

Garotos criados nas ruas têm familiaridade com elas.

Nota: "On the street(s)" é usado nos E.U.A. e "in the street(s)" na Inglaterra. Porém, mesmo nos Estados Unidos há milhões de ocorrências para "in the streets". Com verbos como grow up, be raised e be brought up (todos eles significam crescer, e ser criado), o uso de ON carrega uma ideia de dificuldades materiais, e pode até soar pejorativo. Veja o exemplo com IN the streets: dá uma ideia neutra.

On the tag

I don't have my glasses and cannot read the names on the name tags.

Na etiqueta, na plaquinha, no crachá

Estou sem meus óculos e não consigo ler os nomes nos crachás.

On the telephone

over

Answering the mobile: "Listen, I cannot talk now, I am on the phone."

Ao telefone, pelo telefone

Respondendo ao telefone móvel: "Não posso falar agora, eu estou no outro telefone."

On the tip of the tongue (memory)

His family name is on the tip of my tongue... don't tell me!

Na ponta da língua (memória)

O sobrenome dele está na ponta da língua... Não me fale!

Nota: para referir-se à língua como parte do corpo humano, usar "at". Ex.: She has a piercing at the tip of her tongue = Ela tem um piercing na ponta da lingua.

On [the] track [of]	**Na pista**
▼ (1) We are on the track of wild animals	◢ (1) Estamos na pista de animais selvagens
▼ (2) The hunter came to the big city and met death on a track	◢ (2) O caçador veio para a cidade grande e encontrou a morte numa pista.
On the understanding that	**Por entender que; Por acreditar que**
▼ She did what she did on the understanding that that was what had to be done on that occasion.	◢ Ela fez o que fez por entender que aquilo era o que tinha que ser feito naquela ocasião.
On the verge of	**À beira de** (*fig.*)
▼ "Women on the Verge of a Nervous Breakdown" was Almodóvar's first big success.	◢ "Mulheres à Beira de um Ataque de Nervos" foi o primeiro grande sucesso de Almodóvar.
On the bandwagon	**Juntar-se à maioria, ficar com os vitoriosos**
On the wagon	**Sóbrio**
⇆ fall off the wagon	⇆ voltar a beber
▼ He has been on the wagon for more than a year now. Last time he fell off the wagon he missed the last train home.	◢ Ele tem estado sóbrio por mais de um ano agora. A última vez em que ele teve uma recaída, perdeu o último trem para casa.
On the way back	**Na volta** **No trajeto de volta**
▼ On his way back from the party, the father of the bride wondered what had happened, for he had just had one glass of champagne.	◢ No caminho de volta da festa, o pai da noiva se perguntava o que tinha acontecido, pois tomara apenas uma taça de champanhe.
On the way to...	**No trajeto, no percurso, na ida para**
▼ Moreover, on the way there, he had promised himself he wouldn't say anything, for he dreaded being stared at.	◢ Além do mais, na ida, ele tinha prometido a si próprio que não falaria nada, pois tinha terror de ser olhado fixamente.
On the way there	**No caminho para lá**

On the Web page
- On his Web page it says: "a quiet, withdrawn personality."

Na página da Web
- Na página dele na Internet, diz assim: "de personalidade quieta, introvertida."

On the whole
- On the whole, everything went smoothly.

De modo geral
- De modo geral, tudo correu bem.

On tick (UK)
⇆ on credit
- Tina didn't have any money on her, so she had to buy her shoes on tick .

A crédito
- Tina não tinha nenhum dinheiro com ela, então teve que comprar sapatos a crédito.

On time
- Despite the heavy Friday traffic, he managed to arrive on time for the wedding ceremony.

Em cima da hora, na horinha
- Apesar do trânsito pesado da sexta-feira, ele deu um jeito de chegar em cima da hora para a cerimônia do casamento.

On tiptoe
- On tiptoes, the toddler comes to his parents' bedroom every night.

Na ponta do pé
- Andando nas pontinhas dos pés, o menininho vem toda noite para o quarto dos pais.

On to [somebody]
On to something
- Usually, the teachers are on to the students delaying game right off.

Perceber, "sacar"
- Geralmente, os professores percebem imediatamente quando os estudantes estão querendo atrasar a aula.

On top of it all
- This morning, the car wouldn't start, and on top of it all, I ran out of gas on the way here.

Além de tudo isso; E para coroar tudo; Mais essa
- Esta manhã, o carro não queria pegar e, para coroar, fiquei sem gasolina no caminho para cá.

On trial
- What's on trial? Some lipstick brand?

Em julgamento, em experiência
- O que está em experiência? Alguma marca de batom?

On TV	**Na TV**
▼ What's on TV for kids who are on vacation, especially on rainy days?	◢ O que há na TV para a garotada que está em férias, especialmente nos dias de chuva?
On vacation	**Em férias**
▼ What are they watching on video now?	◢ O que eles estão assistindo no vídeo agora?
On video	**Em vídeo**
On view	**À vista, visível**
▼ I told the decorator that I wanted the interior of the pantry on view.	◢ Eu disse à decoradora que queria o interior da despensa à vista.
On your account	**Sob sua responsabilidade, por causa de**
▼ I came here on your account.	◢ Vim aqui por causa de você.
On your knees	**De joelhos**
▼ "On your knees… Kneel down!" – bellowed the Queen to her vassals.	◢ "De joelhos… Ajoelhem-se!" – trovejou a Rainha aos seus vassalos.
Ongoing	**Em atividade, funcionando, em operação**
➤ Adj.	
▼ Ours is an ongoing company. We have been on the market for over 10 years now.	◢ A nossa é uma empresa em atividade. Estamos no mercado há mais de 10 anos
One-to-one, 1:1	**Individualmente, um a um, um para um**
▼ One-to-one classes are the best.	◢ Aulas individuais são as melhores.

ONTO *(i)* **Subir sobre algo, mover-se para cima de algo (bring onto, climb onto, step down onto)** *(ii)* **ideia de insistência (Be onto something).**

ONCE	**Uma vez que, já que, pois;**
➤ Adv., Conj.	**logo que, tão logo**
▼ Once the decision is made, action must be taken.	◢ Uma vez que a decisão está tomada, é preciso passar à ação.
Once upon a time	**Era uma vez**
▼ Once upon a time, there was a little girl named Little Red Riding Hood.	◢ Era uma vez uma menininha chamada Chapeuzinho Vermelho.

One-off	Pontual, inesperado, não se repete (para o bem ou para o mal)
▼ A one-off windfall, that was.	◢ Aquilo foi uma sorte, um ganho inesperado.
▼ One-off incidents should not be highlighted.	◢ Incidentes pontuais não devem ser destacados.
One on one	Um a um, um por um
⇆ one to one, one by one	
▼ One on one classes are the best, provided one can pay.	◢ Aulas individuais são as melhores desde que se possa pagar.
OPEN AT, TO; ON	Abrir à, em; sobre
▼ *Action*: The teacher told us to open our books to page 10. (UK = at)	◢ *Ação*: O professor mandou abrir os livros na pág. 10.
▼ *Static*: The books were opened on page 7.	◢ *Estático*: Os livros estavam abertos na página 7.
Open up	Abrir de forma geral: iniciar, inaugurar negócios como lojas, abrir possibilidades, abrir caminhos, estradas, abrir a boca e pôr-se a falar (alguém que estava calado), abrir partes do corpo para começar a cirurgia, etc.
Nota: (1) A partícula UP é muito usada para dar ênfase. (2) Serve bem para ilustrar como é comum orações apenas com o verbo na forma simples: Louise and Lucille have opened a store (Louise e Lucille abriram uma loja). (3) Usando o phrasal verb "open up", esse exemplo ganha dinamismo, ênfase, e frases ou orações podem terminar com a partícula, por ser adverbial: They have opened up a store, ou (voz passiva): Their store has just opened up (A loja delas acabou de ser inaugurada)	
OPERATE ON	Funcionar, operar com
▼ Cars can operate on fuel made from sugar cane.	◢ Carros podem funcionar com combustível feito a partir da cana-de-açúcar.

OPERATION FOR, ON

On: operação em (pessoa, parte do corpo)
For: operação para resolver

▼ The operation on his nose took two hours.

◢ A operação no nariz dele levou duas horas.

▼ Another doctor operated on him for his hare lip problem, while under the same anesthetic.

◢ Outro médico o operou para consertar o lábio leporino com a mesma anestesia.

OPPOSE -x-

➤ v.

▼ He opposed any change.

▼ He was opposed to drastic measures

Opor-se a, lutar contra, resistir

◢ Ele resistiu a toda mudança.

◢ Ele era contrário a medidas drásticas.

OPPOSE TO

Ser contrário a

OPPOSITE OF, TO, FROM

▼ After all, he is the opposite of vanity-driven so-called actors.

Oposto de, a

◢ Afinal de contas, ele é o oposto de falsos atores movidos a vaidade.

OPPOSITE [TO]

⇆ facing

▼ Once I sat opposite [to] him at the coffee table and could see his wrinkles and eye-bags.

Defronte a; à frente, de cara para

◢ Uma vez sentei-me à sua frente na mesa do café e pude ver suas rugas e olheiras.

OPPRESSIVE OF

▼ New ruling, oppressive of immigrants, was enacted.

Opressivo, que oprime, acabrunhante

◢ Novas regras, opressivas aos imigrantes, foram estabelecidas.

Opt in

▼ When Alfred learned about the company's voluntary lay off program, he opted in.

Optar por entrar em algo, participar

◢ Quando o Alfredo soube do programa de demissão voluntária da empresa, optou por participar.

Opt out

▼ Notwithstanding the new oppressive ruling the immigrants are not going to opt out.

Optar por sair, por não ficar em alguma situação

◢ Não obstante o novo regulamento opressivo, os imigrantes não vão querer sair.

Order from the menu

Fazer o pedido a partir do menu

OTHERWISE
> Adv., adj., conj.

(1) Se não, de outra maneira, por outro lado, fora isso, em outros aspectos
(2) diferente, diferentemente; caso contrário, se não

▼ (1) An otherwise happy life.

◢ (1) Uma vida feliz em outros aspectos.

▼ (2) You'd better take care otherwise there will be bad consequences.

◢ (2) Você faria bem em tomar cuidado, se não, haverá más conseqüências.

OUT, OUT OF
> Prep., adv., adj.

(i) **Para fora, fora de, externo, saída** *(ii)* **estar sem, não ter mais, errado, inativo, até o fim, esgotado, excluir** *(iii)* **distribuir, espalhar, de onde sai, a partir de, expor, expressar** *(iv)* **por causa de, motivo, finalidade** *(v)* **distante, fora do centro** *(vi)* **escolher dentre, sobressair** *(vii)* **ação para endireitar, esclarecer** *(viii)* **mais do que, vence outro, elimina**

Sem (out of breath, out of gear),, para fora (come out); por, devido a, movido por (out of fear), em (out of self-interest); de, advindo de, como consequência de (out of ignorance); obtendo de, tirando de (out of one's head), baseado em, a partir de (to work out of an office ; em, dentre; saído de (a character out of old books), sair de (get out of the rain = sair da chuva); para, finalidade (Be out to); dar, distribuir (give out), ajudar com gestos, dar uma ajuda rápida (help out); trazer a público, vir à tona, publicar (out to the public,) ; fora, externo, saída (show out); acabar, errado, fora - em contagem (out by 2 digits), jogos (out!); extinguir-se (drown the sound out), ficar inativo, desvantagem, perda (lose out on); até o fim, ficar sem, esgotar-se (run out of, cry one's eyes out, fish out of existence); tudo, completamente (clear out); descobrir, esclarecer, concluir, trazer à tona (find out), testar (try out)distante, ausente; longe, para longe do centro (out on the right-hand end);emanar, espalhar (spread out), estender (reach out to) esquematizar (map out); distribuir organizadamente (sort out); esforçar-se para atingir (reach out); fora de consciência (out of mind); tirar, escolher (pick out); sobressair (stand out); falar, expressar-se, pôr para fora (speak out)(blog my brains out); excluir (Price the country out)); endireitar, acertar (iron out)); sufixo: ter superioridade (outrank), vencer, ganhar, eliminar o outro (outbid).

Out by 2 digits	Fora, no sentido de errado, por 2 dígitos
Out from down under	Vindo da Austrália
👁 Down under	

Out here ▼ It's a war out here, man, so you'd better watch out.	**Por aqui, nestas bandas** ◢ Isto aqui é uma guerra, cara, portanto é melhor você se cuidar.
Out in the open	**A céu aberto, à vista de todos**
Out of [some place] ▼ Crack dealers operated out of a rundown building.	**A partir de (fazer algo)** ◢ Traficantes tinham a base de operação em um prédio dilapidado.
Out of an office ▼ He works out of an office and I do too, but it's out of an office at home.	**A partir de um escritório, baseado num escritório** ◢ Ele trabalha em um escritório, eu também, mas é a partir de um escritório em minha casa.
Out of breath ▼ Ten push-ups and I'm out of breath…	**Sem fôlego, resfolegante** ◢ Dez flexões e fico sem fôlego…
Out of charity ▼ The beggar on the sidewalk said: "help me out, out of charity."	**Por caridade** ◢ O mendigo na calçada disse: "ajude-me, por caridade."
Out of compassion ▼ Out of compassion, I gave him a dime.	**Por compaixão** ◢ Por compaixão, dei-lhe uma moeda de dez centavos.
Out of consideration ▼ The beggar took it, probably out of consideration for the giver.	**Por consideração** ◢ O mendigo pegou, provavelmente por consideração por quem dava.
Out of control ▼ The situation cannot get out of control!	**Fora do controle** ◢ A situação não pode ficar fora do controle.
Out of curiosity ▼ "Why were you peering through the keyhole?" asked his father. "Just out of curiosity," answered his little daughter.	**Por curiosidade** ◢ "Por que você estava espiando pelo buraco da fechadura?", perguntou o pai. "Só por curiosidade", respondeu sua filhinha.

Out of debt, out of danger ▼ Some popular sayings, like "Out of debt, out of danger", should be widely known, not just by old folks.	**Quem não deve, não teme** ◢ Alguns ditos populares, como "Quem não deve não teme", deveriam ser amplamente conhecidos, não apenas pelos idosos.
Out of desperation ▼ Don't take any crazy action out of desperation. Try to sleep it off.	**Por desespero** ◢ Não faça nenhuma loucura por desespero. Tente dormir e ver se passa.
Out of existence ▼ Animals can be hunted or fished out of existence.	**Até acabar; extermínio** ◢ Animais podem ser caçados ou pescados até serem exterminados.
Out of fear ▼ When Dennis' rotweiller gets loose on the streets, everybody cringes out of fear.	**De medo** ◢ Quando o rotweiller do Dennis anda solto pelas ruas, todas as pessoas se encolhem de medo.
Out of form ▼ "Get in shape, you are out of form…"	**Fora de forma** ◢ Fique em forma, você está fora das medidas.
Out of friendship ▼ I tell you that out of friendship	**Por amizade** ◢ Digo-lhe isso por amizade.
Out of gear ▼ The gear stick had broken down – we were out of gear on a down slope. Can you imagine if it were a steep downhill?	**No ponto morto Sem marcha** ◢ A alavanca de câmbio tinha quebrado. Estávamos sem marcha numa descida. Já imaginou se fosse uma ladeira íngreme?
Out of gratitude ▼ As she had helped me to choose a perfume, out of gratitude I told her she had a great nose.	**Por gratidão** ◢ Como ela tinha me ajudado a escolher um perfume, por gratidão, eu disse que ela tinha um nariz muito apurado.
Out of hand ▼ She took offense and the situation got out of hand.	**Fora de controle** ◢ Ela se ofendeu e a situação ficou fora de controle.

Out of ignorance
▼ Using wrong words out of ignorance is a very common mistake.

Por ignorância
◢ Usar palavras erradas por ignorância é um erro muito comum.

Out of jealousy
▼ When Jason's baby sister came home from the Maternity Hospital, he started acting like a baby again, out of jealousy!

Por ciúme
◢ Quando a irmãzinha do Jason chegou da maternidade, ele começou a agir como um bebê novamente, por ciúme!

Out of kindness
▼ So many words of praise... Thank you! I know they are out of kindness, but thanks anyway. I appreciate them.

Por bondade, por gentileza
◢ Tantas palavras de elogio... Obrigado! Eu sei que elas são ditas por gentileza, mas obrigado mesmo assim. Eu agradeço.

Out of necessity
▼ Nowadays, some people hold more than one job, out of necessity.

Por necessidade
◢ Hoje em dia, algumas pessoas têm mais de um emprego por necessidade.

Out of one's head
▼ Sir Edgar Rice Burroughs, the author of the Tarzan stories, had never set foot in the jungle. The stories were all made up out of his head.

Da cabeça de alguém
◢ Sir Edgar Rice Burroughs, autor das histórias de Tarzan, jamais pisara na selva. As histórias foram todas inventadas da sua cabeça.

Out of one's mind
▼ This is just small potatoes... Don't go out of your mind because of it.

Fora de si
◢ Isso não é nada... Não fique fora de si por causa disso.

Out of order
▼ The cell phone had run out of battery and the home phone was out of order. How unlucky!

Com defeito
◢ O celular tinha ficado sem bateria e o telefone fixo não estava funcionando. Quanta falta de sorte!

Out of pity
▼ I let the little bird go, out of pity.

Por piedade, por sentir pena
◢ Soltei o passarinho por sentir dó.

Out of position
▼ The barber told Gui not to get out of position until he finished cutting his hair. But the boy has ants in his pants!

Fora de posição
◢ O barbeiro disse ao Gui para não sair da posição até que ele terminasse de cortar o seu cabelo. Mas o menino não consegue parar quieto!

Out of prejudice ▼ Out of prejudice and fear of the unknown, some people never visit different places.	**Por preconceito** ◢ Por preconceito e medo do desconhecido, algumas pessoas nunca visitam lugares diferentes.
Out of print ▼ Go and buy the book before it goes out of print.	**Esgotado** ◢ Vá comprar o livro antes que fique esgotado.
Out of reach ⇆ beyond reach ▼ There was a fancy restaurant in the neighborhood, but that was out of reach for us	**Fora do alcance (físico ou financeiro)** ◢ Havia um restaurante bacana na vizinhança, mas isso estava fora do nosso alcance.
Out of regard ▼ Out of regard for his young wife's efforts, the husband cleaned his plate.	**Em consideração** ◢ Por consideração aos esforços da sua jovem esposa, o marido comeu tudo que havia no prato.
Out of respect ▼ Although she did have her reasons, the intern did not tell them, out of respect for her boss's position and old age.	**Por respeito** ◢ Embora tivesse, sim, as suas razões, a estagiária não as disse, por respeito à posição e idade avançada do seu chefe.
Out of revenge ▼ Just because he said she was not as good a cook as his mom, now she only serves him TV dinners, out of revenge.	**Por vingança** ◢ Só porque ele disse que ela não era tão boa cozinheira quanto a mãe dele, agora ela só lhe serve comida congelada, por vingança.
Out of season ⇆ not In season ▼ We are out of season for strawberries.(=) Strawberries Aren't In season.	**Fora da estação, não é época** ◢ Estamos fora da época de morangos.
Out of self-interest ⇆ In your own interest ▼ Laws should not be enacted out of the lawmakers self-interest.	**Por, movido por, com base em interesse próprio** ◢ As leis não deveriam ser promulgadas com base em interesse próprio dos legisladores.

Out of shape	**Fora de forma**
▰ They are both getting out of shape!	▰ Ambos estão ficando fora de forma!
Out of sight, out of mind	**Longe dos olhos, longe do coração**
▰ Out of sight, out of mind… I wonder if there is truth in this popular saying?	▰ Longe dos olhos, longe do coração… Haverá verdade neste dito popular?
Out of spite	**Por despeito**
▰ Whatever is done out of spite cannot yield good fruit.	▰ O que quer que seja feito por despeito não pode gerar bons frutos.
Out of sync	**Fora de ritmo**
▰ My singing is out of sync and out of tune. I'd better not join the choral ensemble.	▰ Meu canto é fora de ritmo e desafinado. É melhor eu não entrar para o grupo de coral.
Out of the blue	**Inexplicavelmente, do nada**
▰ "These figures have no back-up – they seem to be here just out of the blue," said the financial director to the intern.	▰ "Estes números não têm suporte –eles parecem estar aqui sem explicação", disse o diretor financeiro para o estagiário.
Out of the box	**Criativo, não conformista, solto** *(Fig.)*
⇆ Outside the box	
⇋ in the box, inside the box	⇋ conformista, "amarrado", devagar
Out of the question	**Fora de cogitação; Completamente fora; De jeito nenhum**
▰ Approval of the balance sheet and the statements as they are, is out of the question.	▰ A aprovação da folha de balanço e das demonstrações como se encontram está fora de questão.
Out of tune	**Desafinado, dissonante**
⇆ off-key	
Out of vanity	**Por vaidade**
▰ Maybe out of vanity, the ex-diva, who was out of work, started looking for work although she didn't need the money.	▰ Talvez por vaidade, a ex-diva, que estava sem trabalho, começou a procurar serviço embora não necessitasse de dinheiro.

Out of wedlock	**Fora do casamento, fora dos laços matrimoniais**
💬 *antigo, formal*	
⇆ from single parents or not MARRIED To Each other.	⇆ de pais solteiros ou não casados entre si.
▼ Children born out of wedlock have always existed.	◢ Filhos/crianças nascidas fora dos laços matrimoniais sempre existiram.
Out of work	**Sem trabalho, desempregado**
Out on the end	**Bem lá na ponta, no final**
▼ Out on the right-hand end of the river bend you'll find a grave, but no cross on it.	◢ Bem lá na ponta, do lado direito da curva do rio, você encontrará um túmulo, mas sem cruz em cima.
▼ Out on the right-hand end of the block.	◢ Bem no fim, do lado direito do quarteirão.
Out there	**(I) Lá fora**
	(2) Aí, lá (a uma certa distância ou distante de quem está falando)
▼ (1) Is there life out there?	◢ (1) Há vida lá fora?
▼ (2) Does anyone out there know what that means?	◢ (2) Alguém aí sabe o que isso significa? (= alguém lá)
Out to lunch	**Fechado para almoço**
▼ She hung the **Out to Lunch** sign on the door knob and out she went.	◢ Ela pendurou o aviso de **Fechado para Almoço** na maçaneta da porta e lá se foi.
Out to the public	**Aberto a, trazido a público**
▼ We need to have positive messages out about the project.	◢ Precisamos ter mensagens positivas trazidas a público a respeito do projeto.
Out with it	**Falar tudo, desembuchar**
▼ "Out with it," the policeman yelled at the spy over and over again.	◢ "Desembuche", berrava o policial para o espião repetidas vezes.
Outback	**Longe, o interior, o fundão**
➤ *n.*	
▼ After all, we live in the outback.	◢ Afinal de contas, moramos no fundão do interior.

Outbid ➤ v. " *Outbid, outbid, outbid/outbidden; outbidding* ▼ Let's outbid the competitors.	**Vencer a concorrência, eliminar outros** ◢ Vamos fazer uma oferta (ou proposta) melhor que a dos concorrentes.
Outbreak n. ▼ I was in Japan in the midst of an influenza outbreak. Fortunately people there wear masks.	**Erupção, início súbito e/ou violento; explosão (se for de bomba: explosion); deflagração de guerra** ◢ Eu estava no Japão no meio de uma violenta onda de gripe. Sorte que as pessoas lá usam máscaras bucais.
Outburst ➤ n. ▼ The bigheaded lady had an outburst of ego.	**Explosão** ◢ A dona orgulhosa e vaidosa teve uma explosão de ego.
Outcast ➤ s. ▼ The outcasts in India are also known as "the untouchables".	**Pária, exilado, rejeitado** ◢ Os párias da Índia são também conhecidos como "os intocáveis".
Outdated ➤ adj. ⇆ out of date ▼ (1) Most addresses on the mailing list are outdated. ▼ (2) The data in this article is out of date. Please update it.	**Obsoleto, ultrapassado, desatualizado** ◢ (1) A maioria dos endereços da lista de envio de correspondência estão obsoletos. ◢ (2) Os dados deste artigo estão desatualizados. Favor atualizá-los.
Outdoor market ⇆ fruit and vegetable market ▼ In need of fibers I bought celery, corncobs and burdock at the outdoor market.	**Feira livre, feira na rua** ◢ Precisando de fibras, comprei salsão, espigas de milho e gobô na feira livre.
Outgrow ▼ Jane's daughter had long ago outgrown her, not only in height,	**Crescer mais do que** ◢ A filha da Jane a tinha ultrapassado há tempos, não apenas em altura.

Outlast ▶ v.	**Durar mais do que**
OUTLET FOR, TO	**(1) Com For = saída, escape para algo, no sentido figurativo (2) "ponto de venda direta" (3) Com To = saída física, movimentação para algo**
▶ (1) Crazy moves might be an outlet for frustration. ▶ (2) They need more outlets for their products. ▶ (3) "We need an outlet to the sea," said the governor of the state of Minas Gerais.	◢ (1) Movimentações malucas podem representar um escape para a frustração. ◢ (2) Eles necessitam de mais pontos de venda direta para os seus produtos. ◢ (3) "Precisamos de uma saída para o mar", disse o governador do estado de Minas Gerais.
Outlive ▶ v.	**Sobreviver a, viver mais do que**
Outpatient ▶ adj. ⇆ inpatient, in-patient	**Paciente de ambulatório** ⇆ paciente internado
Outrank ▶ v.	**Ter classificação superior; ser de mais elevada qualificação ou graduação**
Outrun -x- ▶ I've never seen anyone outrun a bullet.	**Vencer, ganhar de outro na corrida, ultrapassar a velocidade** ◢ Nunca vi ninguém ultrapassar a velocidade de uma bala.
Outset ▶ n. ▶ Do your best from the very outset.	**Início, princípio** ◢ Faça o melhor que puder desde o princípio.
Outskirts ▶ n.	**Arredores, cercanias, subúrbio**

Outsource, outsourcing	**Terceirizar, terceirização**
▶ We cannot increase our headcount. Nowadays, outsourcing is the name of the game, so let's outsource instead of hiring.	◢ Não podemos aumentar o número de funcionários. Hoje em dia, terceirização é a melhor saída, portanto vamos terceirizar ao invés de contratar.
Outage	**Apagão, falha, quebra**
➤ n.	
⇆ common around here	
▶ A power outage or blackout is rather common here.	◢ Os apagões ou blecautes são bastante comuns por aqui.
Outer	**Exterior, de fora, externo**
➤ adj.	
⇆ inner	
▶ "The outer world" is a cool game.	◢ "O mundo fora daqui" é um jogo legal.
Outta	**Sem, falta, não tem; fora; a partir de; até acabar**
⇆ out of	
💬 *(outta também pode significar "ought to")*	💬 *(corruptela de out of = aparece em gibis, piadas, narrativas informais, reprodução de personagens falando de forma popular ou vulgar; não usar em escritos formais.)*
Outweigh	**Pesar mais do que; ter mais importância, poder, valor do que**
➤ v.	

OVER	*(i)* **Mais, acima de, por cima, por sobre, ultrapassa, vence, superioridade, controlar** *(ii)* **cooptar, passar para, atravessando, para outro local, sobre** *(iii)* **a respeito de, devido a,** *(iv)* **restar, sobrar** *(v)* **ficar em local** *(vi)* **repetir;** *(vii)* **muito, por demais, exagera**
➤ Prep., adv.	
	A, ao, acima de, mais alto que, mais de, em cima de, sobre, curvado sobre (<u>hunch over</u>); por cima (over the wall) sobrepondo a, por sobre, em (over his face); ultrapassar (<u>get over</u>), vencido (overdue); entregar (<u>handed her over to</u> the police); a respeito; por causa de, devido a (I've cried a river over you = chorei rios de lágrimas por você); disagreement over, dissent over, <u>division over;</u> durante, no decorrer de, com o decorrer (<u>over time</u>); por, pelo, via (= on); terminar e passar a outro ("Over" = "é com você"); dividido por;

> mais do que, conferir superioridade; acabar (game over), para, até, atravessando, passando, por, pelo, por cima, fazendo curva, por sobre (boil over), movimento para baixo, caindo (fall over); movimento para outra ponta, outro local (move over); alongando na direção (lean over), virar para outra direção, (turn the page over); mais de; restar, sobrar, remanescente (leftover); controle (preside over a meeting); para seu lado, lá, para cá, aqui (why don't you stay over?); cooptar (win someone over , buy him over); a respeito; repetir (startover); repetidas vezes (over and over again); demais, por demais, super (overprotected, overprotection)

Over and out	**Acabado e saindo do ar; término de fala e de transmissão**
Over and over again	**Inúmeras vezes, repetidamente**
Over the budget	**Acima do orçamento**
Over the counter - OTC	OTC medicines = remédios que podem ser comprados sem receita médica. OTC shares = ações negociadas fora das bolsas.
Over the long term ⇆ on the long term	**No longo prazo**
Over the phone ⇆ on the phone	**Ao telefone**
Over the radio ⇆ on the radio	**Pelo rádio**
Over the weekend ⇆ during the weekend	**No decorrer, durante o fim de semana**
Over the years	**Com o passar dos anos**
Over time	**Com o passar do tempo**
Overcrowded ⇆ packed full	**Superlotado** ⇆ cheio Até as bordas; fazendo "montinho"

Overdue	**Vencido e não pago**
▼ One has to pay interest at rates between 5% and 10% on overdue payments.	◢ É preciso pagar juros a taxas entre 5% e 10% sobre pagamentos vencidos.
Overhaul	**Vistoria, revisão, retífica**
▼ Time for an overhaul!	◢ Hora de fazer uma revisão geral!
Overlapping	**Coincidentes, redundante, superpostos/ sobrepostos (geram conflito)**
Overlook	**(1) Inspecionar, supervisionar (2) deixar passar, não notar, fazer vista grossa (3) dar vista para**
▼ (1) Who overlooked the job?	◢ (1) Quem supervisionou o trabalho?
▼ (2) Details were overlooked.	◢ (2) Fizeram vista grossa para detalhes.
▼ (3) The terrace overlooks the sea.	◢ (3) O terraço dá vista para o mar.
Overpower	**Vencer ou derrotar pela força**
Overprotection	**Superproteção**
Overtime	**Horas extras; Prorrogação de horas de jogo**
Overview n.	**Exame, visão geral**
Overweight adj.	**Acima do peso**
OVERWHELMED BY, WITH	**Vencido, subjugado, dominado por, tomado por**
▼ (1) The scenery on my last vacation was wonderful and I was overwhelmed by the local people's kindness.	◢ (1) O cenário nas minhas últimas férias era maravilhoso e eu fui conquistada pela gentileza do povo local.
▼ (2) On the return flight, I was overwhelmed with an unspeakable sadness.	◢ (2) No voo de volta, fui tomada por uma indizível tristeza.
OWE -x-, TO	**Dever, dever para**
	⇆ "Devo, não nego, pago quando puder"
▼ I owe people money which I shall some day pay though when I cannot say.	◢ Devo dinheiro às pessoas, que algum dia pagarei, porém quando, não sei.
OWING TO	**Devido a, por causa de**
⇆ due to, because of	

P

PAINT -x- **PAINT IN oil, WITH oil; ON canvas** ▼ "Paint the roses red," bellowed the queen. ▼ She didn't mean painting in oil on canvas.	Pintar de, em (cores); pintar A óleo, COM óleo; SOBRE tela ◢ "Pintem as rosas de vermelho", esbravejou a rainha. ◢ Ela não queria dizer pintar em óleo sobre tela.
PANDER TO 💬 *Lit./formal* ▼ She wanted them to pander to her whims.	Atender a, prover; ser servil para satisfazer desígnios de outros ◢ Ela os queria atendendo [servilmente] as suas fantasias.
Pair off ⇆ partner off , pair up ▼ The soldiers paired off: one carried the ink can and the other worked with the paintbrush.	Dividir-se em pares; juntar-se em pares, formar pares ◢ Os soldados dividiram-se em pares: um carregava a lata de tinta, e o outro trabalhava com o pincel.
PARTICIPATE IN ⇆ TAKE PART IN ▼ We took part in a family reunion in which the famous scientist also participated.	Participar em; Tomar parte em ◢ Nós tomamos parte de uma [grande] reunião de família da qual o famoso cientista também participou.
PARTICIPATE WITH ▼ I was invited to participate with their group in the project.	Participar de algo, com outros, em grupo ◢ Fui convidada a participar com o grupo deles no projeto.
PARTY TO ➤ n. ▼ Who is the other party to this agreement?	Parte de, em (geralmente contratos, negociações) s. ◢ Quem é a outra parte deste contrato?
PART WITH ⇆ be PARTED from ▼ "I'd rather part with all my belongings than be parted from you," said Juliet.	Apartar-se, separar-se de; Ser separado(a) de ◢ "Prefiro apartar-me de tudo o que tenho a ser separada de você", disse Julieta.

P

PASS -x- (One's tests, exams)
⇆ Fail -x-
- Yipee! I passed my Physics exam.
- Susie failed all her tests this .semester.

Passar (em testes, exames)
- Oba! Passei no exame de física.
- A Susie foi reprovada em todos os testes deste semestre.

Pass away
- When did your grandfather pass away?

Falecer, morrer
- Quando seu avô faleceu?

Pass off (as)
- He tried to pass himself off to me as a state tax inspector.

Passar-se por, fazer passar por
- Ele tentou fazer-se passar como um fiscal de impostos do estado.

Pass on [to]
- Knowledge is passed on to new generations.
- The teacher asked us to pass the papers on to the next student.

Passar para a frente, passar adiante
- O conhecimento é passado para as novas gerações.
- O professor pediu para passarmos os papéis adiante, para o próximo estudante.

Pass out
⇆ black out
- Something hit me in the head and I passed out.

Perder os sentidos, desmaiar
- Alguma coisa me atingiu na cabeça e eu desmaiei.

PASS THROUGH
- (1) All the goods must pass through quality control.
- (2) We had to pass through Oakland on our way to San Francisco

(I) Passar por, através de
(2) Passar por locais
- (1) Todos os produtos devem passar pelo controle de qualidade,
- (2) Tivemos de passar por Oakland a caminho de San Francisco.

PAST
▸ Prep., Adv., Adj., S.:

Adiante, passando, passando por (<u>run past</u>); além de, para lá de; mais do que, acima de certa idade; anterior, antecedente, ex-, último; passado, experiência, "vida", ser vivido, acabado, findo; vencido (<u>past due</u>); estar além, não ser mais possível (<u>past cure</u>)

Past cure
Incurável, não dá mais para curar

Past due bills
Contas vencidas.

P

PATIENT WITH
> Adj.

You have been extremely patient with us and this is greatly appreciated.

Ser paciente com

Vocês têm sido extremamente pacientes conosco, e somos muito gratos por isso.

PAY BY, IN, WITH
- pay by or with check
- pay cash, in cash, by cash, with cash

You can pay either by four postdated checks or in cash, 5% off.

Pagar através de, por, em, com
- cheques: by, with
- dinheiro, à vista: sem prep., ou com in, by, ou with

Você pode pagar em 4 cheques pré-datados ou em dinheiro com 5% de desconto.

> **Nota:** o **post-dated** equivale no Brasil ao pré-datado. Aqui, pelo ato de colocar-se a data (geralmente posterior) **antes** de se entregá-lo ao lojista, adotou-se a denominação "pré".

PAY FOR
You must pay for the drinks.

Pagar por algo

Você tem que pagar pelas bebidas.

Pay off

I have to figure out if it pays [off] to pay off all our debts.

(1) Pagar tudo, liquidar (2) Valer a pena; neste sentido, o "off" é opcional

Tenho que chegar à conclusão se vale a pena liquidar todas as nossas dívidas.

Payoff
> s.

With the payoff money I can either become a franchisee or take a trip around the world.

Valor de algum acerto, compensação, ou suborno

Com o dinheiro do acerto, eu posso me tornar um franqueado ou fazer uma viagem ao redor do mundo.

Perk up

Wake up! Have some coffee and perk up!

Ficar atento, em estado de alerta, levantar o ânimo

Acorde! Tome um pouco de café e fique alerta.

PERSERVERE AT, IN, WITH, THROUGH

Persevering at your mission is key to succeeding. So, let's persevere through any and all kinds of difficulties.

Perseverar em, na, com, através de, por

Persevere em sua missão, pois isso é chave para se ter sucesso. Assim, vamos perseverar através de todo e qualquer tipo de dificuldade.

P

PERSPECTIVE ON ➢ s. ⇆ view on ▼ This is my perspective on the subject.	**Uma perspectiva ou visão sobre, de** ◢ Esta é a minha visão sobre o assunto.
Pick on ▼ Picking on others is a form of bullying.	**Atormentar, mexer com os outros** ◢ Atormentar os outros é uma forma de intimidação.
Pick out ▼ Poor Forest was soon picked out to be bullied.	**Escolher, selecionar** ◢ Pobre Forest, foi logo escolhido para ser "zoado".
Pick up [after] ▼ (1) Your driver's license is on the floor. Pick it up. ▼ (2) You have to pick up after your dog or you will get a fine.	**(1) Pegar do chão;** **(2) Catar o cocô do cachorro** ◢ (1) Sua carteira de motorista está no chão. Pegue-a. ◢ (2) Você tem que catar a sujeira do seu cachorro ou receberá uma multa.
Pick up 👁 Nota abaixo ▼ (1) You have to pick up your date, remember? ▼ (2) That guy always tries to pick up women when he goes out.	**(1) Pegar alguém e dar carona; levar** **(2) "Pegar" alguém para encontros sexuais ou amorosos. (gíria)** ◢ (1) Você tem que ir pegar a garota que vai sair com você, lembra? ◢ (2) Quando sai, aquele cara sempre tenta pegar mulheres (para encontros sexuais ou amorosos).

> **Nota:** *(i)* Apesar dos termos maliciosos ou de gíria vulgar serem muito poucos neste livro, julguei conveniente colocar o sentido do segundo exemplo. Não custa reforçar que para muitas das entradas pode haver outros sentidos além dos selecionados, pois trata-se de uma área vasta e indomável. *(ii)* "Guy" também pode ser entendido simplesmente como "alguém, uma pessoa", sem conotação pejorativa; depende do contexto.

Pig out [on]

▶ "At least, when I was pigging out, I savored every mouthful," wrote Liz. So, she admitted to pigging out on tasty food but binging & purging was not her bag.

Comer à tripa forra, encher a pança de

💬 Inf'l

◢ "Pelo menos, quando eu estava enchendo a pança, saboreei cada bocado", disse Liz. Assim, ela admitiu ter se enchido de comidas gostosas, mas fazer uma comilança para depois vomitar não era com ela.

Pin down

▶ (1) I felt pinned down.

▶ (2) I need someone to pin down the hitch.

(1) Prender, imobilizar; forçar a tomar uma atitude, a escolher
(2) Determinar, localizar algo como problemas, soluções

◢ (1) Senti-me preso (= forçado a tomar uma atitude).

◢ (2) Preciso de alguém que localize exatamente o problema.

PLAN ON, FOR
PLAN TO + v.

▶ We had planned on going down to Guarujá, but it has been raining since yesterday. Now we plan to go to the movies and eat out.

Planejar -x-

◢ Nós tínhamos planejado descer para o Guarujá, mas tem chovido desde ontem. Agora, planejamos ir ao cinema e comer fora.

PLAY -x-
PLAY AGAINST

▶ Who will play [against] Federer?

Jogar contra, enfrentar

◢ Quem jogará contra o Federer?

PLAY BY

▶ Everybody will have to play by the new rule(s).

Jogar de acordo com, sob, pelo

◢ Todos terão de jogar de acordo com as novas regras.

Play down

➤ (v. + adv.)

▶ When my parents learned that I had not passed the university entrance exams they played it down but I know it was out of kindness to me.

Falar, agir de modo a diminuir a importância de algo

↹ play up

◢ Quando meus pais souberam que eu não tinha conseguido passar no vestibular eles agiram como se isso tivesse pouca importância, mas eu sei que foi para serem gentis comigo.

PLAY -x-
PLAY WITH

⇐ (menos comum) = PLAY AT

▶ While some boys were playing hide-and-seek, the girls played with dolls.

▶ Should we let our sons play with dolls?

Brincar de, com

◢ Enquanto alguns garotos brincavam de esconde-esconde, as meninas brincavam com bonecas.

◢ Devemos permitir que nossos filhos brinquem de bonecas?

Play off *(v. + adv.)* **Playoff** *s.*

💬 *[off = sentido de "finalizar, dar cabo"].*

▶ The play off lasted 7 hours.

Jogar um jogo completo; jogar para definir o ganhador; o jogo de desempate, que pode ser um adicional

◢ A partida levou 7 horas.

PLAY ON
PLAY UPON

💬 *upon é mais formal e menos usado do que on.*

▶ (1) Playing on the words "staff" and "stuff" is a well-known pun.

▶ (2) She is such a good actress: why doesn't she act on stage? Why just play [on] musical instruments?

(1) Jogar, brincar com
(2) Tocar instrumentos ou representar em locais

◢ (1) Jogar com as palavras "staff" (pessoal) e "stuff" (coisa) é fazer um trocadilho bem conhecido.

◢ (2) Ela é tão boa atriz: por quê ela não representa no palco? Por quê apenas tocar instrumentos musicais?

Play out

➤ v.+ adv.

▶ (1) Let's play out. Some physycal activity will do us good.

▶ (2) With these sudden rain showers I wonder if they will play out the match.

(1) Brincar, jogar ao ar livre (= play outdoors, outside) (2) Terminar jogo, acabar atividade, chegar a um final (out = sentido de acabar, fim)
(3) Dar expressão a sentimento, por ex. fazendo representação física (out = sentido de expressar-se, pôr para fora)

👁 Act out

◢ (1) Vamos brincar lá fora. Um pouco de atividade física vai nos fazer bem.

◢ (2) Com essas chuvaradas repentinas, sera que eles vão terminar a partida?

Play to the gallery

Comportar-se de forma exibicionista para agradar, ganhar votos ou favores; fazer "apelação", "jogar para a galera"

Play up
⇆ = act up

▼ Through the weekend, Jason was grounded for playing up in class and at home.

(1) Causar problemas, "aprontar"

◢ Por todo o fim de semana, Jason ficou de castigo por ter aprontado na aula e em casa.

Play up
⇆ play down

▼ "If you want your son to be admitted into that school, do not play up his misbehaving. Much to the contrary, play it down!"

▼ Would you follow the above advice?

(2) Enfatizar ou aumentar algo, algum produto ou acontecimento, para dar-lhe maior importância, chamar a atenção

◢ "Se você quer que seu filho seja admitido naquela escola, não enfatize o seu mau comportamento. Muito pelo contrário, minimize-o!"

◢ Você seguiria o conselho acima?

Play up to
▼ There he is: the apple polisher, not to say the worst! Playing up to the teacher again.

Fazer agrados para conseguir algo

◢ Lá está ele: o puxa-saco, para não dizer o pior Agradando o professor novamente.

PLEASED ABOUT, AT, WITH
▼ We hope you are pleased with the quality of our services.

Estar, ficar satisfeito com, sobre

◢ Esperamos que estejam satisfeitos com a qualidade dos nossos serviços.

Plug in
➤ v.
👁 Nota (s. plug)

▼ Plug it in!

▼ Can you see a wall socket where I can plug it in?

Ligar na tomada, plugar

◢ Ligue na tomada!

◢ Você consegue ver algum soquete onde eu possa plugar isso?

> **Nota:** Como substantivo, o "plug" é a tomada macho e o "wall socket" é a tomada fêmea, ou soquete. No Brasil, usa-se com muita freqüência apenas a palavra "tomada" para ambos, seja macho ou fêmea.

POINT AT
⇆ In the direction of

▼ How many times do I have to tell you not to point at others?

Apontar para (uma pessoa)

◢ Quantas vezes tenho que dizer-lhe para não apontar os outros?

Point out [to]
▼ I pointed out to him that it was an ugly thing to do.

Indicar, fazer notar

◢ Eu mostrei a ele que aquilo era uma coisa feia de se fazer

POINT TO
> v., s.

▼ (1) Look, the sign points to the left, so we will have to go back. I see a U-Turn ahead.

▼ (2) There is a point to a chess game and that point is to win.

(1) Apontar para (placas, flechas, sinalização, que apontam para certa direção) (2) Finalidade, objetivo, significado em relação a algo

◢ (1) Olhe, a placa aponta para a esquerda, então teremos que voltar. Vejo um retorno lá na frente.

◢ (2) Há um objetivo no jogo de xadrez, que é vencê-lo.

POLICY FOR, ON
> s.

▼ The CIA is revising its security policy for recruiting translators.

Política para, a respeito de, sobre

◢ A CIA está revendo a sua política de segurança para o recrutamento de tradutores.

POLITE TO
> adj.

▼ It's important that he be polite to his elders.

Educado [para] com

◢ É importante que ele seja educado para com os mais velhos.

POOR AT
> adj.

▼ Being poor at making the most of your qualities, you can end up in a bad position.

Ser fraco, ruim, ineficiente a, em

◢ Sendo ineficiente em obter o máximo de suas qualidades, você pode acabar se prejudicando.

POWER OVER
> s.

▼ Leaders are those who have power over others, by going before them to show the way, influencing or inducing.

Poder sobre algo ou alguém

◢ Líderes são aqueles que tem poder sobre outros, indo à frente deles para mostrar o caminho, influenciando ou induzindo.

PRAY TO, FOR

▼ Pray to Our Lady of Aparecida for things to come out right.

Rezar para

◢ Reze para Nossa Senhora Aparecida para que as coisas dêem certo.

PRECLUDE FROM

💬 *Formal*
⇉ keep from
▶ The windy storm precluded the team from scoring any goals.

Impedir de

◢ A tempestade com ventania impediu o time de marcar qualquer gol.

PREFER OVER, TO

▶ I prefer watching a good movie at the cinema over watching it on TV.

Preferir um mais do que a outro
⇆ preferir a
◢ Eu prefiro assistir a um bom filme no cinema a assisti-lo na TV.

PREFERABLE TO

💬 *Também com OVER: mas é bem menos usado*
▶ Doing one's best is always preferable to acting with mediocrity.

Preferível a

◢ Fazer o melhor que se pode é sempre preferível a agir com mediocridade.

PREGNANT WITH, BY

▶ When I was pregnant with my first baby, I got sick very often.
▶ One year later, I became pregnant again, by the same husband.

Grávida de, com nenê;
Grávida de, pelo autor

◢ Quando eu estava grávida do meu primeiro nenê, tive muito enjôo.
◢ Um ano depois, fiquei grávida novamente do mesmo marido.

PREOCCUPIED WITH

▶ Preoccupied with the forthcoming exams, I did not see the big bump on the road... That is how I got this bump on my forehead.

Absorto com; A mente está preocupada, tomada por outros assuntos

◢ Absorto com os exames que se aproximavam, não vi a lombada alta... Foi assim que ganhei este galo na testa.

PREPARE FOR

▶ "Cursinhos" are prep courses for the college entrance exams, that is, to be prepared for them.

Preparar-se para algo

◢ "Cursinhos" são cursos preparatórios para vestibulares, isto é, para ficar preparado para eles.

PREPARE TO + v.

▶ I am getting prepared to take admission exams.

Preparar-se para + v.

◢ Estou me preparando para prestar exames de admissão

PRESCRIBE BY, FOR

▶ Which are the most prescribed medications by doctors (for their patients).

Receitar para

◢ Quais são os remédios mais receitados pelos médicos para os seus pacientes?

PRESIDE AT

▶ As a CEO, Mr. Goldman presides at meetings in the morning but in the afternoons he presides over an NGO.

Presidir um acontecimento

◢ Como executivo principal, o Sr. Goldman preside reuniões pela manhã, mas à tarde cuida de uma ONG.

PRESIDE OVER

Cuidar de, ser o responsável

PREVENT FROM

▶ "I hang water-filled plastic bags to prevent flies from getting into the place," said the roadside restaurant owner.

Evitar -x-, evitar que

◢ "Penduro sacos plásticos com água para evitar que as moscas entrem no local", disse o dono do restaurante de beira de estrada.

PRICE AT, ON

▶ The limo rental was priced at US$ 100 per hour, at a big discount. Their best price on it was US$ 700 for 24 hours. The bargain was thanks to Zé Mineiro, the driver, who is the godfather to our children.

Fixar o preço em determinado valor sobre algo

◢ O aluguel da limusine foi fixado em US$ 100/hora, com um grande desconto. O melhor preço possível para esse carro era de US$ 700 para 24 horas. A pechincha foi graças ao Zé Mineiro, o motorista, que é padrinho dos nossos filhos.

Price out

▶ The measures taken by the Finance Ministry mean pricing the country out...!

Excluir pelo preço

◢ Tal medida significa deixar o país de fora devido ao preço!

PRIDE [ONESELF] ON

▶ Zé prided himself on being friendly towards his fellow countrymen.

Orgulhar-se de

◢ O Zé se orgulhava de ser amistoso para com os seus patrícios.

Print out

▶ (1) Could you print a copy out for me?

▶ (2) Print out your names.(= use block letters)

(1) Imprimir (2) Escrever algo com letras de forma

◢ (1) Você poderia imprimir uma cópia para mim?

◢ (2) Escrevam seus nomes em letra de forma.

PRIOR TO

▼ Prior to important matches, the players pray to their patron saints or say the Our Father or the Hail Mary after crossing themselves.

Antes de

◢ Antes de jogos importantes, os jogadores rezam para seus santos padroeiros, ou rezam o Pai Nosso ou a Ave Maria depois de fazerem o sinal da cruz.

PRIVY TO

▼ The spy was privy to classified information.

Estar ciente de, ter conhecimento de

◢ O espião tinha conhecimento de informações confidenciais.

(1) PROCEED TO
(2) PROCEED TO + v.

▼ (1) First of all, go through customs, before proceeding to the baggage claim.

▼ (2) He proceeded to copy all the documents.

(1) Seguir para, ir fazer algo
(2) Pôr-se a fazer algo

◢ (1) Primeiramente, passe pela alfândega, antes de seguir para retirar as malas.

◢ (2) Ele seguiu adiante e copiou todos os documentos.

PROCEED WITH

▼ Proceed with your treatment, I beg you.

Seguir com, prosseguir fazendo

◢ Siga com o seu tratamento, eu lhe imploro.

PROCEEDS FROM, OF

➤ s.
▼ The proceeds from the charity drive have been registered in a book.

Os ganhos advindos de, resultantes de

◢ Os ganhos resultantes da campanha de caridade foram registrados em um livro.

(1) PROFICIENT AT + *VERB*
(2) PROFICIENT IN + *FIELD*

▼ (1) Few are really proficient at communicating orally.

▼ (2) It takes many years for a non-native person to become proficient in any foreign language.

Proficiente em

◢ (1) Poucos são realmente proficientes em comunicar-se oralmente.

◢ (2) Leva muitos anos para uma pessoa não-nativa tornar-se proficiente em qualquer língua estrangeira.

PROFIT FROM, BY

▼ They profited from selling the house.
(= They made a lot of money by selling the house.)

Lucrar por, através de, com

◢ Eles lucraram com a venda da casa.
(= Eles ganharam muito dinheiro vendendo a casa.)

PROFIT OF, ON
Lucro de, com algo, sobre algo
- The profit from the sale was high.
  - O lucro da venda foi alto.
- I mean, they made a profit of over 100 grand on the house.
  - Quero dizer que tiveram lucro de mais de 100 mil na [venda da] casa.

PROFIT TO
Lucro para alguém
> s.
- The profit to the sellers was good, i.e. they sold it at a profit.
  - O lucro para quem vendeu foi bom, isto é, eles a venderam com lucro.

PROHIBIT FROM
Proibir de
- The company was prohibited from advertising in the media.
  - A empresa foi proibida de anunciar na mídia.

PROOF OF
Prova de
> s.
- Where can I get proof of debt clearance?
  - Onde posso conseguir uma certidão negativa de débitos?

PROPOSE TO
(1) Propor casamento, pedir em casamento, declarar-se a (2) Propor [algo] a
- After his daughter, well into her 30's, was proposed to, the happy father proposed a toast to the occasion.
  - Depois que sua filha, bem entrada nos trinta, foi pedida em casamento, o feliz pai propôs um brinde à ocasião.

PROSPECT FOR
Procura de, por; Prospecção de, por
> s.
💬 bus
- There are losses from investments in the subsidiary and from expenses incurred from prospecting for new businesses
  - Há perdas advindas de investimentos na subsidiária e por despesas decorrentes da prospecção de novos negócios.

PROTECT FROM, AGAINST
Proteger de, contra
- Netted houses, common in Florida, are made to protect the dwellers from mosquitoes and bugs in general.
  - As casas cobertas por rede, comuns na Flórida, são feitas para proteger os seus habitantes dos pernilongos e insetos em geral.

PROTECTIVE OF
➤ **adj.**
⇆ take good care of

▼ One must be protective of the place they live in.

◢ Ser cioso de, cuidar bem de, zelar por

◢ Deve-se zelar pelo local onde se mora.

PROVIDE TO, FOR

▼ Providing funds to the NGOs, for the needy.

Prover para, suprir para

◢ Prover fundos para as ONGs, para os necessitados.

PROVIDE WITH

▼ The poor homeless people were provided with plastic tents.

Prover de, suprir com

◢ Os pobres sem-teto foram supridos com tendas de plástico.

PROVIDED
➤ **Conj.**
⇆ providing

Desde que, contanto que

⇆ as long as, as far as, on the condition that

Pull down

▼ (1) The old block where I was raised will be pulled down to make room for the new avenue.

▼ (2) His site was pulled down by hackers.

(1) Demolir, pôr abaixo
(2) Retirar do ar um site ou página da Internet

◢ (1) O velho quarteirão onde nasci será demolido para dar espaço à nova avenida.

◢ (2) O site dele foi retirado do ar por hackers.

PULLED BY

▼ When he was almost drowning the boy was pulled out by his hair, which, fortunately, was long and thick.

Puxado pelo

◢ Quando estava quase a ponto de se afogar, o menino foi puxado para fora pelos cabelos que, felizmente, eram longos e abundantes.

Pull off

▼ I wanted that so badly, but however hard I tried, I could not pull it off.

Conseguir, ter sucesso, obter algo difícil

◢ Eu queria tanto aquilo, mas por mais que tentasse, não tinha sucesso.

P

Pull a fast one on **Pull a trick on** ⇆ Put a trick on (U.S.) **Pull one over on(UK)**	"Aprontar" para cima de alguém, fazer brincadeiras de mau gosto, "armar" contra alguém
▶ I was so naive when I had just arrived from my one-horse town that the guys pulled a fast one on me all the time.	◢ Eu era tão ingênuo quando tinha acabado de chegar da cidadezinha onde nasci, que os caras aprontavam para cima de mim o tempo todo.
▶ I think they thought: "Hey, let's pull a fast one on the hick!"	◢ Acho que pensavam: "Ei, vamos fazer uma brincadeira com o caipira!".
▶ Yessir.... they got a kick out of pulling tricks on me...	◢ É, moço... eles se divertiam armando peças contra mim.
Pull out	**(1) Arrancar, remover, retirar(-se), extrair** **(2) Sair; sair do acostamento, ir para o meio da estrada; começar a mover-se (trem)**
▶ (1) I had my wisdom tooth pulled out yesterday.	◢ (1) Fui arrancar o dente do siso ontem.
▶ (2) I took a nap in the car. It's time to pull out.	◢ (2) Tirei uma soneca no carro. É hora de ir para a estrada.
Pull over [to]	**Ir para o acostamento, "encostar"**
▶ "Pull over to the shoulder and sleep for a while," said the tired driver's wife.	◢ "Encoste no acostamento e durma um pouco", disse a esposa do motorista cansado.
▶ "PULL YOUR CAR OVER!" – yelled the policeman.	◢ "ENCOSTE O CARRO!" – gritou o policial.
Punch in, clock in	**Bater o ponto, marcar o ponto, bater o relógio de ponto para entrar**
⇆ punch out, clock out ▶ At 7 AM, the laborers line up to punch in.	⇆ marcar o ponto da saída ◢ As 7 da manhã, os trabalhadores fazem fila para marcar o ponto.
PURSUANT TO ⇆ according to, in accordance with	Conforme, de conformidade com, de acordo com
Puss in Boots	O Gato de Botas.

P

Put away

⇆ pack away, tidy away

🕮 *Put, put, put; putting*

▼ What a mess... put your things away, Monica.

▼ Why don't you put your worries away? They are useless.

Arrumar as coisas, guardar no lugar certo, como prateleiras ou caixas, sacolas. Também: abandonar, pôr de lado, economizar, internar, sacrificar animais

◢ Que bagunça... Guarde suas coisas no lugar, Mônica.

◢ Por quê você não põe de lado as preocupações? Elas são inúteis.

Put back

Recolocar, devolver de onde tirou, pôr de volta; afastar, mover para trás, por ex. a cadeira, atrasar o relógio

Put by

⇆ lay aside

▼ I have some money put by. So, stop worrying about tomorrow

Pôr de lado, guardar para quando precisar, "deixar pra lá"

◢ Eu tenho algum dinheiro reservado, então pare de se preocupar com o futuro.

Put in for

▼ What a nerve! Putting in for a salary raise...

Oferecer-se para ser beneficiário de algo; solicitar candidatando-se a

◢ Que ousadia! Candidatando-se a um aumento de salário.

Put in a good word for

▼ Moreover, she herself has put a good word in on her behalf.

Elogiar, recomendar alguém com palavras elogiosas

◢ Mais do que isso, ela própria se recomendou.

Put into law

▼ The idea has never been put into law.

Transformar em lei

◢ A ideia nunca foi transformada em lei.

Put off

(1) Adiar, postergar
(2) Desligar (= turn off/out, switch off/out)
(3) Fazer perder o interesse ou fazer desgostar de algo, desencorajar, desanimar (se)

▼ (1) Put off the report for now, we have more important things to attend to.

▲ (1) Deixe o relatório de lado por ora, temos coisas mais importantes para cuidar.

▼ (2) We'd better put the computers off. A hell of a heavy storm is coming.

▲ (2) É melhor a gente desligar os computadores. Está vindo uma tempestade daquelas.

▼ (3) I refuse to be put off by this weather!

▲ (3) Recuso-me a ficar desanimada com esse tempo!

Put on

(1) Ligar, acender a luz (2) Vestir, calçar

▼ Put on the light before putting your blouse on. Don't you wear it inside out.

▲ Acenda a luz antes de vestir sua blusa. Não vá vesti-la do avesso.

Put on a brave face

Fingir firmeza ou bravura

Put on airs

Dar-se ares de grandeza, de superioridade

▼ Why are they putting on airs?

▲ Por que eles estão com esse ar de superioridade?

Put on the act

Representar, fingir, fazer a cena

▼ They are just putting on the act.

▲ Eles só estão fazendo cena.

Put on weight

Ganhar peso, engordar

▼ Yeast is excellent for your health, but at the same time it makes you put on weight.

▲ Lêvedo de cerveja é excelente para a saúde, mas ao mesmo tempo, faz ganhar peso.

Put out

(1) Estar caído, apagado (UK)
(2) Apagar a luz, fogo (3) Causar, sujeitar alguém a inconveniências

▼ (1) What now, José? The party is over, everybody is gone, and you look absolutely put out.

▲ (1) E agora, José? A festa acabou, todo mundo se foi, e você parece completamente apagado.

▼ (2) Quick, someone put out the fire!

▲ (2) Rápido, alguém apague o fogo.

▼ (3) I would be grateful if you could help me with this project, but I don't want to put you out.

▲ (3) Eu ficaria grato se você pudesse me ajudar com esse projeto, mas não quero causar-lhe inconveniência.

Put out

🗨 *Pop., gíria*

▶ There is a great deal of pressure in high school for girls to put out, whether or not they are emotionally or physically ready. Caring parents should know that.

Fazer sexo, "dar"

◢ Existe muita pressão no colégio para que as garotas façam sexo, estejam elas preparadas ou não, emocional ou fisicamente. Os pais que se importam deveriam saber disso.

Put through (to)

(1) Passar a ligação para, conectar a
(2) Completar processo, trabalho, esforço; terminar, levar a cabo

▶ (1) Hold on, I'll put you through, had said the operator before putting me through to a wrong extension. That was a long time ago.

◢ (1) Não desligue, vou passar sua ligação, tinha dito a telefonista antes de me conectar a um ramal errado. Isso foi há um longo tempo.

▶ (2) I had work to put through that very day.

◢ (2) Eu tinha um trabalho a terminar naquele mesmo dia.

Put to
(1) Put to death, put to sleep
(2) Put to rest
(3) Put to use
(4) Put to bed

(1) Ser condenado à morte, ser sacrificado
(2) Deixar de lado
(3) Usar, servir a usos
(4) Pôr na cama, pôr para dormir

▶ (1) Our beloved dog had t be put to sleep and we cried for a week.

◢ (1) Nosso querido cachorro teve que ser sacrificado e nós choramos por uma semana.

▶ (2) Steve's idea was put to rest.

◢ (2) A ideia do Steve foi deixada de lado.

▶ (3) Rice can be put to many uses.

◢ (3) Pode-se usar o arroz de muitas formas.

▶ (4) Put the baby to bed, please.

◢ (4) Ponha o nenê para dormir, por favor.

Put someone to shame

Fazer os outros sentirem vergonha; ser superior a

▶ Jerry Lee Lewis puts new musicians to shame.

◢ Jerry Lee Lewis põe músicos novatos no chinelo.

PUT TO

Pôr algo em, afixar a, como selos colocados sobre documentos

▶ Put the official seal to the document. (=on)

◢ Coloque o selo oficial no documento.

P

Put someone up	**Acomodar alguém, hospedar**
I can put you up if the hotels are full.	Eu posso hospedá-lo se os hotéis estiverem cheios.
Put someone through something	**Fazer alguém passar por algo desagradável**
I was unjustly put through a horrible interrogation!	Me fizeram passar injustamente por um interrogatório horrível!
Putter around	**Ficar dando voltas, à toa, matar o tempo zanzando**
I was arrested, taken to the police station just because I was puttering around in the square.	Fui preso, levado para a delegacia, só porque eu estava matando o tempo na praça.
Put up a good fight	**Resistir bem, enfrentar**
But I did put up a good fight.	Mas eu resisti bravamente.
Put up a good show	**Desempenhar bem, saber como agir, com humor, com carisma; dar um show**
Also, I can put up a good show, if necessary.	Também sou capaz de "dar um show" se necessário.
Put up for adoption	**Entregar para adoção**
How many babies are put up for adoption in a year?	Quantos bebês são entregues para adoção em um ano?
Put up with	**Suportar, aguentar, tolerar**
Robinson Crusoe never had to put up with criticism.	Robinson Crusoé nunca teve que aguentar críticas.

QUALIFY IN, FOR
Ⓡ What is she qualified in?

Qualificar-se em, Habilitar-se em
◢ No que ela é qualificada/habilitada?

QUARREL ABOUT, OVER
Ⓡ Shame on you, folks… quarrelling over such a silly thing.

Brigar por causa de
◢ Que vergonha, gente… brigando por causa de tamanha bobagem.

RAISE ON

▼ We were raised on cooked food.

Criar com, crescer à base de

◢ Fomos criados com comida caseira.

Raise a toast to

Erguer um brinde à

Ramble on

Matraquear, falar muito, sem dizer coisa com coisa

▼ My wife can ramble on for hours and not even notice if I doze off.

◢ Minha mulher é capaz de falar por horas a fio e nem notar se eu cair no sono.

RANGE FROM… TO…

▼ Prices for fancy dresses in that store range from a minimum of 200 to a filthy maximum of 10 thousand dollars.

Vai de… a…

◢ Os preços para vestidos bacanas naquela loja vão de um mínimo de 200 a um máximo indecente de 10 mil dólares.

RANK -x-
(high, low)

▼ That chain ranks high in people's opinion.

Classificar-se em
(alto ou baixo nível)

◢ Aquela cadeia goza de um bom conceito na opinião das pessoas.

Rattle off

Disparar falando, que nem uma metralhadora

▼ Granny lives a solitary life at the elderly home and rattles off when her grandchildren visit with her.

◢ A vovó leva uma vida solitária no lar de idosos e dispara a falar quando os netos a visitam.

REACH FOR

⇆ reach out for

▼ Could you reach for a pen?

Estender as mãos para; Buscar alcançar

◢ Você pode estender a mão e alcançar uma caneta?

Reach for the sky

⇆ (1) Reach for the stars; Aim for the stars
⇆ (2) "Hands up"

Mirar alto, buscar

⇆ (1) Mire alto; Busque alcançar as estrelas
⇆ (2) "Mãos ao alto"

R

Reach out to	Essa expressão tem dois significados opostos: (1) procurar ajuda, estender as mãos buscando socorro (2) oferecer ajuda, estender a mão a alguém. Veja na letra de Ralph Carmichael cantada por Elvis Presley: "Reach out to Jesus, He is reaching out to you" e segue: "Jesus will help you, just talk to him today"
READ FOR (someone) *Read, read, read; reading* ▶ Frankie used to read for an old blind man. ▶ I have a 200-page book to read for the Portuguese class.	Ler para quem não consegue; ler no lugar de outros; para proveito ou benefício de; Ler para alguém ou para alguma finalidade 👁 Nota sobre diferença entre Read TO e Read FOR ◢ Frankie lia para um velho homem cego. ◢ Tenho um livro de 200 páginas para ler para a aula de português.
READ ON ▶ Why take sleeping pills? Open some boring book and read on until you fall asleep.	**Continuar lendo** ◢ Por que tomar pílulas para dormir? Abra algum livro chato e vá lendo até pegar no sono.
Read over ▶ I recommend this book; you should read it over and tell me what you think.	**Ler algo com cuidado, inteiramente, observando minúcias** ◢ Eu recomendo este livro; você devia lê-lo com atenção e dizer-me o que acha.
Read out loud	Ler alto, para outros ouvirem bem
READ TO ▶ Daniel, read to the class, please. ▶ The kids are asking to be read to.	**Ler para** ◢ Daniel, leia para a classe, por favor. ◢ As crianças estão pedindo para que leiam para elas.

> **Nota:** Read TO ou Read FOR? (1) A regência com TO indica a forma mais regular, quando se lê para outros ouvirem, e o uso com FOR quando se lê no lugar de outra pessoa, por ela. (2) Não confundir com as expressões "for pleasure = por prazer", ou "for themselves = por sí mesmos"). Os trechos abaixo foram extraídos do site da Public Library of Charlotte:

R

- Research shows that children who are read to or read for pleasure a total of three or more hours per week perform better in school. (Pesquisas mostram que crianças para quem se lê, ou que lêem por prazer um total de três ou mais horas semanais, têm melhor desempenho na escola).

- Early elementary school students should be read to or read for themselves. (Deve-se ler para estudantes da primeira fase do nível fundamental, ou eles próprios devem fazer isso).

READY FOR (something) **READY TO** + *infinitivo*	**Pronto para**
▼ are you ready for the show? Or, at least, are you ready to go now?	◢ Você está pronta para o show? Ou pelo menos está pronta para ir agora?
RECEIPT FOR, OF ➤ s. ▼ Do you have a receipt or voucher for the registered mail you sent?	**Recibo de, por** ◢ Você tem um recibo ou comprovante pela correspondência registrada que enviou?
RECEIVE FOR ▼ Do the newlyweds have to receive everybody for dinner or lunch at their home?	**Receber para, receber em** ◢ Os recém-casados têm que receber todos para jantar ou almoçar em sua casa?
RECORD ON ▼ Record it on a disc, not in books.	**Gravar em, sobre algum material** ◢ Grave em disco, não em livros.
RECORD TO ▼ Record the cost to expenses.	**Lançar, dar entrada como, em** ◢ Lance o custo em/como gastos.
RECOMMEND FOR ▼ Whom do you recommend that she call for this job?	**Recomendar para fazer algo** ◢ Quem vocês recomendam que ela chame para este trabalho?
RECOMMEND TO ▼ I can recommend a headhunter to her.	**Recomendar para alguém** ◢ Posso recomendar um caçador de talentos para ela.

R

RECOVER FROM	**Recuperar-se de**
⇆ recuperate from	
▼ Completely recovered from my illness, here I am, alive and kicking, fit as a fiddle, ready to work at full speed.	◢ Completamente recuperada da minha doença, aqui estou, viva e à toda, tinindo de saúde, pronta para trabalhar a 100 por hora.
RECUPERATE FROM	**Recuperar-se de**
⇆ recover from, get over	
▼ She says she'll soon recuperate from the shock of having been cut off from the team.	◢ Ela diz que logo se recuperará do choque de ter sido cortada do time.
REDUCTION BY, IN, OF, ON, FROM... TO	**Redução da ordem de, em, de, sobre, de... a...**
▼ A reduction by 5% in the interest rate was expected. There was a sensible reduction in the price of goods. At the same time we had a reduction on the degree of consumption as well as a reduction on the newspaper subscription rates.	◢ Esperava-se uma redução da ordem de 5% na taxa de juros. Houve uma sensível redução no grau de consumo, assim como uma redução no/sobre os índices de assinaturas de jornal.
REEK OF, WITH	**Feder a, com.**
	👁 Step into
REFER TO	**Entre outros:**
	(1) Encaminhar a
	(2) Indicar para obtenção de informações
▼ The secretary referred the trainee to me for legal information and I referred him to the civil code.	◢ A secretária encaminhou o estagiário a mim, para dar-lhe informações jurídicas, e eu lhe indiquei o Código Civil.
REFERENCE FOR	**Referência de, em, para**
▼ Some brands are reference for attractiveness.	◢ Algumas marcas são referência de atratividade.

REFERENCE ON, FROM

▼ We demand good references on the new employees from the previous employers.

▼ The student asked the professor to write a reference letter for him.

Referência sobre algo ou alguém, vindo de alguém

◢ Exigimos boas referências sobre os novos empregados, dos empregadores anteriores.

◢ O estudante pediu ao professor para escrever uma carta de referência para ele.

REFERENCE TO

▼ That book is a practical reference to Idiomatic Expressions and Phrasal Verbs.

Referência a respeito de, em, para, em relação a

◢ Aquele livro serve de consulta prática às expressões idiomáticas e verbos frasais.

REFINE INTO

▼ Many a raw material, like crude oil, is processed and refined into different, useful products.

Refinar para transformar em

◢ Muitas matérias primas, como o petróleo cru, são processadas e refinadas, transformando-se em diversos produtos úteis.

REFINE -x-, ON, UPON

▼ We have to refine on the process because it is still flawed.

Refinar, melhorar algo (trabalhos, métodos)

◢ Temos de melhorar o processo, porque ele ainda tem falhas.

REFLECTION, REFLECTED IN, ON

▼ (1) Reflection/reflected in the mirror, in the window, in the marble, in the eyes, in a lake; *(fig.)* in price (= repercussions in price).

▼ (2) Reflection/reflected ON a screen, on a glass door, on the water.

Reflexos sobre, em

◢ (1) Reflexo/refletido no espelho, na janela, nos olhos, num lago; *(fig.)* no preço (= repercussões no preço).

◢ (2) Reflexo/refletido na tela, numa porta de vidro, na água (= na superfície).

> **Nota:** O uso com IN implica que o reflexo forma-se no interior do material, há um processo, e a imagem refletida na superfície é o que se vê. Já ON é usado para descrever o reflexo sobre o material, por exemplo sobre algo lustroso ou por efeito do sol.

REFRAIN FROM

▼ I'd better refrain from eating food seasoned with garlic or raw onion, because I'll have a job interview tomorrow morning.

Evitar, refrear, abster-se de

◢ Seria melhor eu evitar comidas temperadas com alho ou cebola crua, porque vou ter uma entrevista de emprego amanhã de manhã.

REGARDING

➤ **Prep.**
⇆ concerning, with regard to, relating to
▸ Regarding your interview for this morning, I am sorry to inform you that it has been put off.

A respeito de, relativamente a
⇆ sobre, para; concernente a, com respeito a, com relação a
▸ A respeito da sua entrevista para esta manhã, sinto comunicar-lhe que ela foi postergada.

REGARDLESS OF

▸ Regardless of the cold weather, they went to the beach.

Apesar de, não obstante
▸ Apesar do tempo frio, eles foram para a praia.

REGRET -x-

▸ I regret not going to that event.

Arrepender-se de, sentir, lamentar
▸ Arrependo-me de não ter ido àquele evento.

REJECTION OF, TO

➤ **n.**
▸ Ireland's rejection of the European Union's plan for reform will reverberate around the EU and beyond for many years.

Rejeição a
▸ A rejeição da Irlanda ao plano de reformas da União Européia irá por muitos anos reverberar por toda a U.E., assim como por outros países.

REJOICE AT, IN, OVER

▸ We all rejoiced at the news that Provisional Measure 232 had been rejected.

Rejubilar-se por, devido a
▸ Todos nós nos rejubilamos face à notícia de que a Medida Provisória 232 havia sido rejeitada.

RELATE TO

▸ Patrick Swayze knew how to relate to girls.

Relacionar-se com
▸ Patrick Swayze sabia como relacionar-se com garotas.

RELATED TO

▸ Eggplants seem to be related to cucumbers.

Relacionado a, ter parentesco com, ser parente de, ou aparentado com
▸ Berinjelas parecem ser parentes dos pepinos.

RELATING TO

▸ Relating to the closeness between eggplants and cucumbers, researchers say that they belong to the same family.

Relativamente a, com relação a
▸ Com relação à proximidade entre berinjelas e pepinos, , os pesquisadores dizem que pertencem à mesma família.

RELAX TO
Relax by the pool to some soothing music.

Relaxar sob a influência de, por ex. ao som de
Relaxe na beira da piscina ouvindo alguma música suave.

RELEVANT TO
Sound knowledge in the use of the computer as well as the Internet is relevant to advanced students of any field.

Relevante, importante para
Um bom conhecimento no uso do computador, assim como da Internet, é relevante para estudantes de nível avançado em qualquer área.

RELY ON, UPON
I rely on you to wake me up.
Don't rely upon me for that, please.

Confiar em
Confio em você para me acordar.
Não confie em mim para isso, por favor.

REMIND ABOUT
Please remind me about my social obligations.

Lembrar outra pessoa sobre algo
Por favor, lembre-me sobre as minhas obrigações sociais.

REMIND (someone) OF
She reminds me of my mother, who used to remind me to do things.

Lembrar (alguém) de algo; Fazer (alguém) lembrar-se de algo
Ela me faz lembrar a minha mãe, que costumava me lembrar para fazer as coisas.

REMOVE FROM
We have to remove all the furniture from the classroom to make room for election day.

Remover de, retirar de
Temos que remover todos os móveis da sala de aula para abrir espaço para o dia da eleição.

RENOUNCE -x-
When Naruto moved to Bahia he renounced a highly technological environment for sunny beaches.

Renunciar a, desistir de (formal)
Quando Naruto mudou para a Bahia, ele renunciou a um ambiente altamente tecnológico por praias ensolaradas.

RENOVATION TO
Ritchie wants a renovation to the house but his wife resists it.

Reforma em
O Ritchie quer uma reforma na casa mas a mulher dele se opõe.

R

RENT AT, FOR
▶ I wanted to rent my flat for US$ 2,000 per month, but could only rent it at half that amount.

Alugar por (valor)
◢ Eu queria alugar meu flat por US$ 2.000 por mês, mas só consegui alugá-lo por metade desse valor.

Rent out
▶ I'm renting out the house I own to a nice family.

Alugar
◢ Estou alugando a casa de minha propriedade para uma família simpática.

REPAIRS TO
▶ <u>Repairs to</u> home appliances.

Consertos em, de
◢ Consertos de aparelhos domésticos.

REPELLED BY
▶ I am repelled by wearing designer labels on my clothes.

Sentir aversão em, por, rejeitar
◢ Sinto aversão por exibir nomes de marcas nas minhas roupas.

REPELLENT TO
⇄ Repellant To
▶ That hair product emits toxic fumes that are repellent to many people.

Repelente a
◢ Aquele produto para cabelo emite vapores tóxicos que muitas pessoas acham repelente.

REPENT -x-
⇄ regret
▶ I had my hair cut too short, on purpose, and now I repent it. (= regret)

Sentir, lamentar, arrepender-se de
◢ Mandei cortar o cabelo curto demais, de propósito, e agora me arrependo disso.

Nota: o verbo "to repent" é mais formal do que "to regret", e é usado geralmente com sentido religioso.

REPENT -x-, OF, FOR
▶ She never repented (for)doing what she did.
▶ Eventually, she repented of her sins. (= for her sins)

Arrepender-se de (por ex. pecados)
◢ Ela nunca se arrependeu de fazer o que fez.
◢ No final, ela arrependeu-se dos seus pecados.

REPLACE BY, WITH
▶ The old player was replaced by a rookie.
▶ We must replace the old software with the new one.

Substituir por
◢ O velho jogador foi substituído por um novato.
◢ É preciso substituir os programas velhos pelos novos.

294

R

REPLACEMENT FOR	**Substituição a, substituto para troca de**
▶ s.	◢ Precisamos de um substituto para este computador danificado.
▶ We need a replacement for this damaged computer.	
REQUIRED OF, FROM	**Exigido, requerido de alguém ou de alguma instituição (na voz passiva)**
▶ Taking tests and exams is required of all students.	◢ Exige-se que todos os estudantes prestem testes e exames.
▶ Original identification documents are required from everybody.	◢ Documentos originais de identificação são exigidos de todos.
RESEMBLE -x-	**Parecer-se com**
▶ He resembles my father.	◢ Ele se parece com o meu pai.
RESERVE FOR, TO	**Reservar para**
▶ We have a table reserved for us. (= We have a table To ourselves.)	◢ Temos uma mesa reservada para nós. (= Temos uma mesa somente para nós.)
RESIGN -x-, FROM	**Renunciar, renunciar a, demitir-se de, retirar-se de**
▶ I heard of somebody who resigned a public servant's job.	◢ Eu ouvi falar de alguém que demitiu-se do funcionalismo.
▶ In ancient China, a clever politician resigned from public office to have time to enjoy his garden.	◢ Na China antiga, um político inteligente demitiu-se de cargo público para ter tempo de desfrutar o seu jardim.
RESIGN TO	**Resignar-se a, conformar-se com**
▶ What can you do but resign to your fate?	◢ O que você pode fazer fora resignar-se ao seu destino?
RESIST -x-	**Resistir a**
▶ He bravely resisted his wives' pleas not to do that.	◢ Ele resistiu bravamente aos rogos e apelos das suas esposas para não fazer isso.
Resolved to one's satisfaction	**Resolvido ao contento de alguém**
▶ If the problem is not resolved to your satisfaction, you will have your money back in 7 days.	◢ Se o problema não for resolvido a seu contento, você terá seu dinheiro de volta em 7 dias.

R

RESORT TO
▼ Crooks easily resort to lies in their attempt to get away with their wrongdoings.

Recorrer a, fazer uso de
◢ Os trapaceiros recorrem facilmente a mentiras para se safarem com suas vigarices.

RESPECT FOR
▼ If they show respect for us, we can live in peace.

Respeito por
◢ Se eles mostrarem respeito por nós, poderemos viver em paz.

RESPONSIBLE FOR
▼ The secretary felt she was responsible for her boss's life, even out of the office.

Responsável por
◢ A secretária sentia-se responsável pela vida do seu chefe mesmo fora do escritório.

RESPONSIBLE TO
▼ You are responsible to the people in your life but not responsible for their lives.

▼ The company will not be responsible to third parties for the use they make of their products.

Responsável face, perante; ter responsabilidade em relação a
◢ Você é responsável face às pessoas em sua vida, mas não responsável pelas suas vidas.

◢ A empresa não será responsável perante terceiros pelo uso que fazem dos seus produtos.

Nota: Com relação à diferença entre "Responsible For VS. Responsible To", existe um ótimo artigo na internet: Be responsible to, but not for – You can be responsible to other, but not for them, de Rachelle Disbennett-Lee, PhD.

RESTRICTION ON
▼ There is no restriction on sugar.

Limite, restrição sobre
◢ Não há restrições ao açúcar.

RETURN ON
▼ In business ROI stands for Return On Investment.

Retorno sobre
◢ Em negócios, RSI significa Retorno Sobre Investimentos.

RETURN TO
▼ The report is to be returned to me after all the listed people have seen it.

Devolver, retornar a, para
◢ O relatório deve ser retornado para mim depois que todas as pessoa listadas o tiverem visto.

REVISE FOR
▼ The work needs to be revised for misprints.

Revisar em busca de, para, com vistas a
◢ O trabalho precisa ser revisto para detectar erros de impressão.

RID OF

💬 *be / get rid of*
▸ Can't you rid yourself of such a nuisance?

Livrar-se de

◢ Você não consegue livrar-se de tal incômodo?

RIDE -x-, ON

❝ *Ride, rode, ridden; riding*
▸ I ride on buses very often when in the U.S.

Montar, cavalgar, "andar" de

◢ Ando de ônibus com muita frequência quando estou nos EUA.

RIFE WITH

▸ Tour de France is rife with doping.

Cheio de

◢ O Tour de France está cheio de doping.

Right away

▸ Let's look into that right away.

Imediatamente; "já, já"

◢ Vamos investigar isso imediatamente.

RIGHT TO

▸ Foreigners have the right to an interpreter in court.

Direito a, de

◢ Os estrangeiros têm direito a um intérprete no tribunal.

Ring up

💬 *UK = call up*
▸ Mr. Tightfist smiled broadly as he rang up the day's earnings.

Registrar em caixa, dar entrada de venda de produtos

◢ O Sr. Avarento deu um largo sorriso ao registrar os ganhos do dia.

Rip off v.

▸ "This is a ripoff," had said one of the customers. I hate being ripped off, too.

Cobrar demais, roubar no preço

◢ "Isto é um roubo", havia dito um dos fregueses. Eu também odeio ser roubada.

Ripoff s.

roubo

Risk to reward ratio

⇌ risk To benefit
💬 *Bus.*

Índice risco-benefício

RIVAL -x-

➤ v.
▸ She thinks she is a "wonder woman" and that nobody can rival her.

Rivalizar com, ser páreo para

◢ Ela acha que é uma "mulher maravilha" e que ninguém é páreo para ela.

> **Nota:** como substantivo, RIVAL é regido pelas preposições usuais: a rival in love = um(a) rival no amor; rival for, against, in = rival para, contra, em.

R

Root around [for] ▼ She rooted around in her bag for a pen.	**Procurar, cavoucar à procura de** ◢ Ela "cavoucou" dentro da bolsa à procura de uma caneta.

ROUND ⇆ around	Igual a *AROUND* como preposição ou advérbio: ao redor, em volta, em círculo, circundando; perto, nos arredores, nas circunvizinhanças; indica o outro lado, para outra direção, virando, dando a volta, vindo (come round = vir); por toda a área; contornar algum problema, ideia de solucionar (there is a way round this: existe um jeito para isso); aproximadamente, por volta de, ao redor de, mais ou menos.

Round the clock ⇆ around the clock ▼ A convenience store is open round the clock.	**Vinte e quatro horas, sem parar** ◢ Uma loja de conveniências fica aberta 24 horas.
Round up ▼ The menstrual police regularly rounded up women in their workplaces to administer pregnancy tests.	**Levar detido, prender** ◢ A polícia menstrual detinha regularmente as mulheres em seus locais de trabalho para ministrar testes de gravidez.
Rub in, into ➤ adv., prep. ▼ Here is the ointment: rub it in. Gently rub it into the skin.	**Esfregar até entrar** ◢ Aqui está o unguento: esfregue bem, até absorver. Esfregue suavemente até penetrar na pele.
Rub out ⇆ rub off ▼ There is lipstick smeared on your face. Rub it out. (= rub it off)	**Apagar, esfregar até sair** ◢ Tem mancha de batom no seu rosto. Esfregue até sair.

Nota: os exemplos com rub in (adv.) e into (prep.), e com rub out/off (adv.) podem ser usados para lembrar que as preposições são elos que ligam palavras numa oração, e os advérbios dizem como é executada a ação do verbo. As preposições sempre necessitam do objeto e os advérbios, que dizem como a ação do verbo é executada, não necessita de objeto: podem terminar uma oração.

RUDE OF someone TO others	Rude, grosso, para com outros
> adj	
▼ I am sorry if it was rude of me to say that. I never meant to be rude to you.	◢ Desculpe se foi rude de minha parte dizer isso. Nunca quis ser rude com você.
Rule off	Traçar uma linha de separação, separar fazendo risco com régua.
▼ Watch the movie, write a summary of the criticisms you find in the media, and rule off before writing your comments on it.	◢ Assista o filme, escreva um resumo das críticas que você encontrar na mídia, e separe com um traço de régua antes de escrever os seus comentários sobre ele.
Rule out	(1) Cancelar, eliminar a validade fazendo um traço por cima de palavras ou números, riscar com régua para eliminar (2) Descartar, eliminar (3) Excluir, impedir algo (= prevent from)
▼ (1) On exam day, as I was not sure about the spelling of "receipt" I ruled it out and wrote "voucher", instead.	◢ (1) No dia do exame, como eu não tinha certeza de como se escreve "recibo", risquei fora com régua e escrevi "comprovante" em seu lugar.
▼ (2) The use of computers or any electronic media was ruled out.	◢ (2) Foi descartado o uso de computadores ou de qualquer outro meio eletrônico.
▼ (3) Inspectors wanted to rule out from taking the exam a student who had a by-pass on him.	◢ (3) Inspetores queriam impedir de prestar o exame um estudante que estava usando marca-passo.
RULE OVER	Dominar, imperar sobre, governar, vencer
▼ You may rule over sin.	◢ Você pode vencer o pecado.
Run away [from]	Fugir, escapar de
" *Run, ran, run; running*	
▼ The princess ran away from the castle-prison and I wonder where she has gone.	◢ A princesa escapou do castelo-prisão, e fico imaginando para onde ela foi.
Run into	Dar de cara, encontrar sem querer
▼ On her way out, she ran into the guards.	◢ Ao sair, ela deu de cara com os guardas.

R

RUN FOR	**Correr em busca de algo**
▼ What are you running for?	▲ Para que você está correndo?
▼ I'm running for a healthier lifestyle.	▲ Estou correndo por um estilo de vida mais saudável.
Run for	**Candidatar-se a cargo, posto**
▼ I have been asked to run for the office of manager in the building where I live, but I am afraid that it means trouble.	▲ Fui convidado a candidatar-me ao cargo de síndico do prédio onde moro, mas receio que isso signifique problemas.
Run off	**(1) Fugir rapidamente, sair correndo; (2) Correr, escorrer, fluir; (3) Imprimir, tirar cópias**
▼ (1) The kid grabbed my wallet and ran off!	▲ (1) O garoto agarrou minha carteira e saiu correndo.
▼ (2) Have the buoy fixed. Too much water has been running off the spillway.	▲ (2) Mande consertar a bóia. Tem água demais saindo pelo ladrão.
▼ (3) Poor intern: he has 1,000 copies to run off before leaving today.	▲ (3) Coitado do estagiário: tem 1.000 cópias para tirar antes de ir embora hoje.
RUN OFF, ON something *(prep.)* *versus* **Run something off something** *(adv.)*	**Funcionar com; Operar, fazer funcionar algo à força de, com, usando, a partir de**
▼ The toy runs off batteries. (= runs on batteries)	▲ O brinquedo funciona com bateria.
▼ We had to run all the appliances off portable generators.	▲ Tivemos de fazer funcionar todos os aparelhos à força de geradores.
(1) Run off one's legs or feet *versus* **(2) Run one's feet off**	**(1) Ficar "sem pernas", muito cansado; terminar, não ter mais energia. (2) Correr em alta velocidade, "disparar", ir "com asas nos pés"**
▼ (1) I couldn't go on playing: I had run my legs off.	▲ (1) Eu não conseguia continuar jogando: já estava "sem pernas".
▼ (2) The rookie runner really took off at the start-up of the 10K. He ran his feet off!	▲ (2) O corredor novato saiu voando no início da corrida de 10 KM. Ele "disparou".

RUN-OFF

▶ Next time, the opposition party will win by a landslide. There won't be a run-off election.

A final, a etapa decisiva; o jogo de desempate

◀ Na próxima vez, o partido da oposição vai ganhar de lavada. Nem vai ter segundo turno.

> **Nota:** Os últimos exemplos acima mostram bem como a partícula OFF carrega sentidos opostos: em "run off something" onde OFF é preposição, o sentido é de "*a partir de, tirando de, às custas de*", e em "run off one's legs" o advérbio OFF carrega o sentido de "sem, *diminuição, redução*". (Já "ficar sem bateria, acabar a bateria" é to run OUT OF battery. Usa-se OUT para dar o sentido de acabar, ficar sem gasolina, água, dinheiro, paciência, etc.).

RUNNER-UPS

▶ See that knock-out over there? She was a runner-up at the world beauty pageant.

Finalistas em competições

◀ Está vendo aquela moça linda de morrer ali adiante? Ela foi finalista no concurso mundial de beleza.

Run on schedule

👁 on schedule

▶ The buses run on a punctual schedule, every 15 minutes.

"passar" no horário (ônibus, etc.) certo, operar regularmente

👁 no horário

◀ Os ônibus passam pontualmente a cada 15 minutos. (Ou) Os ônibus operam com pontualidade, dentro do horário, a cada 15 minutos.

Run out [of]

▶ Patsy very often runs out of fuel and has to take a bus to work.

▶ We are running out of water.
▶ Bad news: the money ran out.

Acabar, ficar sem

◀ A Patsy frequentemente fica sem gasolina e tem que tomar ônibus para o trabalho.

◀ A água está acabando.
◀ Má notícia: o dinheiro acabou.

Run over

▶ The princess got into a horse-drawn carriage that ran over the guards.

Atropelar

◀ A princesa entrou numa carruagem que atropelou os guardas.

RUN PAST

▶ They ran past our door.

Passar correndo por

◀ Eles passaram correndo pela nossa porta.

R

Run past

▶ (1) All items have to be run past the quality control team.

▶ (2) Could you run that past me once again, please?

(1) Submeter ou mostrar para avaliação; passar por
(2) Explicar

◢ (1) Todos os itens têm que ser submetidos à aprovação da equipe de controle de qualidade.

◢ (2) Você poderia explicar isso para mim novamente, por favor?

SAD ABOUT
▼ Mr. Foreman felt sad about the end of the plans for a new venture with his children.

Triste por
◢ O Sr. Foreman sentiu-se triste pelo fim dos planos para um novo empreendimento com os filhos.

SAFE FROM
▼ It's true that Mr. Foreman, elderly and retired, was at the same time safe from troubles like with the IRS or bankruptcy.

A salvo de
◢ É verdade que o Sr. Foreman, idoso e aposentado, estava ao mesmo tempo, a salvo de problemas como com o Imposto de Renda ou uma falência.

SAIL ON
👁 Back off
▼ Sailing on summer breeze and skipping over the ocean ...

Velejar sobre embarcação, navegar em

◢ Velejando na brisa de verão e saltando sobre o oceano ...

Sales fall off
▼ If he opened a store he would worry about sales fall off.

Queda, diminuição nas vendas
◢ Se ele abrisse uma loja, ficaria preocupado com quedas nas vendas.

SATISFIED WITH
▼ At 65, he would be satisfied with playing *bocce* every day with his cronies.

Satisfeito com
◢ Aos 65, ele ficaria satisfeito em jogar bocha todos os dias com os amigos.

Saunter over to

▼ He saunters over to the club every morning.

Dirigir-se lentamente para algum local, a passo leve

◢ Toda manhã ele vai para o clube num passo gostoso, de passeio.

SAVE Exceto, salvo, fora, a não ser que; v. salvar, guardar, economizar
▶ Prep. e conj.

S

SAVE FOR
(1) EXCEPT FOR
(2) ECONOMIZE

➤ FOR v. + prep.

▌ (1) Save for that one physical activity, Mr. Foreman would take up hobbies like, for instance, painting and embroidery.

▌ (2) He would have to save some money for the material.

(1) Salvo, exceto por
(2) Guardar, economizar para

▲ (1) Exceto por essa única atividade física, o Sr. Foreman iria dedicar-se a hobbies como, por exemplo, pintar e bordar.

▲ (2) Ele teria que guardar algum dinheiro para o material.

SAVE FROM

⇆ rescue from

▌ He remembered one day when his secretary reminded him of his wedding anniversary and saved him from domestic disaster.

Salvar de

▲ Ele se lembrou de um dia em que a secretária o lembrou do aniversário de casamento e salvou-o de um desastre doméstico.

SAVE ON

▌ "We have to live on a budget: saving on outings, on room rates, on fuel, i.e., on general expenses."

Economizar em algo

▲ "Nós temos que viver dentro do orçamento: economizando nas saídas, nos preços de diárias, no combustível, isto é, nas despesas em geral."

Save up to

▌ 'We must save up to 30% of our income" he told his family.

Economizar até

▲ "Nós precisamos economizar até 30% dos nossos ganhos.", disse ele à sua família.

SAY TO

▌ "Today I bought flowers for my wife on my way home, from a street vendor at a traffic light, but I'm not going to say this to her."

Dizer a, para

▲ "Hoje comprei flores para a minha esposa de um vendedor de rua, no farol, a caminho de casa, mas eu não vou dizer isso a ela."

Scared into silence

▌ The witnesses had been scared into silence.

Ser levado ao silêncio por medo

💬 *Into: mudança de condição*

▲ As testemunhas tinham sido silenciadas pelo medo.

S

SCARED OF

▼ The famous singer says she is scared of being lonely.

Temer, sentir medo de

◢ A famosa cantora diz que tem medo da solidão.

Scare off

⇆ scare away

▼ If skunks get into the kitchen, scare them off with a broom.

Afugentar, tocar para fora

◢ Se gambás entrarem na cozinha, toque eles para fora com uma vassoura.

Scare the hell out of [of]

⇆ scare the pants off

💬 scare the shit out of = vulgar.

▼ The domestic gas container burst out scaring the hell out of everyone.

Apavorar, fazer tremer de medo

💬 assustar a ponto de sujar as calças = vulgar, feio.

◢ O botijão de gás explodiu, fazendo com que todos ficassem apavorados com o susto.

SCAN FOR

▼ Scan the material for information that you need or for discrepancies.

Examinar, fazer uma varredura para localizar

◢ Examine cuidadosamente o material, para localizar informações de que você necessita ou para encontrar discrepâncias.

Scrape through

▼ (1) Jason just scraped through all his tests, except for P.E.

▼ (2) He is so thin that he can manage to scrape through a pivoting window.

Passar raspando
(1) em testes e exames
(2) passar fisicamente, em espaço estreito

◢ (1) O Jason só passou raspando em todos os testes com exceção de Educação Física.

◢ (2) Ele é tão magro que consegue, com jeito, passar através de uma janela basculante.

Scurry off

▼ The pickpocket scurried off.

Escafeder-se, fugir em desabalada carreira

◢ O punguista escafedeu-se.
(= O batedor de carteira saiu correndo.)

SECRET TO, OF

▼ Buy this book – only US$ 100 and learn the secret to success. At least you will learn the secret of my success.

Segredo de, para se fazer algo

◢ Compre este livro – apenas US$ 100 – e aprenda o segredo para se alcançar o sucesso. No mínimo, você saberá o segredo do meu sucesso.

SECRETARY OF

▸ She is the Secretary of State for Education, for Labor, etc.

SECRETARY TO, FOR

▸ The company is seeking for a secretary for/to the president.

▸ Mary, the secretary to the company's president, helped in choosing a personal secretary for his private affairs.

See about something

❝ *See, saw, seen; seeing*
▸ She used to see about everything.

See off

▸ I'll be at the airport to see you off to Brazil.

See out

👁 Show out

SEE THROUGH

▸ I could see the robbers through the keyhole.

SEE-THROUGH

➤ adj.
▸ See-through blouses are not allowed in this office.

See through

▸ My mother can see through me, to the end. She says I am an easy person to see through.

See [something] through

▸ I wanted to see the case through.

Usado geralmente para posições estatais, públicas

◂ Ela é a Secretária do Estado para Assuntos de Educação, de Trabalho, etc.

Ser secretário de, para

◂ A empresa está procurando um secretário para a presidente.

◂ Mary, a secretária do presidente da empresa, ajudou na escolha de uma secretária pessoal para os assuntos particulares dele.

Verificar, "checar" algo

◂ Ela costumava verificar tudo.

Ir despedir-se em aeroporto, estação

◂ Estarei no aeroporto para me despedir na sua partida para o Brasil.

Acompanhar visitante até a porta

Enxergar através de algo físico

◂ Eu conseguia ver os ladrões através do buraco da fechadura.

Transparente

◂ Blusas transparentes não são permitidas neste escritório.

Não deixar enganar-se, enxergar a verdade

◂ Minha mãe consegue enxergar a verdade em mim, até o fundo. Ela diz que eu sou pessoa fácil de se ver totalmente.

Ver, seguir algo até o fim (especialmente problemas)

◂ Eu queria seguir o caso até o fim.

See to

Cuidar para que, providenciar, tomar as medidas

▼ "The sinkhole is stopped... who can see to it?

▲ "A pia está entupida... quem pode ver isso?

▼ And see to it that this damn step is fixed too," said the captain.

▲ E providencie para que esse raio de degrau seja consertado também", disse o capitão.

Seek after

Procurar, buscar encontrar algo ou alguém

⇆ Search after, search for, seek for, look for
" *Seek, sought, sought; seeking*

▼ Charlie was always seeking after happiness.

▲ Carlitos estava sempre buscando a felicidade.

Seek out

Ficar atrás até encontrar, procurar, ir em busca de

⇆ search out, seek after, seek for, look for

▼ The company sought out a really qualified worker.

▲ A empresa buscava um trabalhador realmente qualificado.

▼ At age 7, Mangabeira started to seek out works by and about philosophers.

▲ Aos 7 anos, Mangabeira começou a procurar obras da autoria de filósofos e a respeito deles.

SELECT FROM

Selecionar dentre, entre, a partir de

⇆ pick out from

▼ I guess he selected such works from the classics.

▲ Acho que ele selecionava tais obras entre os clássicos.

SELL FOR
Sell for

Estar à venda por (valor); Custar, poder ser vendido por

" *Sell, sold, sold; selling*

▼ I could sell my collection of old Mad magazines for US$ 100.

▲ Eu poderia vender minha coleção de revistas Mad antigas por US$ 100.

▼ I think it sells for double that amount.

▲ Acho que podem ser vendidas pelo dobro desse valor.

Sell out
SELLOUT n.

(1) Tickets for the big show had been sold out for the entire run.

(2) He sold us out by joining the opposition.

(3) An artist faithful to his principles won't sell out. This isn't the case with this one, he's a sellout.

(1) Esgotar
(2) Trair uma causa, os companheiros.
(3) Um "vendido"

(1) Os bilhetes para o grande show tinham se esgotado para toda a temporada.

(2) Ele nos traiu juntando-se à oposição.

(3) Um artista fiel aos seus princípios não se vende. Não é o caso deste, ele é um vendido.

Send away [for]
Send, sent, sent; sending

(1) Leandra was sent away for calling in sick too often.

(2) She should send away for this new super-vitamin!

(1) Dispensar, mandar para longe
(2) Escrever solicitando ou encomendando algo

(1) Leandra foi dispensada por ligar com muita freqüência alegando doença.

(2) Ela devia escrever pedindo essa nova super-vitamina.

Send for
Insep/phr. v.

After a year working in the big city, João sent for his family.

Mandar vir, chamar

Após um ano trabalhando na cidade grande, João mandou chamar a família.

Send (out) for

Send out for pizza.

Comprar e mandar trazer, mandar vir, "chamar" por telefone

Chama uma pizza.

> **Nota:** Este phrasal verb não é na realidade estranho nem incongruente, pois o verbo to send-sent-sent carrega também o sentido de "causar, agir para que algo aconteça"; acrescido de FOR com o conceito "em favor de, para finalidade, uso, benefício", vemos que o significado de chamar/mandar vir, tem lógica.

Send in

Send the documents in.

Enviar para entrar, para dar entrada

Mande os documentos (para dar entrada em algum local).

Send into

▶ The news that Rio won the bid to host the Olympic Games sent crowds into celebration.

Causar certo estado ou condição, fazer com que

◢ A notícia de que o Rio venceu a competição para sediar os Jogos Olímpicos fez com que multidões se pusessem a celebrar.

Send off [to]

▶ We sent our daughter off to Summer camp and our son to war.

Enviar, mandar, despachar para

◢ Despachamos nossa filha para o acampamento de verão e o nosso filho para a guerra.

SEND TO

▶ João sent bus tickets to his whole amily.

Mandar para

◢ João enviou bilhetes de ônibus para a sua família inteira.

SENIOR TO
SENIOR TO BY
(to be) someone's senior
➤ adj
▶ (1) At that time, he was senior to me.

▶ (2) He is senior to me by more than 5 years. (= He is more than 5 years my senior.)

(1) Ter cargo superior a
(2) Ser mais velho em

◢ (1) Naquela época, ele era superior a mim.

◢ (2) Ele é mais velho do que eu em mais de 5 anos. (= Ele é mais de cinco anos mais velho do que eu.)

SERVE FROM, ON, IN

▶ Served from silver platters by white-gloved waiters the bite-size turnovers looked yummy.

Servir a partir de, sobre, em

◢ Servidos em bandejas de prata por garçons de luvas brancas, os pasteizinhos pareciam deliciosos.

SERVE ON A JURY

⇆ SIT on a JURY
" *Sit, sat, sat; sitting*
▶ It was my first time sitting on a jury.

Participar de um júri;
Servir, fazer parte do corpo de jurados

◢ Era a primeira vez que eu participava de um júri.

Set about + ...ing

▶ It's time to set about doing what must be done , said Stephen before he set about to write his first novel.

Começar a, pôr-se a fazer algo

◢ É hora de pôr-se a fazer o que tem que ser feito, disse Stephen antes de pôr-se a escrever a sua primeira obra de ficção.

S

Set about + *v. inf.* **Set off** " *Set, set, set; setting* ▼ Ireland's referendum may have set off a chain of events that breaks up the E.U. as we know it.	**Disparar, dar origem a, iniciar** ▲ O plebiscito da Irlanda pode ter dado início a uma cadeia de eventos que desmonta a configuração atual da U.E.
Set off [against] ▼ This increase in your salary is an advance to be set off against the month's inflation.	**Compensar, descontar de algum valor** ▲ Este aumento no seu salário é um adiantamento para ser descontado da inflação do mês.
Set off [on] ⇆ set out " *Set, set, set; setting* ▼ Before setting off on a trip, switch off all the lights and unplug all the electrical appliances.	**Sair, partir em viagem** ▲ Antes de sair em viagem, desligue todas as luzes e tire da tomada todos os aparelhos elétricos.
Set out ▼ We would like to see the story set out in a film.	**Estabelecer, definir, explicitar, apresentar; a forma em que algo é mostrado** ▲ Gostaríamos de ver a história apresentada num filme.
Set out to do something ▼ Hardly had Jason bought his first new car and he set out to have it pimped up.	**Pôr-se a executar algo já definido** ▲ Jason mal tinha comprado seu primeiro carro novo e foi cuidar para que fosse "envenenado".
Set up ▼ All set up?	**Armar, criar, estabelecer, iniciar, instalar, instituir, montar, organizar, arrumar em ordem, etc.** ▲ Tudo pronto?
Settle down [to] ▼ Now I must settle down to finishing my end-of-the course paper.	**Acomodar-se para fazer algo, focar em algo** ▲ Agora, tenho que concentrar-me no término do meu trabalho de final de curso.

SETTLE FOR

▼ We cannot go on any far away trip. This time let's settle for your mom's place.

Ficar com algo; aceitar sem realmente poder fazer melhor escolha; conformar-se

◢ Nós não podemos fazer nenhuma viagem para longe. Desta vez vamos ficar lá na sua mãe.

Settle in
▼ Are you all settled in?

Assentar-se, acostumar-se em novo lugar

◢ Você já está bem assentado?

Settle in for the night
▼ I already had settled in for the night.

Acomodar-se, ajeitar-se para dormir

◢ Eu já tinha me acomodado para dormir.

SHAME AT, ABOUT, OVER s.
- ASHAMED OF adj.

▼ Joe felt no shame at the shanty he had rented: under the conditions, he was a winner. However, he was ashamed of his bad teeth.

Vergonha de, por
Envergonhar-se de

◢ O Zé não sentia vergonha pelo barraco que havia alugado: nas suas condições, era um vencedor. Entretanto, envergonhava-se dos seus dentes estragados.

SHAME ON
➤ s.
▼ Shame on our team: beaten by the juniors... Grrrrr!

[Ser] vergonha para

◢ Que vergonha para o nosso time: derrotado pelos juniores... Grrrr!

Shamed into silence

▼ I couldn't say anything... I was just shamed into silence, this is the truth.

Mudo de vergonha, levado ao silêncio pela vergonha

◢ Eu não conseguia dizer nada... Estava muda de vergonha, esta é que é a verdade.

(1) [TO HAVE A] SHARE IN, OF s.
(2) SHARE IN v.

▼ (1) We are entitled to a share of the profits.

▼ (2) I share in your joy about the profits.

(1) Ter parte do, no; ações da
(2) Participar da, compartilhar

◢ (1) Nós temos direito a uma parte dos lucros.

◢ (2) Participo da sua alegria pelos ganhos.

SHELTER FROM

▼ Secure electronic conversation must be sheltered from eavesdroppers.

Proteger de, deixar ao abrigo de

◢ Para serem seguras, as conversas via Internet devem estar ao abrigo dos curiosos.(sentido figurado)

SHOCKED AT, BY

▼ Nobody was shocked at the news of the Pope's passing away, because he had been ill for a while.

Ficar chocado com

◢ Ninguém ficou chocado com a notícia do falecimento do Papa, pois ele estava doente havia algum tempo.

SHOOT AT

❝ *Shoot, shot, shot; shooting*
▼ From the hills, snipers shoot at the buildings down on the street .

Atirar em certo alvo, atirar contra

⇆ shoot for
◢ Dos morros, atiradores atiram contra os prédios lá embaixo no asfalto.

SHOOT FOR

(1) *Sin.* de shoot at
(2) *(fig.)* **focar em, "atirar" para realizar alguma ambição**

SHOOTOUT

➤ n.
⇆ Shooting

Uma briga com armas e disparos, um tiroteio

[to be] SHOT TO DEATH

⇆ Shot dead
▼ Sister Dorothy Mae Stang, an American-born nun and rainforest advocate, was shot to death on a jungle road.

Falecer alvejado por tiro; Levar tiro e morrer

◢ A Irmã Dorothy Mae Stang, freira e defensora da floresta tropical, americana de nascimento, morreu alvejada por tiros em uma estrada na floresta.

SHORT FOR

➤ s.
▼ Will is short for William, Dick is short for Richard, and Tess is short for Theresa.

Diminutivo de

◢ Gui é diminutivo de Guilherme, Rico é diminutivo de Ricardo e Tetê é diminutivo de Teresa.

> **Nota:** Variações de diminutivos: para William: Willy, Willie, Bill, Billy; para Richard: Rick, Richie; para Theresa: Tessie. Pode haver mais, e o mesmo vale para os nomes em português.

SHORT OF
[Nothing] short of (3)

(I) Exceto, fora, a não ser
(2) Estar curto, pouco, quase sem; faltar, ter chegado ao fim; menos do que, abaixo de, distante de
(3) Nada dever a, igualar-se, não fica a dever a, ser igual a

▼ (1) All kinds of environmental crimes had been committed short of poisoning their own drinkable water.

◢ (1) Todos os tipos de crimes ambientais haviam sido cometidos exceto envenenar a própria água potável.

▼ (2) About our last trip: we were getting short of money and short of time as well. I suffer from asthmatic bronchitis and get short of breath very easily. Moreover, still short of our destination, we had a flat tire.

◢ (2) Sobre nossa última viagem: estávamos ficando sem dinheiro e também sem tempo. Sofro de bronquite asmática e fico sem ar muito facilmente. Além do mais, ainda distantes do nosso destino, tivemos um pneu furado.

▼ (3) Some nightmare! The trip was nothing short of a total disaster.

◢ (3) Que pesadelo! A viagem foi simplesmente um desastre total.

Should
⇆ if
▼ Should there be no answer the police officers will be let in.

Caso, se

◢ Caso não haja resposta, os policiais terão permissão para entrar.

SHOUT AT
▼ The teacher shouted at the class: STOP SHOUTING!

Gritar para, com (= contra)

◢ A professora deu um berro para os alunos: PAREM DE GRITAR!

SHOUT FOR, WITH
▼ She wasn't shouting for joy.(= with joy)

Gritar de, por

◢ Ela não estava gritando de alegria.

SHOUT TO
▼ She shouted to them: WHY ARE YOU SHOUTING?

Gritar para, na direção, para ser ouvido

◢ Ela gritou para eles: POR QUE VOCÊS ESTÃO GRITANDO?

Show around/round

▼ Although it was a busy working day they were as kind as to show me around/round.

Mostrar locais, levar para visitar, dar uma volta

◢ Embora fosse um agitado dia útil, eles foram muito amáveis e me levaram para conhecer o local.

S

Show [someone] in	**Acompanhar visitante para dentro até o local onde é esperado**
▶ Show the doctor in as soon as he comes.	◀ Faça entrar o doutor assim que ele chegar.

Show off	**Exibir (se);**
a show-off *n.*	**Uma pessoa exibicionista** *s.*
❝ *Show, showed, shown; showing*	
▶ Although the weather was quite warm, she had bought a fur coat for the occasion, and was showing it off.	◀ Embora a noite estivesse bem quente, ela havia comprado um casaco de pele para a ocasião e o estava exibindo.
▶ A show-off!	◀ Uma "exibida"!

Show [someone] out	**Acompanhar alguém até a saída, mostrar a saída para visitante**
⇆ see out	
▶ I'll show you out.	◀ Vou acompanhá-los até a porta.

Show up	**Aparecer, vir (em geral, a um evento já marcado)**
⇆ turn up	
	⇆ pessoas que não comparecem são "no-show", principalmente se houver listas de controle, como em aeroportos ou eventos.
▶ No one showed up for the 7 AM mass.	◀ Ninguém apareceu para a missa das 7h.

Shrug off	**Dar de ombros, não dar importância**
⇆ shrug away	
▶ Called a sinner, Jennifer just shrugged it off.	◀ Chamada de pecadora, Jennifer apenas deu de ombros.

SHUDDER AT, WITH	**Estremecer em, ao, com**
▶ We shuddered at the thought of a tsunami on our seacoast.	◀ Estremecemos ao pensar num tsunami em nosso litoral.

Shut down	**Cair, fechar**
➤ Comp.	**Desligar um computador programa ou sistema**
▶ Yesterday, a power failure caused the system to shut down.	◀ Ontem, uma falha de energia fez cair o sistema.
▶ Shut down all operating systems over the weekend.	◀ Desligue todos os sistemas operacionais no final de semana.

SHUT OUT BY, FROM

Ser excluído, impedido de fazer algo, de entrar, de participar

▼ In the little country ruled by a dictator, the opposition was shut out by state television and barred from speaking to the foreign press.

▲ No pequeno país governado por um ditador, a oposição foi excluída pela TV estatal e impedida de falar à imprensa estrangeira.

▼ As a matter of fact, they have been shut out from any communication media.

▲ Na realidade, eles estão excluídos de todos os meios de comunicação.

Shut the door [on]

Fechar a porta [contra], acabar com, deixar do lado de fora algo indesejável, maléfico.

▼ Shut the door on stress and late-night screen gazing if you want to sleep well.

▲ Deixe o stress (de) fora do quarto e elimine o hábito de assistir a programas de TV na madrugada se quiser dormir bem.

Shut the door to (UK)

Encostar, fechar a porta sem trancar.

Shut up

Calar a boca

🗨 *Rude, vulgar*

▼ Shut up! You're so annoying, you won't shut up!

▲ Cale a boca! Você é muito chato, não para de falar!

SHY -x-
To+v.

Ter vergonha de

▼ Don't be shy to ask for help.

▲ Não tenha vergonha de pedir ajuda.

Shy away [from]

Evitar fazer algo, fugir de tomar alguma ação

▼ Why do you shy away from telling people what really happened?

▲ Por que você foge de dizer às pessoas o que realmente aconteceu?

[to be] *Shy of*
➤ Adj.

Faltar, estar quase suficiente, estar abaixo de, ser inferior a

🗨 *(informal)*

▼ You are just one credit shy of meeting the requirements.

▲ Falta-lhe apenas um crédito para você satisfazer os requisitos.

S

To be sick in (UK)
To be sick to (U.S.)
SICK AT, FOR, BY

➤ adj

(1) I feel sick to my stomach, and he is sick to the head, for ordering a whole roast pig for dinner.

(2) Now I get sick just at seeing pigs.

(1) Mal, enjoado, ruim de
(2) Mal em, de, face a

(1) Eu me sinto mal do estômago e ele é ruim da cabeça por ter pedido um assado de porco inteiro para o jantar.

(2) Agora, me dá enjôo só de ver porcos.

---

to be sick of

➤ adj.

I am sick of telling him not to exaggerate.

Cansado de

Estou cansada de dizer a ele para não exagerar.

SIDE OF

➤ s.

I'll have the steak with a side of mashed potatoes.

Guarnição, algo extra

Quero o meu bife com uma porção de purê de batata.

Side with

Judgmental as you are, no one will side with you.

Apoiar, ficar do lado

Do jeito que você é crítico, ninguém ficará ao seu lado.

Sift through

Sift through all the information received, don't miss anything, and you'll find what you are looking for.

Examinar minuciosamente, passando a peneira até encontrar algo

Passe todas as informações recebidas numa peneira fina, não deixe passar nada, e você encontrará o que está procurando.

Sign in

⇆ sign off/out

First thing on your arrival to the event, you must sign in.

Assinar o registro de comparecimento; Registrar a entrada

⇆ registrar a saída

A primeira coisa a fazer na sua chegada ao evento é assinar o comparecimento.

SIGN INTO

The bill still has to be signed into Law.

Assinar para transformar-se em, para outra condição

O projeto ainda precisa ser votado para virar lei.

S

Sign off [on] **Sign something off** ▶ (1) "Finally, after a 2-year negotiation, they signed off on the contract," exulted our director. Even that extra provision, they signed it off.	**(I)** Assinar o termo final, deixar formalizada a concordância ◢ (1) "Finalmente, depois de 2 anos de negociações, eles assinaram o contrato inteirinho", exultou nosso diretor. Até mesmo aquela cláusula extra eles assinaram.
Sign off ⇆ sign on	**(2)** Sair do ar, terminar transmissão; "desligar", parar com o que está fazendo.
Sign on [with, as] ▶ (1) My engineer cousin signed on with ACME while I signed on as a junior lawyer. ▶ (2) The news was even on the radio, soon after signing on this morning.	**(I)** Assinar contrato de emprego com, como; contratar **(2)** Início de transmissão por rádio ou TV (oposto: sign off) ◢ (1) Meu primo engenheiro assinou contrato com a ACME enquanto eu entrei como advogado júnior. ◢ (2) Até deu na rádio, logo após o início das transmissões nesta manhã.
Sign over [to] ⇆ sign away To ▶ We plan on signing our house over to the children when we turn 80. To avoid taxes, you know.	Assinar a transferência. Passar bens ainda em vida para os herdeiros ◢ Planejamos transferir nossa casa para os filhos quando completarmos 80 anos. Para evitar impostos, você sabe.
Sign up [for, with] ⇆ sign on ▶ (1) How many have signed up for the course? (= how many sign-ups?) ▶ (2) The Human Resources manager signed up a country music duo for the year-end party. So, "Tiriri & Tororó" signed up for our year-end party!	**(I)** Inscrever-se, registrar-se no, para; contratar, assinar concordando com, em; alistar-se no. **(2)** Obter compromisso de compra, de participação, contratar para ◢ (1) Quantos se inscreveram para o curso?(= quantas inscrições, quantos inscritos?) ◢ (2) O gerente de Recursos Humanos contratou uma dupla de música caipira para a festa de fim de ano. Assim, "Tiriri & Tororó" assinaram contrato para nossa festa de fim de ano.

SING TO

▼ The song was <u>sung to</u> a guitar.

Cantado ao, acompanhado de, com

▲ A canção foi cantada com acompanhamento de violão.

SINGER FOR, OF

▼ Who was the lead singer for Abba? I cannot remember…. (= of the Abba)

Cantor(a) da(s), do(s)

▲ Quem era o principal cantor do grupo Abba? Eu não consigo me lembrar…

SINCE
▶ Prep., Adv., Conj.

Prep.: desde, desde que, após, depois de, depois que (We have not seen each other since she left the company many years ago = Não nos temos visto desde que ela saiu da empresa muitos anos atrás); **Adv.:** desde então, depois, desde (Not once ever since = Nem uma vez desde então.); **Conj.:** desde que, já que, uma vez que, visto que, como, pois, porque (I'll give you her home address since you were such good friends = Vou lhe dar o endereço da casa dela uma vez que vocês eram tão bons amigos).

Since then
⇆ ever since

▼ We said goodbye and since then I have never heard of him.

Desde então

▲ Nós nos despedimos e desde então nunca mais tive notícias dele.

Sink in

▼ "Let the poem sink in," said the English teacher.

Assentar, ir ao fundo; ser bem entendido, com tempo, gradualmente

▲ "Deixe o poema, pouco a pouco, ser absorvido por vocês", disse o professor de inglês.

(1) SIT AT
(2) SIT ON
(3) SIT IN

(1) Sentar-se a (2) Sentar-se em (superfícies duras ou simplesmente sentar, de forma neutra: o mesmo que com IN)
(3) Sentar-se em (estar bem acomodado, até aconchegado, ou simplesmente sentar-se, de forma neutra: o mesmo que com ON)

▼ (1) Let's sit at that table.

▼ (2) Sitting on a bench, Forrest started telling stories.

▼ (3) Couch potatoes usually sit in comfortable couches.

▲ (1) Vamos sentar naquela mesa.

▲ (2) Sentado num banco, Forrest começou a contar histórias.

▲ (3) Telemaníacos costumam sentar-se em sofás confortáveis.

S

Sit back
- Do something... don't just sit back!

Recostar-se, ficar folgado
- Faça alguma coisa... não fique só sentado aí!

Sit [for] exams
- Thousands of students sit for the college admission exams. I never sat at such an exam.

Prestar exames
- Milhares de estudantes prestam os exames vestibulares. Eu nunca prestei um exame desses.

Sit in someone's place
- If I were sitting in your place, I would do no better.

Estar no lugar de outro em alguma situação
- Se eu estivesse no seu lugar, não teria feito melhor.

Sit-in
> s.

Ocupação pacífica como demonstração de protesto

Sit in on
- I'll sit in on your presentation. I'll be there for you.

Assistir, ficar na platéia (especialmente eventos/funções públicas, ensaios, reuniões)
- Vou assistir à sua apresentação. Estarei lá por você.

Sit in for someone

Substituir alguém em alguma atividade, fazer no lugar de
Refere-se a algo curto, temporário

SIT ON COMMITTEES, BOARDS, JURY
👁 SERVE ON

Participar, fazer parte de, servir em
👁 Participar de

Sit on one's hands

Não aplaudir; não ajudar, não fazer nada, ficar de braços cruzados

Sit up and take notice
- When the boss announced that Monday morning the external auditors were coming, everybody sat up and took notice.

Ficar esperto, surpreso, temeroso, alerta sobre algo
- Quando o chefe anunciou que segunda de manhã os auditores independentes estariam vindo, todo mundo ficou alerta.

Sit out in the sun

Sentar lá fora no sol

SIMILAR TO

▼ Is it true that the importation is barred if some product you want to import is similar to another that already exists in the country? Could you check on this?

Semelhante, similar a

◢ É verdade que se algum produto que você quer importar for similar a outro que já existe no país, a importação é proibida? Você pode verificar isso?

SKEPTICAL ABOUT, OF
⇆ SCEPTICAL

▼ I feel skeptical of wars coming to an end in the world when I see family feuds.

Cético quanto a

◢ Sinto-me cético quanto ao fim das guerras no mundo quando vejo as brigas em família.

SKILLED AT / IN; WITH

▼ Engineers make great husbands: they are skilled at fixing machines in general and they are good with tools.

Habilidoso em, com

◢ Os engenheiros dão ótimos maridos: são habilidosos no conserto de máquinas em geral e são bons com ferramentas.

Skid off

▼ The car skidded off the road, hit a tree and rolled over. Can you believe nobody was hurt?

Derrapar saindo, derrapar e ir para fora de

◢ O carro derrapou para fora da estrada, bateu numa árvore e capotou. Você consegue acreditar que ninguém se feriu?

Skim off [from]

▼ (1) Let the soup stand to get a little cool before skimming off the fat.

▼ (2) How can we skim off the top 20 from those who apply for the position?

(1) Tirar a gordura, remover a escuma
(2) Escolher, ficar com o melhor dentre (informal)

◢ (1) Deixe a sopa de lado para esfriar um pouco antes de tirar a gordura com a escumadeira.

◢ (2) Como podemos ficar com os 20 melhores dentre os que se apresentam para o emprego?

Skim through
⇆ skim over

▼ Riding a jolting, swaying bus, I couldn't even skim through the weekly magazine.

Folhear, procurar informação em material escrito, fazer leitura dinâmica

◢ Viajando num ônibus que jogava e balançava, eu não conseguia nem folhear a revista semanal.

Sleep through	**Dormir direto, sem acordar com algum ruído; não acordar com despertador**
▼ I zonked out and slept through the loud music.	◢ Eu "apaguei" e dormi direto, sem acordar com a música alta.
Slip by	**(l) Passar à toa** **(2) Passar despercebido**
▼ (1) On rainy days, most students just sit at their desks and let the hour slip by, and the same goes for some teachers.	◢ (1) Em dias de chuva, muitos estudantes simplesmente sentam-se às suas carteiras e deixam a hora passar à toa, e o mesmo vale para alguns professores.
▼ (2) Don't let small misprints slip by your review.	◢ (2) Não deixe pequenos erros de impressão passarem despercebidos na sua revisão.
Slip off	**Esgueirar-se, sair rapidamente**
▼ Sometimes you cannot slip off some very boring lecture.	◢ Às vezes não dá para sair "de fininho" de alguma palestra muito chata.
SLOW AT, IN **SLOW** + *v. inf.*	**Vagaroso ao, em**
▼ I know of an engineer who is very slow at carrying out household fix-it jobs.	◢ Eu conheço um engenheiro que é muito vagaroso ao executar consertos domésticos.
Smashed to pieces	*Esmagado e em pedacinhos*
SMELL -x- *Smell a rat*	**Sentir cheiro de**
▼ I smell smoke, don't you? ▼ Do you mean you can smell a rat?	◢ Sinto cheiro de fumaça, você não sente? ◢ Você quer dizer que algo lhe cheira mal?
SMELL OF, LIKE	**Ter cheiro de, cheirar a**
▼ No, it comes from the kitchen. The steak was overdone and it smells like cigars. Ugh! (= smells of cigars)	◢ Não, vem da cozinha. O bife foi muito passado e está com cheiro de charuto. Eca!

> **Nota:** Fora esses modos acima de usar o verbo *to smell*, o substantivo "cheiro" é igual ao correspondente em português:

- Smell from = o cheiro vindo de algo (The smell from home-baked cake = O cheiro de bolo caseiro)

- Smell of = o cheiro de algo (The smell of roses = O perfume das rosas)

SMILE AT	**Sorrir para (em direção a)**
▼ Wanna bet? She's gonna look and smile at me!	◢ Quer apostar? Ela vai olhar e sorrir para mim!

🔖 **Nota:** Wanna = want to, e gonna = going to, são de uso corrente, porém informal, até mesmo vulgar, conforme o contexto. O mesmo vale para "ain't" = am not, is not, are not, have/has not, there are/ is not, "gotta" = got to (precisar fazer alguma ação), e "leggo" = let go (soltar).. Não devem ser usados em textos formais.

Smile on	**Sorrir para, a favor de**
▼ Finally, fortune smiled on me!	◢ Finalmente, a sorte sorriu para mim!
Smooth out	**Aplainar algum material, alisar as rebarbas, acertar, ajeitar (uso literal ou figurativo, por ex.: aplainar a madeira, alisar o lençol, ou "acertar" um relacionamento).**
Smooth away [lines]	**Tirar fora linhas, marcas**
SNATCH AT, FROM	**Arrancar de, pegar; Agarrar-se a**
▼ Beware of the street urchins... They can snatch at your bag.	◢ Cuidado com os trombadinhas... Eles podem pegar a sua sacola.
▼ Have you never had anything snatched away from you?	◢ Você nunca teve nada levado de você à força?
SNICKER AT, OVER ⇆ Snigger at, over ▼ Snickering at other people's dramas reveals a lack of inner beauty.	**Escarnecer, rir disfarçadamente, "fazer pouco" de pessoas ou situações** ◢ Escarnecer dos dramas das outras pessoas revela a falta de beleza interior.
SO ➤ adv., conj. ▼ It's kind of late, so, how about going to the talk right away? ▼ Yes, so that we do not miss too much.	**Assim, então, daí, por isso, portanto; De maneira que, para que** ◢ Está meio tarde, portanto, que tal irmos para a palestra imediatamente? ◢ Sim, de modo a não perdermos muito.

(1) SOLUTION TO
(2) SOLUTION FOR
(3) SOLUTION TO/FOR

(1) Solução para [algo específico como problemas, questões, dificuldades]; para assuntos gerais (2) Solução para (+ verbos); para assuntos gerais (3) Solução para assuntos gerais. Uso aleatório de *to* ou *for*.

(1) What's the solution to your problem?	(1) Qual é a solução para o seu problema?
(1) We need a quick solution to the issue.	(1) Precisamos de uma solução rápida para a questão.
(2) What's the solution for dealing with that?	(2) Qual a solução para se lidar com isso?
(3) We have the solution to/ for that.	(3) Nós temos a solução para isso.

SORRY ABOUT/FOR/OVER
SORRY TO + *verb*

Lamentar, sentir por algo que aconteceu

- I heard your sister suffered a serious accident. I'm sorry about it.
- Soube que a sua irmã sofreu um sério acidente. Lamento pelo que aconteceu.
- The car was a total loss?! Oh, I'm sorry for that too. And I'm sorry to say that she'll have to pay for the lamppost.
- O carro deu perda total?! Oh, sinto muito por isso também. E sinto dizer que ela terá que pagar pelo poste.

[TO FEEL] SORRY FOR SOMEONE

Sentir pena, dó de alguém

- I am so sorry for her…
- Sinto tanto por ela…
- Don't feel sorry for her, she's OK.
- Não sinta pena dela, ela está bem.

SORRY FOR doing something

Sentir muito, desculpar-se por algo

- Sorry for bringing the matter up.
- Desculpe por trazer o assunto à tona.
- I'm sorry for the delay. I apologize.
- Sinto muito pelo atraso. Peço desculpas.

Nota: Usar "sorry for someone", com critério, pois pode passar a impressão de que a pessoa de quem sentem pena é uma coitada.

S

Sort out	(1) Separar, escolher, organizar correspondência, roupas, dividir distribuindo por tipos; (2) ordenar as ideias
▶ (1) It's usually the doorkeeper or the recepcionist who sorts out the mail.	◀ (1) É geralmente o porteiro ou a recepcionista que separa a correspondência.
▶ (2) Give me a break, please! I need some time to sort out my ideas.	◀ (2) Me dê uma folga, por favor! Preciso de algum tempo para ordenar as minhas ideias.

SPEAK FOR	Falar por, falar em nome
" *Speak, spoke, spoken; speaking*	
▶ The government spokesman speaks for the President.	◀ O porta-voz do governo fala pelo Presidente.

(1) SPEAK ABOUT / OF (2) SPEAK ON (3) SPEAK TO	(1) Falar sobre, a respeito, de (2) Falar sobre um tema (3) Falar dirigindo-se a
▶ (1) Speaking of him, here he comes!	◀ (1) Por falar nele, aí vem ele!
▶ (2) Dr. Dráuzio Varella will speak on childhood obesity.	◀ (2) O Dr. Dráuzio Varella falará sobre obesidade infantil.
▶ (3) They are too noisy... go and speak to them.	◀ (3) Eles estão fazendo muito barulho... vá lá falar com eles.

Speak out [loud]	Manifestar-se, opinar livremente, falar à vontade sobre tópicos de interesse geral
▶ Tonight, even people who are usually quiet and meek, are speaking out.	◀ Esta noite, até mesmo pessoas que são geralmente quietas, mansas, estão se manifestando.
▶ In fact, some of them even spoke out loud.	◀ De fato, algumas delas até falaram em alto e bom som.

Speak up	Falar, falar alto e claro, "pôr para fora", dizer o que tem a dizer
▶ What about you? Come on, you too, speak up!	◀ E você? Vamos lá, você também, fale!

Nota: Apesar de **speak out** referir-se mais a fóruns, reuniões, grupos de interesse e de defesa, enquanto **speak up** pode ser até sozinho, observa-se uso intercambiável.

S

SPEAK OVER
(the phone, etc.)
⇆ speak on, by
▼ We spoke over the phone

Falar por, pelo, através (do meio de comunicação mencionado)
◢ Falamos pelo telefone.

SPEAK WITH

▼ It's hard to speak with others in a restaurant with live music.

Conversar com, manter uma troca de ideias, ter um diálogo
◢ É difícil manter uma conversa num restaurante com música ao vivo.

[Be] spoken for
▼ I'm sorry, I cannot even talk to you because I have already been spoken for.

▼ Oh, all you want is to know the price for this dress? This is spoken for, too…

Estar prometido, estar reservado
◢ Desculpe, não posso nem conversar com você, porque já fui prometida a outro.

◢ Ah, tudo o que você quer é saber o preço deste vestido? Também já está reservado…

Speed up
▼ Could you speed up the whole process?

Agilizar, acelerar
◢ Vocês poderiam agilizar o processo todo?

Spell out
▼ Well, young man, spell out your name and proceed to spell out the plan you have formulated to save our project.

Descrever, dar detalhes; Soletrar
◢ Bem, meu jovem, soletre seu nome e siga adiante: descreva em detalhes o plano que você articulou para salvar nosso projeto.

SPEND ON
▼ "Spend your allowance on useful things," said her mother.

Gastar em, com
◢ "Gaste sua mesada em coisas úteis", disse a mãe dela.

Spinoff [from, of]
➤ s.

Spin-off ou spinoff: um derivado; algo novo resultante de outro produto ou empreendimento (Por ex., programa de TV ou filme com personagens que eram secundários em programas ou filmes anteriores, e que foram transformados em atração principal: "a spinoff from a former series" = um subproduto de série anterior)

S

SPIT ON
▼ Spitting on the sidewalk is disgusting!

Cuspir no, na, sobre
◢ Cuspir na calçada é nojento!

SPIT AT
❝ *Spit, spit, spit ou spat, spat; spitting*
▼ Why don't you spit at the stars instead?

Cuspir contra, dirigido a

◢ Por que, ao invés disso, você não cospe para as estrelas?

Spoon in
▼ As the tourists spooned in some hot food from Bahia, they yelped for water.

Comer, "mandar pra dentro" às colheradas
◢ Quando os turistas comeram umas colheradas de comida baiana apimentada, gritaram por água.

Spoon out
▼ The nanny was watching TV while spooning out the food to the baby.

Servir às colheradas
◢ A babá estava assistindo à TV enquanto dava colheradas de comida para o bebê.

Spur on

▼ The project is in need of some spurring on!

Estimular, impulsionar
🗨 *literalmente, meter as esporas*
◢ O projeto está precisando receber algum estímulo!

SPY ON
▼ No seven-year old child can be accused of spying on anyone.

Espiar -x-
◢ Nenhuma criança de 7 anos de idade pode ser acusada de espiar ninguém.

STANDARDIZE TO
▼ Standardize to one form or another is the best option.

Padronizar em
◢ Padronizar, de uma forma ou outra, é a melhor opção.

(1) STAND BY
(2) Stand by
▼ (1) Darling, darling, darling, darling… Stand by me, stand by me…

▼ (2) Please stand by while we connect your call.

(1) Ficar ao lado, dar suporte
(2) Esperar, ficar no aguardo
◢ (1) Querida, querida, querida… Fique ao meu lado, fique ao meu lado…

◢ (2) Por favor, aguarde enquanto transferimos a sua ligação.

Stand for
Significar, querer dizer

- What does SCCP stand for?
- O que quer dizer SCCP?
- I don't know but I do know that SPFC stands for something like "your father is a men's underwear maker" in Portuguese.
- Não sei, mas eu sei que SPFC significa algo como "seu pai fabrica cuecas" em português.

Stand out
Destacar-se

- Their uniform is beautiful. It stands out in the crowd.
- O uniforme deles é bonito. Destaca-se na multidão.

Stand to reason
Tem lógica, conclui-se que, parece razoável, é natural que

- If you go on a junk food diet for a long period it stands to reason that your health and your figure will be affected.
- Se você ficar comendo só porcaria por um longo período, é natural que a sua saúde e sua figura serão afetadas.

Stand up for
Defender, apoiar

- He may be a tough boss, but he stands up for his own kind. If you don't stick to this job, who will stand up for you?
- Ele pode ser um chefe durão, mas apoia a sua equipe. Se você não se mantiver firme neste trabalho, quem vai defender você?

Stand up to
Resistir [a], aguentar desaprovações, "encarar", "peitar"

- Before doing anything new, one must be ready to stand up to criticism.
- Antes de se fazer qualquer coisa nova, é preciso estar pronto para aguentar as críticas.
- We stood up to them. We didn't let them take over the negotiation.
- Nós resistimos a eles. Não deixamos que tomassem conta da negociação.

(1) Start off v.
(2) Start-off s, adj.
(1) Começar, partir
(2) O início, a partida, largada

- (1) We are anxious to start off our new business.
- (1) Estamos ansiosos para começar o nosso novo negócio.
- (2) We want the start-off to be on the first day of the New Year.
- (2) Queremos que o início seja no primeiro dia do Ano Novo.

Start over [from scratch]
Recomeçar [do zero]

- We will have to start over from scratch because the new law changes everything.
- Teremos que recomeçar do zero porque a nova lei muda tudo.

S

Start-up business	**Negócio novo, de início recente**
▸ It's a start-up business and they have a small budget.	◂ É um negócio novo, e eles têm um orçamento curto.
STARVE OF	**Com falta de, sofrer fome de**
▸ Do not let your body starve of essential nutrients, no matter how thin you want to become.	◂ Não deixe seu corpo com falta de nutrientes essenciais, não importa o quão magra você queira ficar.
Starve off	**Eliminar pela fome**
▸ Are you fat? Eat sensibly and exercise everyday instead of trying to starve it off.	◂ Você está gordo? Coma com sensatez e exercite-se todos os dias, ao invés de tentar perder a gordura pela fome.
Starve to death	**Morrer de fome**
▸ One of the saddest things in life is to see people starving to death.	◂ Uma das coisas mais tristes na vida é ver pessoas morrendo de fome.
Starve into obedience	**Deixar à mingua para obedecerem, conseguir obediência pela fome**
▸ In circuses, you hear of starving animals into obedience.	◂ Em circos, ouve-se falar sobre fazer os animais obedecerem pela fome.
Stash away	**Manter escondido, pôr de lado para quando necessitar**
▸ Where could he have stashed his gold bars away?	◂ Onde ele poderia ter escondido as barras de ouro?
Stay away [from]	**Ficar, manter-se longe de**
▸ Stay away from starving animals, [do] you hear?	◂ Fique longe de animais famintos, está me ouvindo?
Stay on top of	**Saber o que se passa, conhecer, ficar "por dentro" de**
▸ A technical director must stay on top of the current developments.	◂ Um diretor técnico deve conhecer as novidades.
Stay over [at]	**Passar a noite, pernoitar**
▸ Could I possibly stay over? The hotels are booked out.	◂ Será que eu poderia passar a noite na sua casa? Os hotéis estão lotados.

Step down onto

▶ Neil Armstrong stepped down onto the moon.

Descer e pisar em, sobre

◢ Neil Armstrong desceu e pisou na lua.

Step in

⇆ step out of
⇆ come in, get in

▶ Come on in! Step in here, folks.

Entrar

⇆ sair de

◢ Vamos entrando! Entrem aqui, pessoal.

Step into

⇆ step out of

▶ Two girls stepped into the elevator: one reeked of some cheap perfume, the other emanated a scent of fresh roses. Unfortunately, the first prevailed over the second.

Entrar em local fechado, adentrar um recinto

⇆ sair de

◢ Duas garotas entraram no elevador: uma fedia a perfume barato, a outra exalava um odor de rosas frescas. Infelizmente, o primeiro prevalecia sobre o segundo.

STEP OFF

▶ As I stepped off the bus, I could take a deep breath.

Descer de algum lugar em que estivesse "on"

◢ Quando desci do ônibus, pude dar uma respirada funda.

STEP ON

▶ The shy youngster did not know what to do when he was requested to step on the stage.

Subir

◢ O jovem tímido não sabia o que fazer quando foi solicitado a subir no palco.

Stick out

Stick, stuck, stuck; sticking

▶ (1) The kid stuck his head out of the car window and stuck his tongue out at the people standing at the bus stop.

▶ (2) At home, before getting a lecture from his father, he and his pet dog hid themselves under the bed but the dog's tail was sticking out.

(1) Pôr para fora, mostrar: a língua, o nariz, a cabeça, etc.
(2) Ficar de fora, aparecer, destacar-se

◢ (1) O garotinho pôs a cabeça para fora da janela do carro e mostrou a língua para as pessoas que estavam no ponto de ônibus.

◢ (2) Em casa, antes de levar um sermão do pai, ele e o seu cãozinho de estimação se esconderam embaixo da cama, mas o rabo do cachorro estava aparecendo.

S

Stick to	**Ater-se a, ficar firme com**
⇆ stick with	
▼ Stick to your own kind, do you hear?	◢ Fique com os seus iguais, está ouvindo?
▼ Let's stick to business.	◢ Vamos nos ater aos negócios.
Stick up	**Roubar, assaltar**
▼ Take care when you walk in some downtown areas. Tourists get stuck up very often.	◢ Tome cuidado quando andar em algumas áreas centrais. Turistas são assaltados com muita freqüência.
Stick up one's neck (for)	**Defender, arriscar o pescoço por algo ou alguém**
▼ Rick, the owner of Rick's Bar, had said he would not stick up his neck for anybody, but he did. For Ilse.	◢ Rick, proprietário do Bar do Rick, disse que não arriscaria seu pescoço por ninguém, mas o fez. Pela Ilse.
Stick with	**Ater-se a, ficar firme com**
👁 stick to	
⇆ stick To	
STIGMA TO, ABOUT	**Estigma quanto a, sobre**
▼ There seems to be a stigma about being unmarried after turning 35. (= stigma to)	◢ Parece haver um estigma quanto a não ser casado após virar os 35 anos de idade.
Stir in, stir up	**(1) Stir in: Adicionar mexendo; Stir up: mexer vigorosamente**
	(2) Stir up: também significa mexer com algo ou alguém, animando ou criando confusão
▼ (1) In a bowl with one egg yolk separated from its white, stir in some oil and stir it up with rhythm, preferably to the sound of reggae music.	◢ (1) Numa tigela com uma gema de ovo separada da clara, adicione, mexendo, um pouco de óleo e bata bem, com ritmo, de preferência ao som de reggae.
▼ (2) "Don't you stir up trouble this time, you hear me?", said Jason's mother.	◢ (2) "Não vá arrumar confusão desta vez, está me ouvindo?", disse a mãe do Jason.
Stock up [on]	**Fazer estoque de**
▼ There is no use stocking up on too much fresh fruit. They get rotten.	◢ Não adianta estocar frutas frescas demais. Elas apodrecem.

STOP BY
On my way home I stopped by the hospital to see a co-worker who just had surgery.

Parar em certo local, dar uma passadinha
No caminho para casa, eu dei uma passadinha no hospital para ver um colega recém-operado.

STOP FROM
Friends stopped me from getting into deep trouble.

Impedir, não deixar que, segurar para evitar algo
Amigos me seguraram para eu não entrar numa grande fria.

STORED IN
> Comp.

The data has been stored in the correct directory on the computer.

It is stored in a file on the computer.

Armazenado em computador

Os dados foram armazenados no diretório correto no computador.

Estão armazenados num arquivo no computador.

STORE ON
> Comp.

The information is stored on hard drive.

Armazenar em discos, etc.

Os dados estão armazenados em disco rígido.

Stoop down
⇆ bend down

The worst part is having to stoop down to the floor to retrieve printouts

Abaixar-se

A pior parte é ter que abaixar-se até o chão para pegar os impressos.

Strewn with
" *Strew, strewed, strewn*

The streets were strewn with bodies.

I dream of paths strewn with flowers.

Cheio, coberto de; ter muito de algo em locais, falas, textos – de forma espalhada, disseminada

As ruas estavam cobertas de cadáveres.

Sonho com caminhos onde espalham-se muitas flores.

STUCK AT, IN
I got stuck in traffic and now I'm stuck at work finishing this report because I showed up late.

Ficar amarrado, preso em algum local

Fiquei amarrado no trânsito e agora estou preso aqui, trabalhando para terminar esse relatório, porque cheguei atrasado.

STUCK TO
▶ The gummy candy got stuck to my gum!

Grudado em
◀ A bala de goma ficou grudada na minha gengiva!

STUCK WITH
▶ Stuck with a budget of R$ 1,000.00, the Personnel Department guys have to take on the company's year-end party problem.

Amarrado a, preso a
◀ Amarrados a uma verba de R$ 1.000,00, os caras do Departamento Pessoal têm que atacar o problema da festa de fim de ano da empresa.

STUDENT FROM
▶ A student from my class saw me at the theater.

Estudante, aluno da, do
◀ Um aluno da minha classe me viu no teatro.

STUMBLE UPON
▶ At the wake I stumbled upon relatives I hadn't met for over 40 years.

Topar com
◀ No velório, topei com parentes que não encontrava havia mais de 40 anos.

SUBJECT TO
▶ Every famous person is subject to close examination.

Sujeito a
◀ Qualquer pessoa famosa está sujeita a exame minucioso.

SUBSCRIBE, SUBSCRIPTION TO
⇄ for

▶ How many magazines do you subscribe to?
▶ My subscription to the discussion list was accepted. (= subscription for)

Assinar, ser assinante de (publicações em geral)
Assinatura, inscrição, solicitação para participar
◀ Quantas revistas você assina?
◀ Minha inscrição na lista de discussões foi aceita.

> **Nota:** (i) Subscribe FOR shares, issues = subscrever ações, emissões, fazer reserva de lançamentos, até mesmo de publicações. Note o uso sem nenhuma partícula na voz passiva: They have been fully subscribed.
> (Foram integralmente subscritas ou reservadas).
> (ii) Subscribe **to** também significa acatar, aceitar, "assinar embaixo" tanto literal como figurativamente.
> (iii) No sentido de contribuir para algo, colaborar financeiramente, tem uso semelhante a contribute TO. People contribute/subscribe TO institutions, causes, drives, church, FOR those in need.
> (As pessoas contribuem ou colaboram **para** as instituições, causas, campanhas, igrejas, **pelos** que necessitam).

SUBSTITUTE BY, WITH

➤ v. + prep.

▶ The coach substituted the tired player with another from the bench.

▶ Substituted by a teammate, he asked to be taken off the field on a stretcher.

Substituir por

◢ O técnico substituiu o jogador cansado por outro do banco de reservas.

◢ Substituído por um colega, ele pediu para ser levado para fora do campo numa maca.

SUBSTITUTE FOR

➤ v. + prep.

Substituir -x-, ficar no lugar de outro, ou usar algo ao invés de outro

🗨 ATENÇÃO: O primeiro substantivo mencionado é o que substitui o que vem depois..

👁 NOTA a seguir

▶ (1) Can honey substitute for molasses? The cook has called in sick and I am substituting for him.

▶ (2) Yes, honey can be substituted for molasses. And thank you for substituting for the cook.

◢ (1) Pode o mel substituir o melado? O cozinheiro ligou avisando que está doente, e eu estou no lugar dele.

◢ (2) Sim, o mel pode ser usado ao invés de melado. E obrigado por substituir o cozinheiro.

Nota: *(i)* Em "Substitute for Love", cantado por Madonna, o título não dá confusão, pois significa literalmente "Substituto para o amor", como em português. Veja que "substituto" é aí um substantivo, e "for" é preposição com sentido de "para, no lugar de". *(ii)* Porém na letra, a primeira linha dessa canção diz "I traded fame for love", e é fácil haver confusão. O verbo frasal "Trade for" é equivalente a "substitute for" = trocar, substituir, e ambos significam que o primeiro elemento mencionado substitui o segundo, conforme a entrada acima (SUBSTITUTE FOR) Assim, "I traded fame for Love" quer dizer "Eu troquei o amor pela fama = preferí fama ao invés de amor", assim como "I substituted honey for molasses" significa "Eu substituí o melado pelo mel = usei mel no lugar de melado". *(iii)* Para quem quiser ler mais sobre o assunto, recomendo o Guia Prático de Tradução Inglesa de Agenor Soares dos Santos. .

SUBTRACT FROM

▶ Ask the web designer to subtract that information from the log file.

Subtrair de, tirar de

◢ Peça ao web designer para tirar essa informação do log (arquivo de registro, arquivo de auditoria).

SUCCEED AT, IN + v.
⇆ (to be) successful at, in + v.
▶ (1) Joey did not succeed at the college entrance exams.
▶ (2) However, he succeeded in opening a new business.

Ter sucesso em, conseguir
Ser bem sucedido em
◀ (1) Joelzinho não conseguiu passar no vestibular da faculdade.
◀ (2) Porém, ele teve sucesso ao abrir um novo negócio.

SUCCESSOR TO
▶ Low sugar was the successor to the low-carb craze.

Sucessor do
◀ O açúcar de baixo teor foi o sucessor da onda do baixo teor de carboidrato.

SUE INTO

▶ The company was sued into bankruptcy. (Or) After the scandal, the famous actor was sued into oblivion.

Processar e levar à
💬 *into = sentido de mudança, transformação para certo estado ou condição*
◀ A empresa foi processada e levada à falência. (Ou) Após o escândalo, o famoso ator foi processado e caiu no esquecimento.

SUFFER FROM
▶ She suffers from shortsightedness.

Sofrer de
◀ Ela sofre de miopia.

SUGGESTIVE OF

▶ The evidence found is suggestive of a suboptimal condition.
▶ We could check it now if that is suitable for you.

Indicar, sugerir, insinuar, estimular
Conveniente para
◀ As evidências encontradas sugerem condição sub-ótima.
◀ Poderíamos verificar isso agora se for conveniente para vocês.

SUITABLE FOR
▶ They are suitable for the study.

Adequado, apropriado a
◀ São apropriadas para o estudo.

SUITABLE TO

Conveniente, adequado, apropriado a algo que leva a outra finalidade ou receptor (condições)

▶ The process is suitable to the betterment of the project.
▶ The steps are suitable to the needs of the student body.

◀ O processo é adequado às melhorias do projeto.
◀ Os passos são apropriados para as necessidades do corpo discente.

> **Nota:** Qual é a diferença entre "suitable for" e "suitable to"? Note, pelos exemplos acima, que o TO leva a outra finalidade ou condições. O FOR já é diretamente para uso ou benefício do que se segue.

SUPERIMPOSED ON, UPON ▼ Superimposed on the systemic factors are local factors which can predispose children to dental defects.	**Sobreposto a, adicionado a, por cima de** ◢ Sobreposto aos fatores sistêmicos, existem fatores locais que podem predispor as crianças aos defeitos dentários.
(1) SUPPLY TO **(2) SUPPLY FOR** **(3) SUPPLY WITH** ▼ Prime-Minister Margaret Thatcher found it wrong not to supply the rebels with arms. She supplied the arms to them. She would not refuse to supply for their cause.	**(1) Suprir, fornecer para outros** **(2) Suprir para finalidades** **(3) Suprir de, com** ◢ A primeira-ministra Margaret Thatcher achou errado não suprir os rebeldes com armas. Ela forneceu as armas para eles. Ela não se recusaria a fornecer para a causa deles.
SURPRISED AT, ABOUT, BY ▼ Odete was surprised at her weight: she had put on about 10 pounds.	**Surpreso com, ao** ◢ Odete estava surpresa com o seu peso: ela havia ganho quase 5 quilos.
SURPRISED + *VERB* **(to** + *v. inf.*) ▼ She was surprised to learn that honey was as fattening as white sugar.	**Surpreso de/ao** + *verbo* ◢ Ela ficou surpresa ao saber que o mel era tão engordativo quanto o açúcar branco.
SURVEY ON ▼ Professor Jenkins assigned us a survey on the influence of (the) weather on people's humor.	**Levantamento, estudo, pesquisa sobre, a respeito de** ◢ O professor Jenkins designou-nos uma pesquisa a respeito da influência do tempo no humor das pessoas.
SURVIVE -x- ▼ I shall survive all that.	**SOBREVIVER A** ◢ Sobreviverei a tudo isso.
(TO BE) SURVIVED BY ▼ Old Mr. McDonald is survived by his wife Nettie, five sons, two daughters and ten grandchildren.	**Falecer e deixar no mundo** ◢ O velho Sr. McDonald deixa a esposa Nettie, cinco filhos, duas filhas e dez netos.

SURVIVE ON ◤ "We managed to survive in the jungle on water and insects, dead or alive." said the survivors.	**Sobreviver com, na base de** ◢ "Nós conseguimos sobreviver na floresta com água e insetos, vivos ou mortos" disseram os sobreviventes.
SUSPECT -x-	**Suspeitar de alguém** exemplo em Suspicious of/about
[to be] SUSPECTED OF ◤ My twin brother was suspected of setting fire to the powerhouse.	**Ser suspeito de** ◢ O meu irmão gêmeo era suspeito de ter ateado fogo na casa de força.
SUSPICIOUS OF/ABOUT ◤ You look suspicious about something... Tell me, what is it? You don't suspect me, do you?	**Suspeitar de ou sobre** ◢ Você parece suspeitar de algo... Diga-me, o que é? Você não suspeita de mim, suspeita?
Sweat something off, out ◤ After being called Gordette, Odete decided to sweat it off.	**Suar até eliminar, perder peso suando** ◢ Depois de ser chamada de Gordette, Odete decidiu mexer-se para suar e eliminar o excesso.
Swing out “ ***Swing, swung, swung; swinging*** ◤ Sliding doors save swing out space.	**Girar, virar, com movimento para fora, para o lado externo** ◢ As portas de correr economizam espaço.

Nota: swing open = abrir e ficar balançando com a força do movimento feito. É interessante como alguns verbos em inglês podem ser usados para significar frases inteiras em outras línguas, como o português.

Switch on/off ◤ The on/off switch is a dimmer as well. You adjust it as you switch it on.	**Ligar, desligar** ◢ O botão liga/desliga é também um regulador de intensidade. Você o ajusta ao ligar o botão.
[to be] Sworn in ◤ Today, January 20, 2009, Mr. Barack Obama, the first black president of the United States, was sworn in.	**Ser empossado** ◢ Hoje, 20 de janeiro de 2009, o Sr. Barack Obama, primeiro presidente negro dos Estados Unidos, foi empossado.

[to be] SYMPATHETIC TO, TOWARD(S)

Favorável a; acolhedor, compreensivo, solidário para com (ideias, causas ou estado mental de outros). Às vezes, cabe traduzir como "simpático a, para com".

▼ I felt sympathetic to the aims of the group.

◢ Eu me sentia solidário com os objetivos do grupo.(= era simpático aos objetivos do grupo)

SYMPATHIZE WITH

➢ v.

Apoiar, concordar, simpatizar com

▼ I sympathized with their views.

◢ Eu apoiava os pontos de vista deles.

SYMPATHY FOR, FROM;

Sentimento de solidariedade, apoio, conforto, compreensão

▼ My sympathy for their cause was long-lived and attracted sympathy from others.

◢ Meu apoio à sua causa vinha de longa data e atraiu a simpatia de outros.

TO, TOWARDS

➢ s.

sentimentos, pêsames

▼ Many sympathy messages were extended to the victim's family.

◢ Muitas mensagens de pêsames foram estendidas à família da vítima.

SYNONYMOUS WITH

Sinônimo de

▼ "Our brand name is synonymous with premium quality," the marketing manager said.

◢ "Nossa marca é sinônimo de alta qualidade", disse o gerente de marketing.

TAILOR FOR, TO
▶ Some think that we have to tailor our résumé for/to each position that we apply for.

Adaptar, ajustar a, para
◢ Alguns acham que temos de adaptar o nosso currículo para cada cargo ao qual nos candidatamos.

Tailor to one's needs
▶ Tailor it to your needs.

Adaptar, ajustar às necessidades
◢ Adapte-o às suas necessidades.

Take advantage of
" Take, took, taken; taking

▶ At a social gathering, Merla took advantage of the opportunity to advertise her product.

▶ The hostess felt taken advantage of.

Aproveitar, usar
● (pode ter sentido negativo, principalmente na voz passiva)

◢ Em uma reunião social, Merla aproveitou a oportunidade para propagandear o seu produto.

◢ A dona da casa se sentiu usada.

Take after
▶ Whom have you taken after?

Parecer-se, ter semelhança física
◢ Com quem você se parece? (quem você "puxou"?)

Take away [from]

▶ (1) Sonny: if you have 45, take away 15 leaves 30.

▶ (2) Go take that water pistol away from Jason!

(1) Deduzir de, subtrair, "menos"
(2) Levar de algum local, tirar de alguém

◢ (1) Filhinho: se você tem 45, menos 15 ficam 30.

◢ (2) Vá tirar aquela pistola de água do Jason!

Take something back for refund

▶ Keep any vouchers when you buy something that you might need to take back for refund.

Devolver algum produto para receber devolução da quantia paga

◢ Guarde quaisquer comprovantes quando você compra algo que possa precisar devolver para receber de volta o que pagou.

Take control of/over a situation

Tomar as rédeas, ficar no controle da situação

T

Take down	**(1) tirar de um lugar alto**
	(2) imobilizar no chão
▼ (1) Take down the Christmas lights, it's almost summer!	◢ (1) Tire as luzinhas de Natal, já estamos quase no verão!
▼ (2) Take the piglet down before it escapes. (= hold it down)	◢ (2) Segure o leitão firme no chão, antes que escape.

Take down	**Anotar, escrever rapidamente**
⇆ write down, jot down	
▼ Wait, don't tell me your phone number yet…I need to take it down otherwise I'll forget it almost immediately.	◢ Espere, não me diga seu número de telefone ainda… Tenho que anotar ou vou esquecer quase que imediatamente.

Take exception to	**Objetar a, discordar de**
⇆ disagree	
💬 *Jur./ formal*	

Take in	**(1) Apertar roupas**
	(2) Enganar
▼ (1) In the fitting room, the customer said: "The waist needs to be taken in".	◢ (1) Na sala de provas, a cliente disse: "A cintura precisa ser ajustada".
▼ (2) Magda was taken in by the clever salesman.	◢ (2) Magda foi enganada pelo esperto vendedor.

Take into account	**Levar em consideração.**

Take off	**(1) Tirar, desligar de**
	(2) Tirar roupa, calçados, etc.; Tirar folga
▼ (1) Though silly, some TV programs help in taking the patients' minds off the procedure in the dentists' offices.	◢ (1) Apesar de bobinhos, alguns programas de TV ajudam a desviar a mente dos pacientes dos procedimentos nos consultórios dos dentistas.
▼ (2) I took 10 days off. Time to take off the suit & tie and take my mind off the office matters.	◢ (2) Tirei 10 dias de folga. É hora de tirar o terno e a gravata e desligar a cabeça dos assuntos do escritório.

Take off **Take-off = departure** ▶ "Hurry up, or the plane will take off without us", the worried husband told his wife. "We have to take off! It's only 15 minutes to take-off time."	**Partir, decolar; pegar velocidade, sair voando (também figurativamente)** **Take-off** s. **a partida, a decolagem** ◢ "Apresse-se ou o avião vai partir sem nós", disse o preocupado marido à sua esposa. "Temos que sair voando! Faltam apenas 15 minutos para a decolagem."
Take offense at, to ▶ Unfortunately, she took offense at my comments on the matter. ▶ My sister takes offense at any and all comments you make regarding her. ▶ She took offense at/to being called "too intelligent". ▶ I think that was an offense to intelligence.	**Ofender-se com, por** ◢ Infelizmente, ela se ofendeu com os meus comentários sobre o assunto. ◢ Minha irmã se ofende por todo e qualquer comentário que você faça com respeito a ela. ◢ Ela se ofendeu por ser chamada de "inteligente demais". ◢ Acho que isso foi uma ofensa à inteligência.
[One's] take on something ▶ My take on difficult issues like this is to break them up into pieces and then put them back together.	**O que faço, minha ação, a abordagem sobre, quanto a, em relação a algo** ▶ s. ◢ Minha abordagem para questões difíceis como esta é "quebrá-las" em pedacinhos e, depois, juntá-las novamente.
Take on ▶ The accounting firm decided to take on the ex-clients that are suing it.	**Assumir, entrar em briga, aceitar o oponente em jogos, contendas, "peitar"** ◢ O escritório de contabilidade decidiu enfrentar os ex-clientes que a estão processando.
TAKE OUT	**Tirar, levar ou tirar algo para fora de algum lugar, tirar/limpar marcas ou sujeiras, levar para sair; eliminar adversários, descontar de valores, etc., etc., etc.** 👁 NOTA ao final da série

T

Take out

(1) Soltar costura, barra, etc.
(2) "para viagem"
(= food to go, to take away)

▶ Now the waist is too tight: could you take it out just a little, while I go to the baker's to buy some take-out?

▲ Agora a cintura está muito apertada: você poderia soltar só um pouco, enquanto vou à padaria comprar algo para viagem?

Take something out on

⇆ work off on, vent on

▶ The poor boy was bullied in school and scolded at home but he did not take it out on his pet dog.

Descontar sobre alguém

▲ O pobre garoto foi maltratado na escola e levou uma bronca em casa, mas não descontou em seu cachorro de estimação.

Take time out of your schedule

Separar um tempinho de sua agenda

Take out money

⇆ withdraw money

Tirar dinheiro, fazer retiradas

Take over

▶ I'm tired to death....Somebody, take over, please.

Assumir o controle

▲ Estou morta de cansaço... Alguém, assuma, por favor.

Takeover

➤ n.

▶ The multinational company took over the small but well-succeeded local industry only to close it down.

Tomada de controle acionário, tomada de poder

➤ s.

▲ A empresa multinacional tomou o controle da pequena porém bem-sucedida indústria local, só para fechá-la.

Take something over

▶ She took over the job.

Assumir a administração, controle ou responsabilidade de algo

▲ Ela assumiu o trabalho.

Take pride in

⇆ be proud of

▶ They took pride in their public image. (= they were proud of their public image.)

Orgulhar-se de

⇆ ter orgulho de

▲ Eles tinham orgulho de sua imagem pública.

Take someone through ▶ Soon she was taking interns through the company's procedures.	**Orientar, explicar, treinar alguém sobre algo** ◢ Logo ela estava orientando estagiários a respeito dos procedimentos da empresa.
Take to ▶ (1) Our cat took to sleeping in the drawer where I keep my socks. ▶ (2) In hopes that her cousin Nice would take to it, Rose put a beautiful pink ribbon around the neck of the municipal pound puppy she was going to give her as a birthday present.	**(1) Começar a praticar algo, "dar de" fazer algo** **(2) Gostar, cair no gosto de, simpatizar com** ◢ (1) Nosso gato deu de dormir na gaveta onde guardo minhas meias. ◢ (2) Na esperança de que sua prima Nice gostasse dele, Rose pôs uma bela fita cor-de-rosa no pescoço do cãozinho do canil da prefeitura que ela ia dar-lhe de presente pelo aniversário.
Take to the bush **Take to one's heels**	**Correr para, ir esconder-se no mato (também: take to the hills, take to the woods); "Dar (com o) pé nas canelas"**
TAKE UP **Take up**	**Erguer, levantar algo, levar para cima, pegar levantando; Absorver ("chupar" líquido), tomar tempo, tomar posse, pegar passageiros, retomar alguma atividade, dar consideração a algo, tratar de assunto, interromper alguém por discordar, encolher, recolher contribuições, aceitar oferta, assumir, lidar com, etc.**
Take up ▶ Upon turning 60, that Dutch executive retired and took up embroidery as his hobby. ▶ Maurice took up massage as a hands-on side job on the weekends: he rests his brains.	**Adotar algo como hobby** ◢ Ao completar 60 anos, aquele executivo holandês aposentou-se e tomou o bordado como hobby. ◢ Mauricio adotou a massagem como um trabalho extra, de mão na massa, nos finais de semana. Ele descansa a mente.

> **Nota:** As combinações com o verbo t**ake** chegam a centenas. Somente com **out**, são mais de uma dezena. É necessário ficar alerta, "Take out", por exemplo, carrega vários significados. Um exemplo: "Take out cancellation on your insurance" pode confundir. Uma vez que a partícula **out** carrega também o significado de "não haver" e de "fora", seria para cancelar ou o oposto, para descancelar o seguro? Consultando um bom dicionário somente de Phrasal Verbs com milhares de verbetes, verá que **take out,** entre outros, significa "fazer, obter". Assim, "take out cancellation on your insurance" pode, de acordo com o contexto, significar: "faça o cancelamento do seguro".

TALK -x- [about] business, cats, food etc.	Falar, conversar sobre negócios, gatos, comida, etc.
▶ Oh no, please… let's not talk business while eating.	▲ Oh, não, por favor…. Não vamos falar sobre negócios enquanto comemos.
▶ Talking about food or trips is more relaxing.	▲ Conversar sobre comida ou viagens é mais relaxante.
Talk back to	**Retrucar, responder de forma cortante ou rude**
▶ Talking back to your elders can be a mistake.	▲ Retrucar aos seus superiores ou pessoas mais velhas pode ser um erro.
Talk down	**Falar a outros de forma superior, "por cima", diminuindo-os**
▶ Everyone knows very well when they are talked down to.	▲ Todos sabem muito bem quando outros falam com eles de modo a diminuí-los.
▶ Our boss is such a jerk, he talks down to all his employees.	▲ Nosso chefe é um grande idiota: fala muito "de cima" com todos os empregados.
Talk out of	**Convencer outro, conversando, a não fazer algo**
▶ Mom wanted to go to India but dad talked her out of it.	▲ A mãe queria ir para a Índia, mas o pai a convenceu a não fazer isso.
Talk [things] over	**Discutir, conversar a respeito**
▶ There is a hitch with that deal, and we must talk it over.	▲ Tem um enguiço a respeito daquele negócio, e nós precisamos conversar sobre isso.

TALK TO, WITH

Falar com, dirigir-se a; conversar com, dialogar com

- I want you to talk nothing but English with me, said the teacher.
- "Quero que vocês somente se dirijam a mim em inglês", disse o professor.
- That teacher no longer has anyone to talk with.
- Aquele professor não tem mais ninguém com quem conversar.
- I'll talk to him.
- Vou falar com ele.

> **Nota:** TALK TO ou TALK WITH?
>
> "Talk to" é dizer algo a outro(s), ir falar, fazer um comunicado. Por exemplo, avisar sobre algum comportamento ou procedimento que deva ser modificado. Existe pelo menos um grau de superioridade, mesmo que mínimo, de quem se dirige ao outro. Já "Talk with" é quando se conversa com a outra pessoa, ocorre um diálogo; há uma troca, implica igualdade dos participantes, mesmo que apenas em certa dimensão.
>
> Para quem usa a internet e gostaria de explanações em inglês, aí vai uma sugestão de consulta: Debra Garcia em *Teaching ESL to Adults*.

Talk up

Falar bem, promovendo

- He sure talked up this party, it should be a lot of fun!
- Ele falou muito bem desta festa, deve ser "demais".
- If you really believe in your product, why not talk it up?
- Se você realmente acredita no seu produto, por que não fazer marketing dele nas suas conversas?

TAMPER WITH

Mexer em

- "The scene of the crime has been tampered with" said the police chief.
- "Mexeram na cena do crime", disse o Chefe.

TASTE FOR

> n.

Desejar, gostar demais de, apreciar, ter gosto por

- I have a taste for something sweet.
- Adoro / estou com muita vontade de alguma coisa doce.

TASTE OF
TASTE LIKE

Ter sabor de, saber a
Ter gosto parecido com

- It tastes of fish (= it tastes like fish)
- Tem gosto de peixe (= parece peixe)
- Kiwis taste like peaches.
- Kiwis têm gosto de pêssego.

T

Teach to the test
Teach, taught, taught; teaching
- Teaching to [the] tests is done regularly in prep courses.

Ensinar em relação a, baseado em conteúdo de testes e exames passados
- Ensinar com base em testes anteriores é algo feito regularmente nos cursinhos de preparo para exames.

Team up [against, with]
- Students tend to team up against those considered nerds.

Formar time ou grupo, unir-se, organizar-se em time; contra, com
- Os estudantes tendem a unir-se em turmas contra os que consideram nerds.

Tear down (a fence)
Tear, tore, torn; tearing
- Oh, shoot...the fence will have to be torn down. After all the trouble of putting it up.

Pôr abaixo (cercas, por ex.)
- Ó, raios... A cerca terá que ser posta abaixo. Depois de todo o trabalho para erguê-la.

TEAR TO
- The message was torn to pieces.

Rasgar em
- O recado foi rasgado em pedacinhos.

Tear up
- The dog has torn up my slippers.
- Yesterday he tore up some flower plants I had just planted.

Destruir rasgando, puxando, mordendo Arrancar com brusquidão plantas e árvores
- O cachorro rasgou meus chinelos.
- Ontem ele arrancou umas flores que eu tinha acabado de plantar.

Tease out
- We have to tease out the relevant data.

Separar, identificar
- Temos de identificar/separar os dados relevantes.

TEEM WITH
- The river was teeming with piranhas, the man-eating fish of the Amazon.

Cheio de
- O rio estava lotado de piranhas, o peixe carnívoro do Amazonas.

Tell off
Tell, told, told; telling

Repreender, dar bronca, passar um carão em alguém.

Tell on [to]
⇆ Put SOMEBODY on

Denunciar, "dedar" alguém, ir contar [a]

T

TEMPT INTO ▼ "Behave yourself, you hear? Do not tempt me into telling on you."	Tentar alguém a fazer algo ◢ "Comporte-se, tá me ouvindo? Não me deixe tentado a ir denunciar você."
TEND TO ▼ (1) Architects tend to be sensitive people. ▼ (2) Burle Marx, the great landscape designer, was always tending to gardens.	**(1) Tender para, ter tendência a** **(2) Cuidar de, atender [a]** ◢ (1) Os arquitetos têm tendência a serem seres sensíveis. ◢ (2) Burle Marx, o grande paisagista, estava sempre cuidando de jardins.
TERRIBLE AT ▼ Do not ask me to go karaoking: I am terrible at that.	Terrível em ◢ Não me convide para uma sessão de karaokê: eu sou péssimo naquilo.
TERRIFIED OF ▼ Kingshaw was terrified of moths.	Ter terror de ◢ Kingshaw tinha terror de mariposas.
(1) TEST OF **(2) TEST FOR** **(3) TEST ON** ▼ (1) It's a test of strength and durability. ▼ (2) He tested negative for HIV. ▼ (3) It was first tested on guinea pigs	**(1) Teste de** **(2) Teste (para detectar algo)** **(3) Teste em, sobre** ◢ (1) É um teste de resistência e durabilidade. ◢ (2) O teste de HIV dele resultou negativo. ◢ (3) Primeiro, foi testado em cobaias.
TEST FOR [safety] ▼ Now, let's conduct a test for safety before using it on humans.	Testar (por ex. a segurança); testar para verificação da segurança ◢ Agora, vamos fazer um teste de segurança antes de aplicar em humanos.
TESTAMENT TO ▼ The number of tests conducted is a testament to the seriousness of the procedures.	Testemunho de, prova de algo ◢ O número de testes realizados é testemunho da seriedade dos procedimentos.

TESTIFY v.
(1) TO
(2) ABOUT
(3) FOR, ON BEHALF
(4) AGAINST
(5) BEFORE
(6) UNDER OATH

Testemunhar
(1) no tocante a, quanto a
(2) sobre
(3) a Favor
(4) contra
(5) perante
(6) sob juramento

▼ (1) I can testify to the high quality of the product.

▲ (1) Posso testemunhar quanto à alta qualidade do produto.

▼ (2-6) Would you testify about a crime for (=on behalf of) a neighbor and against another, before a judge and under oath?

▲ (2-6) Você testemunharia sobre um crime a favor de um vizinho e contra um outro perante um juiz e sob juramento?

TESTIMONY OF, TO
➤ n.

(1) Testemunho, depoimento de, para

▼ (1) Now let's hear the testimony of his wife. Her testimony to the committee was brilliant.

▲ (1) Agora, vamos ouvir o testemunho de sua esposa. O depoimento dela ao comitê foi brilhante.

TESTIMONY OF, TO
➤ n.

(2) Prova de algo
➤ s.

▼ (2) Do you still need a testimony of/to good will?

▲ (2) Você ainda necessita de uma prova de boa vontade?

> **Nota:** Os termos acima, testemunhar, testemunho, depoimento, são muito comuns. Aparecem em artigos, reportagens, livros de ficção. Mas traduções de cunho realmente jurídico envolvem muito mais termos e conhecimentos específicos. Este não é um dicionário jurídico.

The Man in Iron Mask

O Homem da Máscara de Ferro
(literalmente: O Homem Com a Máscara de Ferro)

THEREBY
➤ Adv.

Por meio de, em razão disso, portanto

THEREFORE
➤ Adv.
⇆ as a result

Portanto, assim, como resultado

THERE + partículas
👁 NOTA sob Here + partículas.

THINK ABOUT
💬 Às vezes, o mesmo que Think of
❝ *Think, thought, thought; thinking*
▶ I was thinking about our future.

▶ They have to think about whether to sell their house or not.

▶ I had thought about that just yesterday.

▶ Thinking about you…

Pensar em, sobre, considerar;
Também: o simples ato de lembrar de algo

◢ Eu estava pensando em nosso futuro. (tecendo considerações a respeito)

◢ Eles precisam pensar [sobre] se vendem a casa deles ou não.

◢ Eu tinha pensado nisso/lembrado a respeito disso ontem mesmo.

◢ Pensando em você...

THINK OF
💬 Às vezes, o mesmo que Think about
▶ Think of me before making your decision.

▶ When my kid got hit by a speeding motorbike, I could not think of anything; I just screamed.

▶ Thinking of you...

Ter opinião sobre, pensar em, imaginar

◢ Pense em mim antes de tomar sua decisão.

◢ Quando o meu menino foi atingido por uma motocicleta em alta velocidade, eu não consegui pensar em nada, só gritava.

◢ Pensando em você...

> 🔖 **Nota:** **think of** é geralmente mais focado ou imediato do que **think about**; quando se tecem considerações sobre algo. Por exemplo: para tomar decisões ou tirar conclusões usa-se **think about**; porém, a diferença é frequentemente muito pouca ou nula, havendo uso aleatório.

Think over
▶ Think it over before acting foolishly.

Pensar bem, reconsiderar

◢ Pense bem antes de agir absurdamente

Think up
⇆ think of, make up, dream up
▶ I'll have to think up something to get us out of this quagmire.

Pensar em algo no sentido de "bolar', idealizar, imaginar algum plano ou ação

◢ Vou ter que bolar algum plano para nos tirar desse horrível pesadelo.

THOUGH
➤ Conj.
⇆ Although

▶ Though/Although he likes samba, he doesn't like the Carnival holidays.

▶ He does like samba music. He doesn't like the Carnival holidays, though.

Ainda que, embora, apesar de

💬 Though pode ser colocado no final da oração, após vírgula, significando porém, entretanto, apesar disso.

◢ Embora goste de samba, ele não gosta dos feriados de Carnaval.

◢ Ele gosta de samba, sim, porém não gosta dos feriados do Carnaval.

THREATEN WITH
THREATEN TO + v.

▼ There are wild animals and native plants threatened with extinction in Brazil.

Ameaçar de
Ameaçar + *verbo inf.*

◢ Há animais selvagens e plantas nativas ameaçadas de extinção no Brasil.

THROUGH
▶ Prep., adv., adj.

(i) **através, por intermédio** *(ii)* **ideia de "todo o caminho", durante e até o final, inteiramente, atravessar, furar, ir direto** *(iii)* **acabar**

Através de, com, por meio de, usando, por intermédio de, passando por, atravessando (flip through, look through); a, até (January through December); durante, por todo (período de tempo); devido a, por, por causa de (through neglect); ter sucesso em, terminar algo trabalhoso, desagradável (live through); completamente, a termo, inteiramente (go through with); durante, no decorrer de, ao longo de, por todo, (all through, sleep through); conectar, passar, passar por, furar; de um extremo a outro, de lado a lado, de ponta a ponta, do começo ao fim; direto, sem baldeação (a through train); preferencial, contínuo, que atravessa algo (drive thru); até o fim, completo; é enfatizador; liquidado, acabado, terminado (be through [with]), guiar, explicar (take someone through); ver através, não deixar-se enganar (see through)

> **Nota:** Há inúmeras construções usando Through no sentido de "durante, ao longo, até chegar". Exemplos:
>
> Fake one's way through... (enganar para chegar onde quer).
>
> Working my way through all kinds of difficulties ("trabalhando" para abrir o caminho para cumprir seus objetivos, através de todas as dificuldades).

Through carelessness
⇆ by carelessness

▼ Leaving the lights on unnecessarily, through carelessness, is inadmissible. (Or) Most fires are caused by carelessness.

Por descuido

◢ Deixar as luzes acesas desnecessariamente, por descuido, é inadmissível. (Ou) A maioria dos incêndios é causada por descuido.

Through neglect
⇆ by neglect

▼ The iron was not turned off, through neglect, and the place caught fire.

Por negligência

◢ O ferro não foi desligado, por negligência, e o lugar pegou fogo.

Through the grapevine
▶ We heard of it through the grapevine.

Pela rádio peão
◢ Nós soubemos disso através da rádio peão.

Through thick and thin
▶ My great-grandparents' marriage lasted for 50 years, through thick and thin.

"Na alegria e na tristeza"
◢ O casamento dos meus bisavós durou 50 anos, passando por todos os obstáculos.

[to be] Through with
▶ On the other hand, their great-granddaughter was through with her marriage in 5 months.

Terminar
◢ Por outro lado, a bisneta deles terminou com seu casamento em 5 meses.

THROUGHOUT
▶ Prep., adv.

(i) **Por todo, inteiramente**

Através de todo, de tudo, de um extremo a outro; por todo, durante, por toda parte, por todo o período; inteiramente, completamente, totalmente, por toda parte, do princípio ao fim.

Throughout the world
▶ Accidents like that happen everyday throughout the world.

Por todo o mundo, no mundo inteiro
◢ Acidentes como esse acontecem todo dia no mundo inteiro.

THROW AT
THROW TO
▶ Instead of throwing the ball to his friends, the boy threw it at a lamppost.

Jogar, atirar para, contra
Jogar para, na direção
◢ Ao invés de jogar a bola para seus amigos, o menino atirou-a contra um poste.

Throw one's lot in with...
⇆ CAST In with
▶ Breno threw his lot in with being a franchisee, after receiving his financial compensation from the Voluntary Layoff Program.

Apostar o seu destino em; a sua sorte em
◢ Breno apostou a sua sorte em ser um franqueado após receber o "sopão".

Throw up
▶ I feel like throwing up...where's the toilet?

Vomitar
◢ Sinto vontade de vomitar...onde é o banheiro?

THUS ➤ adv.	Assim, deste modo, então, daí, por isso, portanto
Time is up	Acabou o tempo
TICKET FOR	Bilhete, passagem ou entrada para alguma data, apresentação, show, première, etc. Exemplos: ticket for Friday, for the show, for the performance.
TICKET TO	Bilhete, passagem, ou entrada que leva para algum local, ou que permite entrar em algum local. Exemplos: ticket to New York, to the game, to a match.
Ticket for speeding	Multa por excesso de velocidade.
Tie in with	"Bater", concordar, conferir com (números, dados, informações)
TILL ⇆ until	Veja *UNTIL*
TINKER WITH	Manipular, mexer com certo conhecimento, para fazer funcionar, dar certo
Tip off ➤ n., v.	Dica; dar dica
1) **TIRED FROM** 2) **TIRED OF** ◤ Sally was very tired from drawing water from the well and decided to quit her job at that far away place she was already tired of.	1) Cansado de, por (+ físico) 2) Cansado, enjoado de, "cheio" de (+ emocional) ◢ Sally sentia muito cansaço por ter que puxar água do poço e decidiu largar o serviço naquele local longínquo do qual já estava enjoada.
TITLE TO ◤ I have the title to propriety .l. C	Ter o direito de ◢ Eu tenho o direito de propriedade

TO
> prep., adv.

(i) **Movimento, direção, destinação** *(ii)* **ação, atitude, posição em relação ao corpo, a algo ou alguém** *(iii)* **limite, até qual ponto, hora ou idade** *(iv)* **o estado em que ficou** *(v)* **ser, ter, fazer, haver, cargo, posição: o que alguém é em relação a outro** *(vi)* **em honra, dedicado** *(vii)* **fazer sob a influência de som, ao ritmo** *(viii)* **ação para certa finalidade ou gosto**

Movimento em direção a, para, destinação, local (go to Bahia); relacionamento: em, ao, de, sobre = ação, atitude ou posição em relação ao corpo e a outros objetos ou locais (have you been to Bahia, key to the door, come to my rescue, apply the ice bag to the swollen área); fazer algo em (repairs to home appliances, apply two coats of paint to the ceiling); pode carregar sentido negativo (damages to crops); mudanças (change to casual clothes); até (to the minute), chegar ao limite, a ponto de (drink to death, embarrassed to death, smashed to pieces, tear to, come to a boil), até certo ponto, elevado à (sete elevado à vinte e cinco = seven to the twenty-fifth power, ou seven to the power of twenty-fifth); até certo horário, idade ou condição (grow up to 2 meters in a couple of years, live to a hundred years); ser, ter, fazer, haver algo em relação a outro (1:1 = one to one, it's close to my house; there is a point to a chess game, build ou draw to scale, our duty to the country, kindness to animals; se alguém é, faz algo, ou trabalha para alguém (the U.S. Ambassador to Japan, I'm no heir to anything, she was the secretary to the president, the parties to the agreement); dedicado a, em reconhecimento de, em honra a (let's raise a toast to us, this is dedicated to our ancestors, a monument to their bravery); em, dentro de, compondo certa medida (there are 12 inches to a foot); fazer algo ao, com, sob a influência de ritmo, música. (wake up to the sound of music, the song was sung to a guitar); desenvolvimento, ação para certa finalidade, condição, jeito (put something to good use; do it to your liking); adv. para certa posição ou condição (please, shut the door to, the girl has already come to).

> **Nota:** TO ou FOR? Pode-se ter as mesmas orações com TO ou com FOR em casos como os dos exemplos abaixo:
>
> A – Usa-se "to" para expressar a opinião de alguém em relação ao que alguém sente ou pensa. Pode-se dizer que é algo mental. Exemplos:
>
> - To me, it's not interesting = para mim/na minha opinião, não é interessante;

T

- Now, it makes sense to me = agora, a meu ver/ na minha opinião, isso faz sentido;

B – Usa-se "for" para expressar a conseqüência na pessoa como um todo:

- It's not interesting for me = não é interessante para mim/ para a minha pessoa; - Now, it makes sense for me = agora, faz sentido para mim (considerando o meu ser como um todo: cabeça, mente, coração, sentimentos).

No exemplo acima, a redação com "to" ou com "for" dá praticamente na mesma. A diferença é sutil e passa despercebida. O uso de TO ou de FOR é muitas vezes intercambiável, aleatório.

👁 nota sob IMPORTANT TO ou FOR

TOAST TO	**Brinde à**
➢ n.	➢ s.
▌ I propose a toast to the birthday girl. Here's looking at you, kid!	▰ Proponho um brinde à (ao) aniversariante. Para você, garota!

🐾 **Nota:** "*Here's looking at you, kid*" foi tornada famosa no filme Casablanca, quando Rick ergue um brinde à Ilsa, seu amor impossível. Ao pé da letra, quer dizer "Aqui está, olhando para você, garota", mas não existe unanimidade sobre o que realmente quer dizer.

To and for	**Para lá e para cá, de um lado para outro, prá frente e prá trás**
▌ I have been restless, moving to and fro all day long.	▰ Tenho estado inquieta, me mexendo sem parar o dia inteiro.
To a certain extent	**Até certo ponto**
▌ Do you agree with me that, to a certain extent, the Party is right?	▰ Você concorda comigo que, até certo ponto, o Partido está certo?
To a great extent	**Em grande parte**
▌ I do, but to a great extent they are outright wrong.	▰ Concordo, porém, em grande parte, eles estão completamente errados.
To a large degree	**Em grande parte, grandemente**
▌ Decisions depend to a large degree on the budget.	▰ As decisões dependem, em grande parte, do orçamento.

T

To all appearances	**Ao que tudo indica**
▼ To all appearances, we don't agree when it comes to politics.	◢ Ao que tudo indica, nós não concordamos quando se trata de política.
To begin with...	**Para início de conversa...**
▼ To begin with, as the popular saying goes, to each his own!	◢ Para início de conversa, como diz o ditado popular, gosto não se discute!
To each his own	**Gosto não se discute**
To be through (with)	**Ter acabado, terminado**
▼ I had enough: I'm through with this topic	◢ Para mim basta, esse tópico já terminou.
To be used to	**Estar acostumado a**
▼ Sandra is used to sharing her bed and her food plate with Felix, the cat.	◢ Sandra está acostumada a dividir sua cama e seu prato de comida com Felix, o gato.
To fall in love with	**Apaixonar-se**
⇆ to fall out of love	⇆ desapaixonar-se
▼ Smith had fallen in love with his secretary but now they have fallen out of love.	◢ Smith tinha se apaixonado pela secretária dele, mas agora se desapaixonaram.
To hell with it!	**Que se dane!**
▼ Told by her fashion advisor that she was too fond of gaudy colors, the TV starlet spurted: To hell with it!	◢ Avisada pelo seu consultor de moda de que ela abusava das cores muito fortes e vivas, a jovem atriz de TV soltou: Que se danem!
To my surprise	**Para surpresa minha**
▼ To my great surprise, the inspectors from the National Health Inspection Agency did not fine us.	◢ Para minha grande surpresa, os fiscais da ANVISA não nos multaram.
To my thinking	**A meu ver**
▼ To my thinking, there's a new generation of inspectors on the market.	◢ A meu ver, há uma nova geração de fiscais no mercado.

To no avail
Inutilmente, de nada valeu

▶ I went after the pickpocket, but to no avail.
◣ Eu fui atrás do ladrão, mas não adiantou.

To one's bosom
Ao peito, no peito

▶ She took the baby and held it tightly to her bosom.
◣ Ela pegou o bebê e abraçou-o firmemente contra o peito.

To one's heart's content
Até ficar plenamente satisfeito, à vontade

▶ It had been a long time since Bob had eaten to his heart's content.
◣ Já tinha se passado um longo tempo desde que Bob havia comido à vontade.

To one's name
Em nome, (pertencimento)

▶ Poor Bob was five hundred miles from home and did not have a penny to his name.
◣ O coitado do Bob estava a 500 milhas de casa e não tinha nem um centavo de seu.

▶ Writer Jorge Amado has hundreds of titles to his name.
◣ O escritor Jorge Amado tem centenas de títulos publicados.

To one's taste
Ao gosto de, do gosto de

▶ He couldn't eat or drink anything to his taste.
◣ Ele não podia comer nem beber nada que fosse do gosto dele.

To scale
Na escala, dentro da escala

👁 draw to scale

To some extent
Até certo ponto

▶ To some extent, it made me think of the adventures of Tom Sawyer.
◣ Até certo ponto, fez-me pensar nas aventuras de Tom Sawyer.

To perfection
À perfeição

▶ She makes decorated cakes to perfection, for any kind of celebration.
◣ Ela faz bolos decorados à perfeição, para qualquer tipo de celebração.

To the
À, referente à

▶ In a footnote to the financial statements, the officers explained the losses.
◣ Em nota à demonstração financeira, os diretores explicaram as perdas.

To the best of my ability
O melhor que eu puder, dentro do melhor da minha capacidade

▶ I'll do whatever has to be done, to the best of my ability, said the legal trainee.

◢ "Farei o que tiver que ser feito dentro do melhor da minha capacidade", disse a estagiária de direito.

To the best of my knowledge
Que eu saiba, no melhor do meu conhecimento

▶ As far as I know, she did what she did to the best of her knowledge.

◢ Pelo que eu saiba, ela fez o que fez dentro do melhor do seu conhecimento.

To the contrary
Ao contrário

▶ She claimed innocence but there was strong evidence to the contrary.

◢ Ela alegava inocência, porém havia fortes indícios do contrário.

To the detriment of
Em detrimento de

▶ Agriculture expansion does not need to take place to the detriment of native vegetation conservation.

◢ A expansão da agricultura não precisa acontecer em detrimento da conservação da vegetação nativa.

To the dollar
Em relação ao dólar

▶ The BRL exchange rate to the dollar today is 1.50 BRL/USD, i.e., R$1,50 to US$1.00.

◢ A taxa de câmbio hoje do real em relação ao dólar é de 1,50 para 1, ou seja, R$ 1,50 para US$ 1.00.

To the end
Até o fim

▶ To the very end she refused to plead guilty.

◢ Até o final de tudo, ela recusou-se a admitir culpa.

To the exclusion of
À exclusão de, com exclusão de, excluindo

▶ The Parties hereby elect the courts of the Judicial Division of the City of São Paulo, State of São Paulo, Brazil, to the exclusion of any other courts.

◢ As Partes elegem o foro do Distrito Judicial da cidade de São Paulo, estado de SP, Brasil, com exclusão de qualquer outro.

To the fullest extent
Em plena acepção da palavra

▶ She was, to the fullest extent, aware of her legal rights.

◢ Ela estava, em plena acepção da palavra, ciente dos seus direitos legais.

T

To the highest bidder
A quem oferecer mais

▼ This dazzlingly beautiful silver soup tureen goes to the highest bidder: Going, going, gone!
◢ Esta terrina de sopa de prata linda de morrer vai para quem oferecer mais. Dou-lhe uma, dou-lhe duas, vendida!

To the left
Á esquerda

▼ Forks are laid to the left.
◢ Os garfos são colocados à esquerda.

To the letter
Conforme manda o figurino, à risca

▼ Table manners are followed to the letter on formal occasions.
◢ Os modos à mesa são seguidos à risca em ocasiões formais.

To the minute
Até os minutos, com exatidão de minutos

▼ "My five-year old son can tell the time to the minute", bragged the proud mother.
◢ Meu filho de cinco anos de idade consegue dizer as horas até com os minutos", gabou-se a mãe.

To the power
À potência

▼ Seven to the twenty-fifth power (Or) Seven to the power of twenty-fifth
◢ Sete à 25ª. potência (Ou) Sete elevado à potência de 25.

To the right
À direita

▼ Spoons and knives are laid to the right.
◢ Colheres e facas são colocadas à direita.

To the satisfaction of the customer
Para satisfazer o freguês, à satisfação do cliente

▼ A wise businessman acts to the satisfaction of his customers.
◢ O homem de negócios que é sábio age para satisfazer os seus clientes/fregueses.

To this day
Até hoje

▼ To this day I don't know how to eat with chopsticks or *hashi*.
◢ Até hoje eu não sei comer usando pauzinhos ou "hashi".

To what extent
Até que ponto?

▼ To what extent is horseradish, or *wasabi*, important to make *sashimi* tasty?
◢ Até que ponto a raiz-forte, ou *wasabi*, é importante para deixar o *sashimi* saboroso?

To your liking
Do seu gosto, a seu gosto

▼ Tell me the truth: is it to your liking?
◢ Diga-me a verdade: está do seu gosto?

To your taste	**A seu gosto, do modo como lhe agradar**
▸ Add the *wasabi* to your taste: it gives zest to the dish.	◂ Coloque o tanto que lhe agrada de *wasabi*: ele dá uma emoção ao prato.

To his own ends	**Para os seus próprios objetivos**

To her own advantage	**Para seu próprio ganho, vantagem**

Tog up	**Vestir-se, arrumar-se**
⇆ dress up
▸ inf
▸ What are you all togged up for? Where do you think you are going?	◂ Para quê você está toda arrumadinha? Aonde você pensa que vai?

TOLERANT OF, TOWARD	**Ser tolerante em relação a**
▸ We ask you please to be tolerant of her cigar smoking habit. After all, she is the chairperson. (= toward)	◂ Pedimos-lhe que, por favor, seja tolerante quanto ao seu hábito de fumar charuto. Afinal de contas, ela é a presidente.

TOSS AT	**Atirar, jogar contra**
⇆ throw at
▸ It was as if I was tossing pebbles at a giant.	◂ Era como se eu estivesse jogando pedrinhas contra um gigante.

TOWARD(S)   *(i)* **Para, voltado para**
▸ Prep.

Na direção de, em direção a; perto de, próximo a, voltado para; em relação a, com respeito a; a, para ajudar, com vistas a, por algo, com a finalidade de (We are collecting contributions towards the construction of a new hospital = Estamos coletando contribuições para ajudar a construção de um novo hospital).

Towards midnight	**Perto de meia-noite**
⇆ near Midnight
▸ Cinderella started getting uneasy towards midnight.	◂ Cinderella começou a ficar inquieta perto da meia-noite.

> **Nota:** Towards - com "s" – é forma britânica. Nos U.S. a forma com "s" é mais usada como no exemplo acima =, "na direção, perto de certo horário ou estação do ano"; a forma sem "s" é igualmente comum.

TRADE FOR
👁 nota em "SUBSTITUTE FOR"
▰ I traded fame for love.

Trocar por

▰ Troquei o amor pela fama.

Trade in (for, on, towards)

▰ We traded in our old VW Beetle towards a yellow Brasília with powerful alloy wheels.

▰ It was a good trade-in.

Dar como entrada, negociar como parte do pagamento [por, sobre, de]
s.: **parte do pagamento, troca**

▰ Nós demos nosso velho Fusca como parte do pagamento de uma Brasília amarela com roda gaúcha.

▰ Foi uma boa troca.

Trade off v.
Trade-off n.

▰ If you use *wasabi*, do not add any lemon juice: it's a trade-off.

Trocar, compensar
Troca, compensação s.

▰ Se você usar *wasabi*, não coloque nenhum suco de limão. É uma troca.

Trail away
⇆ trail off

▰ The old teacher's voice started to trail away.

Ficar longe, fraco, distanciar-se

▰ A voz do velho professor começou a fraquejar.

TRAINING
(1) ON something
(2) IN doing something
(3) FOR something
(4) WITH something or somebody

▰ (1) The company provides training **on** Oracle.

▰ (2) We need training **in** the use of Oracle.

▰ (3) We need training in Oracle **for** our tasks.

▰ (4) We had training on Oracle **with** Fernando.

Treinamento
(1) a respeito, em, sobre
(2) em fazer algo
(3) para algo
(4) com algo ou alguém

▰ (1) A empresa fornece treinamento em Oracle.

▰ (2) Precisamos de treinamento no uso de Oracle.

▰ (3) Necessitamos de treinamento em Oracle para nossas funções.

▰ (4) Tivemos treinamento em Oracle com o Fernando.

TRANSLATE FROM, TO, INTO

▶ (1) Can you translate from Mandarin into English and vice versa?

▶ (2) For most immigrants, the energy and willingness to take risks translate into a spark and drive that lead them to success in their new country.

(1) Traduzir de, para (2) Traduzir-se em, vir a significar, concretizar-se na forma de

◢ (1) Você consegue traduzir do mandarim para o inglês e vice-versa?

◢ (2) Para muitos imigrantes, a energia e a vontade de correr riscos traduzem-se em entusiasmo e ímpeto, que os conduzem ao sucesso na sua terra de adoção.

Travel for pleasure
Travel on business

▶ Because Fábio travels a lot on business, he wants to stay quietly at home during long weekends, to his wife's disgust.

Viajar a passeio, por lazer
Viajar a negócios

◢ Pelo fato de o Fábio viajar muito a negócios, ele quer ficar quieto em casa nos fins de semana prolongados, para desgosto da sua mulher.

TREAT TO

▶ *Treat yourself to our newest computer,* read the ad.

Dar-se o prazer de, oferecer-se algo bom

◢ *Dê-se o prazer do nosso novo computador,* dizia o anúncio.

TREATED FOR [disease]

▶ The old singer sang in a way that it seemed she was being treated for some sort of disease.

Em tratamento de, sendo tratada para [curar]

◢ A velha cantora cantou de tal modo que parecia que estava em tratamento para curar algum tipo de doença.

TREMBLE WITH

▶ Are you trembling with cold, with fear, or with hunger?!

Tremer de

◢ Você está tremendo de frio, de medo ou de fome?!

TRIP ON, OVER

▶ On the way to his mother's, running down the dirt path, he tripped on a rock and broke a leg. (= tripped over a rock)

Tropeçar em

◢ No caminho para a casa de sua mãe, correndo no caminho de terra, ele tropeçou numa pedra e quebrou a perna.

TRUE FOR

▶ What is true for some people may not be true for others.

Verdade, verdadeiro para

◢ O que é verdade para algumas pessoas pode não ser verdade para outras.

T

TRUE OF	**Verdade, verdadeiro, a respeito de, tratando-se de**
▶ Especially true of yo-yo dieters: they feel a lack of energy.	◢ Uma verdade, especialmente em relação àquelas pessoas que vivem entrando e saindo de dietas: sentem falta de energia.
TRUE TO	**Fiel a**
▶ Act true to your essence.	◢ Seja fiel à sua essência.
TRUST -x-	**Confiar em, depositar confiança em alguém, ou algo**
▶ I trust you.	◢ Confio em você.
TRUST IN	**Confiar em algo**
▶ "In gold we trust", said the bankers.	◢ "No ouro confiamos", diziam os banqueiros.
Trust with ⇆ entrust with	**Confiar algo a alguém; Entregar algo em confiança a alguém**
▶ Would you trust her with all your belongings?	◢ Você confiaria tudo o que tem à ela?
Try on	**Provar roupas**
▶ He was tired of waiting for his wife to try on each and every piece of clothing and fell asleep.	◢ Ele estava cansado de esperar sua mulher experimentar cada peça de roupa e pegou no sono.
Try out	**Testar, experimentar, provar para ver se funciona**
▶ During OJT the interns can try out some of the principles learned at college.	◢ Durante o treinamento no trabalho, os estagiários podem testar alguns dos princípios aprendidos na faculdade.
Try it out [in the workplace]	**Experimentar na prática (no local de trabalho)**
TUG AT	**Dar puxões, "arrancadas" em algo**
▶ The dogs were tugging at a bone.	◢ Os dois cães estavem disputando um osso.

TUMOR ON
Tumor no, na

▸ Steve's tumor on the pancreas could be extirpated.
◂ O tumor no pâncreas do Steve pôde ser extirpado.

Turn away [from]
Desviar-se, "sair" de

▸ Let's not turn away from the point.
◂ Não vamos nos desviar da questão.

Turn [people] away
Rejeitar, não admitir (por ex. em clube)

Turn back over
(1) Voltar, virando-se ou desvirando-se
(2) Virar para trás, sobre

▸ (1) How do turtles turn back over when they have been flipped?
◂ (1) Como é que as tartarugas retornam à posição normal quando são viradas?

▸ (2) Blouses with sleeves turned back over the forearm are very elegant.
◂ (2) Blusas com mangas viradas para trás sobre o antebraço são muito elegantes.

Turn back over
Devolver para, retornar a

▸ In olden times, if a newlywed could not cook well she would be turned back over to her family.
◂ Nos tempos antigos, se uma recém-casada não soubesse cozinhar bem, ela seria devolvida para a sua família.

Turn down
Rejeitar, recusar algo

▸ I was offered a ride up to my door, but I turned it down.
◂ Foi-me oferecida carona até a porta, mas recusei.

Turn in
(1) Entregar trabalho escolar, entregar ou apresentar algum documento ou papel para a polícia ou outras instituições; fazer apresentação, desempenhar
(2) Dormir, cair no sono (informal, pop.)

▸ (1) I am a student and have a paper to turn in tomorrow. Besides, I want to turn in a good presentation before the panel.
◂ (1) Sou estudante e tenho um trabalho para entregar amanhã. Além disso, quero fazer uma boa apresentação perante o painel.

▸ (2) That's why I cannot booze up and turn in.
◂ (2) É por isso que não posso encher a cara e cair no sono.

TURN INTO
Turn into
Tornar-se, transformar-se

▸ He wished he could turn into Superman and fly.
◂ Ele desejou poder transformar-se em SuperHomem e voar.

Turn on / off

⇄ turn on/out, put on/off, switch on/off

▶ The last to leave is supposed to turn off the lights.

▶ I was not the one who put the lights on, but I'll turn them off anyway.

Ligar / desligar

◢ O ultimo a sair deve apagar as luzes.

◢ Não fui eu que liguei as luzes, mas, de qualquer modo, vou desligá-las.

Turn on

▶ v., n.

▶ Long walks on the beach are a real turnon.

Estimular v.
Algo que "acende" s.

◢ Longas caminhadas na praia são um verdadeiro estímulo. [em inglês este exemplo *pode* ter sentido sexual para algumas pessoas].

Turn on [to]

▶ I never listened to rock and roll until my sister turned me on to it.

Deixar "ligado" em, fazer com que se interesse, goste

◢ Eu nunca escutava rock, até que a minha irmã fez com que eu me ligasse nele.

Turn out [that]

▶ It turns out that a rock show is a risky event.

Acontecer que

◢ Acontece que um show de rock é um evento arriscado.

Turn out

(1) Revelar-se que; vir a mostrar-se, vir a provar-se; tornar-se (2) pôr fora, despejar, esvaziar, virar bolso ou bolsa do avesso (3) aparecer em grandes grupos

▶ (1) Even so, rock music turned out to be my passion in life.

▶ (2) The girls were going to be expelled. They had to turn their pockets out as well as their bags for the inspectors.

▶ (3) Hundreds of teenagers had turned out for the show.

◢ (1) Mesmo assim, o rock tornou-se a minha paixão na vida.

◢ (2) As garotas iam ser expulsas. Elas tiveram de virar os bolsos do avesso, assim como as mochilas, para os fiscais.

◢ (3) Centenas de adolescentes tinham aparecido para o show.

Turn to

⇄ change into, turn into

▶ Her dream turned to shame.

Transformar em, tornar-se, virar algo diferente

◢ Seu sonho transformou-se em desolação.

Turn up

▼ (1) Turn it up.

▼ (2) The missing document turned up among the pages of a book.

(1) aumentar o som, ligar aparelho
(2) Aparecer, ser encontrado em algum lugar

◢ (1) Aumente o som. (ou: Ligue o aparelho)

◢ (2) O documento sumido apareceu no meio das páginas de um livro.

Turn over

💬 *Turnover em business: giro de mercadorias, receitas de vendas; rotatividade de pessoal.*

▼ (1) The car skidded on the slippery road and turned over twice. My stomach turned over! (= the car flipped over)

▼ (2) "Turn over the stolen clothes, you hear?", said his mother. "Your father must be turning over in his grave."

▼ (2s) He never loses the ball in a game, not one turnover.

(1) Virar, capotar; mudar, mover, revirar-se
(2) Devolver, retornar o que não é seu
(2s) Perder a posse de bola para o adversário

◢ (1) O carro derrapou na estrada escorregadia e capotou duas vezes. Fiquei de estômago virado!.

◢ (2) "Devolva as roupas roubadas, está ouvindo?", disse a mãe dele. "Seu pai deve estar se revirando na tumba."

◢ (2s) Ele nunca perde uma posse de bola num jogo; nenhuma perda.

Turn to

▼ Turn to me whenever you need: you've got a friend.

Recorrer a, virar-se para

◢ Recorra a mim sempre que precisar. Você tem um amigo.

Twist someone around the little finger

⇆ wrapped around someone's finger

▼ Coy as she seems to be, she twists him around her little finger.

Trazer na palma da mão, controlar. Literalmente ter alguém "enrolado no dedo mindinho"; em filmes é às vezes dado a entender fazendo um jesto de enrolar com esse dedo

◢ Acanhada como parece ser, ela o traz na palma da mão.

Two-by-four

➤ s.

▼ George always has a two-by-four on the car floor. "Just in case", he says.

Sarrafo de 2 polegadas de espessura por quatro de largura; qualquer pedaço de pau robusto e não muito comprido

◢ O Jorge sempre carrega um pedaço de pau bem forte no chão do carro. "Só por garantia", diz ele.

TYPE IN, INTO

➤ comp

⇆ Key in, Enter

▶ I need to learn how to type fast, instead of my old hunt-and-peck method. I've got a lot of paper work waiting to be typed into the computer.

Digitar, digitalizar

◢ Preciso aprender a digitar com rapidez ao invés do meu velho método de catar milho. Tenho um monte de trabalho esperando para ser digitalizado no computador.

UNDER
> Prep., Adv., Adj.

(i) **Embaixo, abaixo, sob** *(ii)* **estado corrente, sendo feito,** *(iii)* **classificado, incluído em**

👁 ANEXO: Under e Underneath, Below e Beneath

(1) Sob, embaixo, debaixo, por baixo; (2) abaixo de, inferior a, sub, subordinado; (3) ter menos, por exemplo idade, ser menor, não ter atingido certo grau, nível, tamanho; (4) sujeito a, coberto, cobrindo; (5) obedecendo a, por, pelo, de acordo com (under the requirements, under "x" regime) (6) devido a influência, face a, por causa de (under such circumstances); (7) com, devido, por (watch out: it can crack open under pressure = Cuidado: isso pode se arrebentar com a pressão); (8) em, estar ocorrendo, sendo feito, (under repair, under way); (9) durante o governo, sob a autoridade de (under Castro's regime); atestado por, ter o selo (under seal); (10) estar classificado ou arquivado em, constar, estar incluído em 11 com, usando nome fictício (under an assumed woman's name)

UNDERNEATH

Underneath significa o mesmo que 'under", porém é considerado mais formal. Underneath significa também: subjacente, por baixo, no interior, no âmago (Don't be misled by his smooth manners because underneath he is a fierce guy = não se deixem levar pelos seus modos suaves, pois debaixo da superfície, ele é um cara durão).

👁 ANEXO: Under e Underneath, Below e Beneath

Under age
▶ Although he is 5 feet 9 inches tall and has grown a beard, he is still under age.

Menor de idade
◢ Embora tenha 1,80 m de altura e tenha deixado crescer a barba, ele ainda é menor de idade.

Under an assumed name
▶ That man is part of a ring of mobsters and travels around the world under an assumed name.
▶ My uncle wrote romantic short stories under an assumed woman's name.

Com nome falso
◢ Aquele homem faz parte de uma quadrilha de mafiosos e viaja pelo mundo com nome falso.
◢ Meu tio escreveu contos românticos com um nome fictício de mulher.

Under arrest
▶ He is now under arrest.

Preso, detido
◢ Ele agora está preso.

U

Under control ▮ Everything is under control.	**Sob controle** ▴ Está tudo sob controle.
Under guarantee ▮ I bought home appliances like a microwave oven which is under a one year guarantee.	**Na garantia, sob garantia** ▴ Comprei aparelhos domésticos, como um forno de microondas, com garantia de um ano.
Under lock and key ▮ The Federal Police keeps him under lock and key.	**Debaixo de sete chaves** ▴ A Polícia Federal o mantém debaixo de sete chaves.
Under reference number ▮ Under reference number 007/2005, you will find our first letter on this matter.	**Sob referência número** ▴ Sob referência número 007/2005, V.Sas. encontrarão nossa primeira carta a respeito deste assunto.
Under "x" regime ▮ Under Castro's regime	**Durante o governo "x", sob a autoridade de, sob o domínio de** ▴ No regime de Castro, sob o domínio castrista.
Under repair ▮ Throughout the world, photocopying machines are under repair.	**Em conserto, em reparo** ▴ No mundo todo, as fotocopiadoras estão em conserto.
Under seal	**Atestado por, ter, portar o selo de autenticidade**
Under separate cover ▮ We will send you, under separate cover, 10 copies of the auditors' year-end report.	**Em separado** ▴ Enviaremos a V.Sas., em separado, 10 vias do relatório de final de ano dos auditores.
Under such circumstances	**Em vista de, devido a, por causa de, face a tais circunstâncias**
Under surveillance ▮ The kidnappers' hideout was under surveillance, 24 hours a day.	**Sob vigilância** ▴ O esconderijo dos seqüestradores estava sob vigilância 24 horas.

U

Under suspicion — Sob suspeita
- The gang under suspicion was well-known to the police. — A quadrilha sob suspeita era bem conhecida da polícia.

Under the circumstances — Diante das circunstâncias
- Under the above circumstances, they dug a tunnel to the other side of the street. — Sob as circunstâncias acima, eles cavaram um túnel até o outro lado da rua.

Under the then in force legislation — Obedecendo a, por, pelo, de acordo com a legislação então em vigor

Under the requirements — De acordo com os requisitos

Under the table
Under the counter — Por baixo do pano, de forma não legal
⇆ off the books — ⇆ fora dos livros contábeis

Under the control of — Sob o controle de

Under way — A caminho, em progresso
- The approval for your project is under way, said the City Hall clerk. — "A aprovação do seu projeto está em andamento, disse o funcionário da prefeitura."

Underachievement n. — Desempenho abaixo do esperado, abaixo do nível, menos do que o potencial.
Underachiever n. — Pessoa que produz abaixo do esperado

Underbid
➤ v. — Dar lance baixo, lance abaixo do normal ou do esperado

Undergraduate
➤ s. — Estudante universitário, estudante de graduação; curso de bacharelado, para graduação em faculdade

Underreport — Declarar a menos
- Your income tax return can be audited if you underreport your earnings. — Sua declaração de imposto de renda pode ser glosada se você declarar seus ganhos a menor.

UNBEKNOWNST TO — Desconhecido de, para
- The real author is unbeknownst to almost everybody. — O verdadeiro autor é desconhecido de quase todos.

369

U

UNIQUE TO

▸ There are types of depression that are unique to women.

▸ A skill to be mastered that is unique to natives of tropical countries is how to harvest coconuts.

Exclusivo de, somente de certo local ou espécie

▸ Existem tipos de depressão que ocorrem exclusivamente com as mulheres.

▸ Uma habilidade a ser dominada e que é exclusiva dos nativos de países tropicais, é como apanhar cocos.

UNLESS
➤ Conj.
💬 Prep.:muito raro

▸ Unless it rains there will be street celebrations.

▸ Nothing unless a miracle can save him.

A menos que, exceto se (circunstâncias, condições); Exceto possivelmente, fora, salvo (o uso de unless como preposição é muito raro)

▸ A menos que chova, haverá celebrações de rua.

▸ Nada exceto um milagre pode salvá-lo. (Webster's New World Dictionary – 2nd College Edition)

Unlike / Unlikely:
👁 LIKE

UNTIL
➤ Prep., conj.
⇆ Till

(i) **Até, não antes que**

Até certa hora, certo momento, certo local; até que algo aconteça; não antes que; também pode ser conj.

Until further notice
▸ Just go home and wait until further notice, for there's nothing else to be done.

Até segunda ordem
▸ Vá para casa e espere até segunda ordem, pois não há nada mais que se possa fazer.

Until quite recently
▸ Until quite recently, people did not usually carry wireless/cell phones.

Até pouco tempo atrás
▸ Até pouco tempo atrás, as pessoas não costumavam andar com telefones celulares.

Until the next time
▸ Well, folks, let's call it a day! Until the next time…Who knows where?

Até a próxima vez
▸ Bem, pessoal, por hoje chega! Até a próxima vez.. Quem sabe onde?

Until we meet again ▶ I hope it won't be too long until we meet again.	**Até outra vez** ◢ Espero que não demore muito até que nos encontremos novamente.
Until when? ▶ Oh, Lord, tell me: until when?	**Até quando?** ◢ Ó Senhor, diga-me: até quando?

UP
➤ Prep., adv., adj., v.

(i) **Para cima, sobe, aumenta** *(ii)* **ao longo, através de** *(iii)* **Faz! consegue, cria, acerta** *(iv)* **conseqüência, término, limite, até, em até, no nível, na altura** *(v)* **intenção, dependência** *(vi)* **ereto, emocionalmente levantado, promissor.**

Para cima, acima, de pé, de forma vertical; em, sobre; ao longo, por, através de (up the road); ideia geral de ação (look up, open up), execução (chop up, tear up); no alto, na parte superior, para o alto (up in the Sky, upstairs), subir, aumentar; chegar-se até (go up to), aproximar-se, ir na presença (come up here); surgir, aparecer (come up, loom up, show up), levantar assunto, trazer à tona (bring up); enfatizador: tudo, completamente, inteiramente (clean up, clogged up, use up); acabar o tempo, terminar (time is up), limite (up to my neck), em até, tanto quanto (grow up to, save up to); intenção (be up to, be up for election), dependência (be up to somebody - *sentido (3)*), o status: a altura, no nível (to be up to something - *sentido (2)*, live up to your expectations, look up to); obter um resultado (build up), criar, fazer algo, pôr em atividade (make something up, think up, stir up a fire); de pé (get up, stand up); levantado, erigido (sit up, build up); alegre, "para cima" (cheer up, liven up), promissor (upgrade, up and coming); subiu, aumentou (upped)

Upcoming ⇆ coming soon	**Já vem chegando, "a seguir"**
Updating 👁 up To date on	**Atualização** ⇆ Atualizado quanto a
Up and... ▶ She upped and quit everything.	**Fazer algo de repente, sem mais; "pegar e..."** ◢ De repente, sem mais, ela pegou e largou tudo.
Up and about **Up and around** ⇆ alive & kicking	**Estar à toda, bem, de pé, circulando**

U

Up and coming
The up-and-coming player was just a prospect, and the coach didn't call on him for the world cup

Promissor, algo novo e de futuro
O jovem e promissor jogador era apenas uma esperança e o treinador não o convocou para a copa do mundo.

Up by 30%
Subir em 30%, com aumento de 30%

Up from
She is going to make one thousand five hundred per month, up from the lousy minimum wage she makes now.

Mais do que, acima de
Ela vai receber mil e quinhentos por mês, mais do que essa porcaria de salário mínimo que ganha agora.

Up the road
Up the road he went and never stopped until Australia.

Estrada acima, pela estrada
Estrada acima ele se foi, não parando nenhuma vez, até chegar na Austrália.

Up to
Até, a fim de, estar à altura de

Up to date (on)
I must keep up to date on the new orthographic rules in effect as of January 2009.

Atualizado em, com
Preciso manter-me atualizado sobre as novas regras ortográficas em vigor a partir de janeiro de 2009.

Up to my neck or ears, with ...
I'm up to my neck with work

Até o pescoço ou até as orelhas, de
Estou até aqui de tanto trabalho (= estou afogado de serviço).

Up to something very important
Estar à altura de algo muito importante

Up to my neck with chores
Até o pescoço com tarefas

Up yours
Vai tomar no (**), enfia no (**)
Vulg.

Upfront
Acting upfront about anything that comes up, the great actress wanted to be paid upfront.

Franco, direto, expansivo
Antecipadamente (ref. a pagamentos/reservas/vendas)
Agindo de forma franca e direta quanto a tudo que lhe aparece, a grande atriz queria ser paga antecipadamente.

372

U

Upgrade ⇆ downgrade	**Melhoria, melhorada, progresso, subir em qualidade ou nível** ⇆ piora, rebaixada, descer em qualidade ou nível
Upheaval ▸ There have been upheavals in the streets. You'd better stay home.	**Turbulência (por ex., civil ou política)** ◂ Têm havido turbulências nas ruas. Seria melhor você ficar em casa.
Upload ⇆ download	**Enviar arquivos por via eletrônica** ⇆ receber arquivos
Upped ▸ The threshold to be a millionaire was upped from one to two million dollars.	**Aumentado** ◂ O limiar para ser um milionário foi aumentado de um para dois milhões de dólares.
UPSET ABOUT, OVER ▸ Though feeling upset about/over the accident, he stood up and proceeded to accomplish his task.	**[sentir-se] contrariado, aborrecido por, com** ◂ Embora se sentisse contrariado com o acidente, ele se levantou e seguiu em cumprimento do seu dever.
Upside down ▸ The bedroom had been turned upside down. It was topsy-turvy! ▸ Why don't you fall off an upside-down roller coaster?	**Virado, de cabeça para baixo** ◂ O quarto tinha sido virado de ponta-cabeça. Estava todo bagunçado! ◂ Por que você não cai de uma montanha-russa que está virada de cabeça para baixo?
Upstairs ⇆ downstairs ▸ It's upstairs from here ▸ Just go upstairs	**Andar de cima, andar superior** ⇆ andar de baixo ◂ É no andar acima deste. ◂ Basta subir um andar.
Upstart ▸ Just an upstart and giving himself airs!	**Novato** ◂ Apenas um novato e dando-se ares de superioridade!
Upward(s) of ▸ Flight crews fly upward of 200 flights a year, many of them overnight.	**Acima de, superior a** ◂ As tripulações fazem mais de 200 voos por ano, muitos deles durante a noite.

U

UPON ⇆ on	(i) **Ao, quando, por ocasião de, no momento em que, assim que** (ii) **por, sobre**
Upon arriving ▶ Upon arriving at her Granny's, she saw that Granny's eyes, ears and mouth were very big.	**Ao chegar, chegando** ◂ Chegando na casa da vovó, ela viu que os olhos, as orelhas e a boca da vovó eram muito grandes.
Upon examination of something	**Assim que examinar algo, em seguida ao exame de algo**
Upon getting up ▶ Upon getting up, Elio could even see the top of his office building.	**Ao levantar** ◂ Ao se levantar, Elio conseguia até ver o topo do seu prédio de escritórios.
Upon going to bed ▶ Upon going to bed, he knew that it wouldn't take him more than 5 minutes to reach his workplace the next morning.	**Ao deitar** ◂ Ao ir para a cama, ele sabia que não levaria mais de 5 minutos para chegar ao trabalho na manhã seguinte.
Upon leaving ▶ Upon leaving her mom's house, she was carrying a basketful of goodies.	**Ao sair** ◂ Ao sair da casa da mãe, ela estava levando uma cesta cheia de coisas gostosas.
Upon my word! ▶ I'll be there in good time: upon my word.	**Palavra de honra!** ◂ Estarei lá a tempo, até com certa folga. Dou-lhe minha palavra de honra.
Upon receipt of ***Upon receiving*** ▶ We shall take the necessary steps upon receipt of your order. ▶ We will deposit the amount due in your bank account upon receiving the order.	**Ao receber, no recebimento de, imediatamente após receber, por ocasião do recebimento de; contra recebimento** ◂ Tomaremos as medidas necessárias em seguida ao recebimento de seu pedido. ◂ Depositaremos o valor devido em sua conta bancária contra recebimento do pedido.
Upon request ▶ Upon request of the stakeholders a formal agreement was drawn up.	**Por solicitação** ◂ Por solicitação das partes envolvidas, foi elaborado um contrato formal.

URGE -x-

▼ I urged him to buy the tickets before they were sold out.

Insistir com, instar a

◢ Insisti com ele para comprar os bilhetes antes que se esgotassem.

Use up

▼ Go ahead, you can use up all my money.

▼ I feel used up, forever done.

Usar tudo, consumir totalmente

💬 *Lit. e fig.*

◢ Vá em frente, pode usar todo o meu dinheiro.

◢ Sinto-me usado, acabado para todo o sempre.

USEFUL FOR, TO

▼ I believe this information is useful for you/to you.

▼ It is useful for you to be able to analyze the details.

Útil por, para o ser interessado, para algo (Geralmente de uso intercambiável)

◢ Acredito que esta informação seja útil para você.

◢ É útil para você conseguir analisar os detalhes.

VESTED IN
💬 Jur.

Ter sido dado o direito, ter direitos, estar investido de direitos

VEST SOMEONE IN

Vestir de, colocar os trajes

VICTIM OF

Vítima de

👁 Fall victim to

👁 Cair vítima de

VICTORY

Vitória sobre

▶ The senior player led his team to a 10 to 0 victory over the Argentinians.

◢ O jogador mais velho liderou o seu time em uma vitória de 10 a 0 sobre os argentinos.

VIS-À-VIS

Perante, face a, frente a, em relação a

▶ Adv., prep., adj.

▶ Seated vis-à-vis the old dictator I felt uneasy.

◢ Acomodada defronte ao velho ditador, não me senti à vontade.

▶ I did not approve of his actions vis-à-vis the dissidents of the regime.

◢ Eu não aprovava as suas ações em relação aos dissidentes do regime.

▶ There was I, seated vis-à-vis.

◢ Lá estava eu, sentada cara-a-cara.

VISITOR TO

Visitantes de (locais)

▶ Visitors to Japan do not always enjoy "natô" (fermented soybeans) or the classical "utai" chant.

◢ Nem sempre os que visitam o Japão conseguem gostar de *natô* (grãos de soja fermentada) ou do canto clássico *utai*.

VISIT WITH

Visitar alguém

⇆ visit -x-

▶ While visiting with his in-laws, the husband fell asleep on the sofa.

◢ Enquanto visitava a família de sua mulher, o marido pegou no sono no sofá.

Vote off, out

Votar para que saia

▶ He was voted off /out early.

◢ Logo votaram pela saída dele.

VOTE ON (elections, plebiscites, or whatever may arise)

Votar em (eleições, plebiscitos, ou qualquer outra coisa)

▶ In a democracy every citizen may vote on whatever may arise.

◢ Numa democracia, cada cidadão pode votar em qualquer coisa que apareça.

Wait around ⇆ about ▼ I had to wait around for you for more than one hour!	Esperar por perto, sem nada fazer ◢ Tive que ficar à toa, esperando por você por mais de uma hora!
Wait out (on) ▼ The storm took us by surprise. We found shelter under a tree to wait it out, but then a lightning bolt struck us.	Esperar que vá embora, que passe (ataque de inimigos, tempestade) ◢ A tempestade nos tomou de surpresa. Encontramos abrigo debaixo de uma árvore para esperar que passasse, mas aí, um raio nos atingiu.
Wake up [to] ▼ Wake up to the sound of music.	Acordar, despertar com, ao ◢ Despertar com a música.
Walk all over someone ▼ You have been treating me so badly, without any regard for my feelings... you've been walking all over me!	Pisar sobre, tratar alguém muito mal ◢ Você vem me tratando tão mal, sem nenhuma consideração pelos meus sentimentos... Você vem pisando em mim!
Walk away ▼ Someday, I'll just up and walk away.	Sair andando, distanciar-se ◢ Algum dia, eu simplesmente pego e vou embora.
Walk off ▼ Why don't you go and walk off your anger?	Andar para eliminar, para livrar-se de ◢ Por que você não vai andar até passar a sua raiva?
Walk on by ▼ If you see me just walk on by.	Passar ao largo, ignorar, seguir andando sem dar atenção ◢ Se você me vir, simplesmente ignore e siga caminhando.
Walk out on someone ⇆ run out on ▼ She walked out on me and I haven't heard from her ever since.	Abandonar, largar alguém ◢ Ela me abandonou e, desde então, não tive mais notícias dela.

W

Walk out on stage	Sair dos bastidores e aparecer no palco
	💬 Lit. ou fig.
▶ Come on, walk out on stage, why are you hiding from us?	◢ Vamos, saia de trás das cortinas, por que você está se escondendo de nós?
Walk the streets	**Andar pelas ruas.**
Walk someone through	**Orientar, guiar alguém passo a passo a respeito de algum problema**
▶ I need a good lawyer to take my hand and walk me through this issue.	◢ Preciso de um bom advogado para me levar pela mão, orientando passo a passo sobre como agir nessa questão.
Wander off	**Ir sem rumo, sair sem destino fixo**
▶ She just wandered off.	◢ Ela simplesmente saiu sem rumo.
(to be) Wanting in	**Estar necessitando de; faltar, não ter**
▶ Her life was wanting in direction.	◢ Faltava um norte em sua vida.
Ward off	**Repelir, afastar**
▶ As the invading forces advanced into the hospital ward, they were warded off by a troop of patients on crutches, orderlies and nurses.	◢ Conforme os invasores avançavam para tomar a enfermaria do hospital, foram repelidos por uma tropa de pacientes de muletas, assistentes hospitalares e enfermeiras.
WAR OF	**Guerra de**
▶ The War of the Worlds was fake, while the Anglo-American war of 1812 was a real one.	◢ A Guerra dos Mundos era falsa, enquanto a Guerra Anglo-Americana de 1812 foi de verdade.
WAR WITH, ON, AGAINST	**Guerra aos, contra**
▶ The leader urged his people to unify in war with their enemy. (= against, on)	◢ O líder incitou seu povo a unir-se em guerra ao inimigo. (= contra seu inimigo)
WARNINGS ABOUT	**Avisos sobre**
▶ I ignored the warnings about always saving my data. Now, there's no use crying over spilt milk.	◢ Eu ignorei os avisos sobre sempre salvar os meus dados. Agora, não adianta chorar sobre o leite derramado.

WARRANTY ON n.
▶ There is a one-year warranty on the new car.

Garantia do, sobre, para
◀ Tem garantia de um ano para o carro novo.

Watch out [for]
▶ Watch out for the speed detectors: they are everywhere in São Paulo.

Ter cuidado com
◀ Cuidado com os radares: eles estão em toda parte em São Paulo.

Watch over
▶ How many people are going to watch over the students on the field trip?

Vigiar, zelar por, supervisionar
◀ Quantas pessoas vão supervisionar os estudantes na excursão de campo?

Watch up close
▶ Watch them up close lest they be kidnapped.

Vigiar de perto, não tirar os olhos de cima
◀ Não pode tirar os olhos de cima deles, senão podem ser sequestrados

Wave away
⇆ wave off.

Dispensar fazendo sinal com as mãos para que alguém se afaste.

Way beyond words

Muito além das palavras.
💬 "way" é um enfatizador.

(Be) Way off

Estar longe do correto, estar muito "fora"
💬 "way" é um enfatizador.

Way out of
➤ s.
▶ Somebody please show me the way out of this mess

Caminho para sair de algum lugar

◀ Alguém, por favor, me mostre como sair dessa confusão. (lit. e fig.)

Way up
[v.] + way up

▶ The old elevator rattled its way up.

Lá em cima, bem no alto
Ao subir, conforme sobe
💬 "way" é um enfatizador.
◀ O velho elevador subiu chacoalhando.

> **Nota:** Da mesma forma, existem outras combinações: way down, way forward, way back, etc.

Weak in the head
▶ They were weak in the head from happiness.

Tonto, estonteado
◀ Eles estavam tontos de tanta felicidade.

W

Wear out	**Desgastar; velhos pelo uso; "acabado"**
▶ Such a worn out face! What's up?	◀ Que cara acabada é essa? Qual o problema?
▶ My shoes are worn out, as well as my clothes…	◀ Meus sapatos estão gastos, assim como minhas roupas…
▶ But you are young, alive and kicking. Cheer up!	◀ Mas você é jovem, está vivo e com energia. Anime-se!
WEARY OF	**Esgotado por, de**
▶ His speech therapist is weary of trying to make him improve.	◀ Sua fonoaudióloga está esgotada tentando fazê-lo melhorar.
Wed -x-	**Casar (se), casar (se) com**
⇆ Get married to someone, marry someone	

> **Nota:** *(i)* O verbo wed, wed, wed é uma forma antiga para o verbo casar.
> Ex.: Eliah and Maribel wed on a quiet Sunday morning
> = Elias e Maribel casaram-se em uma calma manhã de domingo.
> A forma comum moderna é marry (someone) ou get married to someone: I married her = I got married to her = We got married (Eu casei com ela; eu casei com ela; nós nos casamos).
>
> *(ii)* Wedding é o substantivo "casamento", ou adjetivo para termos relacionados à celebração do casamento, a festa, etc.
> Ex.: The wedding dress, the wedding party, the wedding ring, etc.
> (o vestido de noiva, a festa de casamento, o anel de casamento).
>
> *(iii)* Marriage é usado para a parte burocrática, formal:
> Marriage certificate = certidão de casamento.

Weigh in [on]	**Dar opinião sobre**
▶ Elaine Page weighs in on Susan Boyle	◀ Elaine Page dá opinião sobre Susan Boyle.
[be] Weighed down [with]	**Carregar muito peso**
▶ Weighed down with two huge suitcases I could barely move.	◀ Sobrecarregada, com duas enormes malas, eu mal conseguia me mover.
What's going on around here	**O que está acontecendo por aqui? O que está havendo?**

What's the world coming to?	**O quê que o mundo está virando? Para onde está indo o mundo? O que será do mundo?**
What with ▼ I'll draft my will, what with my health condition.	**Considerando, devido a** ◢ Vou preparar meu testamento devido às minhas condições de saúde
WHEREAS ➤ Conj.	**Considerando que, enquanto, ao passo que, já que, visto que** 👁 NOTA: Here + partículas
WHETHER ➤ Conj. ▼ Whether on vacation or not the kids are forever on the computer	**Se; melhor do que "if" ao introduzir alternativas** ◢ Estejam de férias ou não, as crianças não largam do computador.
WHILE *conj.* **(for a while, in a while)** ▼ While not exactly a naive person, he does look so	**Enquanto, embora** *(Conj.)* **Curto período de tempo** *(s.)* ◢ Embora não seja exatamente um ingênuo, ele realmente parece ser
While (time) away ▼ Don't while the rest of your life away reliving past troubles.	**Passar o tempo fazendo relaxadamente algo leve e agradável, ou desperdiçar tempo com algo não produtivo** ◢ Não desperdice o resto da sua vida revivendo problemas passados.

> 🐾 **Nota:** A conjunção **while** (enquanto, embora) pode confundir por que aparece frequentemente seguida de verbo terminado em ING como acontece com as preposições.
> Ex.: He ate while watching TV.
> Explicação: não se trata de preposição, "while" nesse exemplo é conjunção seguida de tempo verbal com elisão do pronome pessoal e do verbo auxiliar. A oração completa seria: He ate while **he was** watching TV. Existe polêmica sobre se **while** seria, além de conjunção, também preposição e advérbio de tempo.

Why on earth? 💬 exclamação	**Por que cargas d'água?** **Ó raios, por quê?!**

Win [someone] over Win, won, won; winning We have to win them over without resorting to bribery, said Don.	**Ganhar alguém para o seu lado, conseguir o suporte** "Temos de ganhá-los para o nosso lado sem recorrer a suborno", disse Don.
Win the Lottery	**Ganhar na loteria** Nesta expressão, o verbo to win é transitivo direto. Mas atente para outros casos: win against the rivals, win at the game.
Wipe off Trying to wipe off a tiny drop of sauce on the blouse with the napkin only worsened it. It turned into a blotch.	**Limpar, tirar esfregando** A tentativa de limpar uma gotinha de molho na blusa com o guardanapo só piorou a coisa. Virou uma mancha.
WISH FOR I wish for all the students to become really good at English, and I wish you all the best for the festive season.	**Desejar, querer muito que** Desejo que todos os estudantes se tornem muito bons em inglês e desejo-lhes os melhores votos para as festas do fim de ano.
WITH ▶ Prep.	*(i)* **Com, junto, acompanhando, entendendo** *(ii)* **de, por motivo** *(iii)* **apesar de** Com, usando (with a pen, could do with); junto (with child); à (with ink); sentimentos em relação a outras pessoas ou coisas (be in love with, put up with); causa, motivo, de (with approval, with rage); estar acompanhando, entendendo (are you with me?), dar suporte, estar do lado, ficar firme com (stick with); combinar (go with), apesar de (with all the fame and fortune); separar-se de (part with)
With a pen ⇆ In ink	**À caneta, com uma caneta** ⇆ à tinta
With approval The audience roared with approval	**De aprovação** a platéia irrompeu em urros de aprovação.

With arms akimbo
Com as mãos na cintura, de mãos na cintura, na posição de "açucareiro"

⚑ There was my mother, waiting for me with arms akimbo
◢ Lá estava a minha mãe, me esperando com as mãos na cintura.

With all...,
Apesar de toda, mesmo com todo(a)

💬 Fig.
⇆ Despite, in spite of
⚑ With all the fame and fortune, they still lead a simple life
◢ Apesar de toda a fama e fortuna, eles ainda levam uma vida simples.

With child
Com nenê

⇆ pregnant, expecting
⇆ grávida, esperando um filho

With ease
Com facilidade

⚑ Rappers get upside down with ease.
◢ Os rappers ficam de cabeça para baixo com facilidade.

With great difficulty
A muito custo, com grande dificuldade

⚑ It's with great difficulty that most mothers get their children to tidy up their bedrooms.
◢ É a muito custo que a maioria das mães faz seus filhos arrumarem seus quartos.

With rage
De raiva

⚑ Let's practice with "red with rage".
◢ Vamos treinar dizer "vermelho de raiva".

With regard to
Com respeito a

👁 in regard to, in reference to
👁 In reference to, In regard to

With respect to
Com respeito a algo

⚑ We are in agreement with respect to this matter.
◢ Estamos de acordo com respeito a este assunto.

With me
Estar entendendo, seguindo; Estar junto

⚑ "Are you with me?" the teacher asked the class.
◢ "Vocês estão me seguindo?" a professora perguntou para a classe.

With the hope of
Com a esperança de

⚑ She asked that with the hope of a massive "yes, we are!" answer.
◢ Ela perguntou isso com a esperança de um "sim, estamos" em uníssono.

385

With the naked eye	**A olho nu**
▰ The doctor just glanced at the wound, with the naked eye, and said: 'It'll heal before you get married.'	▰ O doutor só deu uma olhadinha no machucado a olho nu e disse: "antes de casar sara."
With young	**Prenhe**
WITHDRAW FROM	**Tirar de, recolher-se de, retirar-se de; sacar dinheiro de**
❝ *Withdraw, withdrew, withdrawn; withdrawing*	👁 take out Money
▰ Having withdrawn all his money from the checking account and from the savings account as well, old Mr. Smith moved to a warm place on the seacoast. He has withdrawn from his former social groups.	▰ Tendo sacado todo o dinheiro da conta corrente e da poupança, o velho Sr. Smith mudou-se para um lugar quentinho no litoral. Ele se afastou de seus antigos grupos sociais.
WITHHOLD FROM	**Reter de, em, deduzir na fonte**
❝ *Withhold, withheld, withheld; withholding*	
▰ Taxes are automatically withheld from your pay check.	▰ Os impostos são automaticamente deduzidos do seu contracheque.
Withholding tax	**Imposto de renda retido na fonte**
WITHIN ➤ Prep., adv.	*(i)* **Dentro, por dentro** *(ii)* **ao alcance** Dentro, dentro de, ao alcance, dentro de certo período de tempo; no interior de locais, por dentro, na alma (feel, hear something within)
Within earshot	**Ao alcance dos ouvidos ou da voz**
▰ They didn't have to talk too loudly to get within earshot	▰ Eles não tinham que falar muito alto para serem ouvidos.
Within one's view ⇆ within sight	**À vista, a uma distância visível, dentro do campo de visão**
▰ A procession of monks passed within his view.	▰ Uma procissão de monges passou à sua vista.
Within limits	**Dentro dos limites, moderadamente**
▰ If you drink red wine regularly, within limits, it offers heart protection, according to what the doctors say.	▰ Se você tomar vinho tinto regularmente, com moderação, o seu coração fica protegido de acordo com o que dizem os médicos.

Within reach	Dentro do alcance
▼ Provided it is within reach.	◢ Desde que esteja dentro do alcance.

Within the bounds of possibility	Na medida do possível
▼ I'll do that, within the bounds of possibility.	◢ Farei isso na medida do possível.

Within [the] budget	Dentro do orçamento
▼ "Not within the budget" is a regular answer to any request for expenditures that had not been planned at least one year before.	◢ "Não está dentro do orçamento" é a resposta de sempre a qualquer solicitação de gastos que não tenham sido planejados no mínimo um ano antes.

Within the hour	Em uma hora [no máximo]
▼ We sent for pizza, and they promised to have it delivered within the hour.	◢ Mandamos vir uma pizza e eles prometeram entregar em até uma hora.

WITHOUT
➤ Prep., adv.

(i) **Sem, não haver, não fazer, não valer** *(ii)* **omissão**

Sem, ausência, não ter, não usar, sem fazer algo, em vão (without avail), omitindo (without mentioning)

Without a hitch	Sem transtorno
▼ The journey to the outskirts of the Himalayas proceeded without a hitch.	◢ A jornada até o sopé do Himalaia prosseguiu sem transtorno.

Without any trouble	Sem dificuldade
▼ They could have climbed to the top of the highest mountain in the world without any trouble. They worked hard to make it there.	◢ Eles poderiam ter subido até o topo da montanha mais alta do mundo sem dificuldade. Eles se esforçaram muito para conseguir chegar até lá.

Without avail	Em vão
⇆ To no avail	Sem proveito
▼ Without avail, though. That very night, a snowstorm sent everybody back.	◢ Porém foi em vão. Naquela mesma noite, uma tempestade de neve fez todo mundo voltar.

Without fail	Sem falta, sem falha
▼ They had to reach the base in less than one hour, without fail.	◢ Eles tinham que conseguir chegar à base em menos de uma hora, sem falha.

Without mercy	**Sem dó, sem piedade, inclemente**
▼ The weather had changed, without mercy.	◢ O tempo, inclemente, tinha mudado.
Without prejudice [to]	**(1) Sem preconceito (2) Sem prejuízo** (*Jur.*)
▼ (1) If you consider the issue without undue prejudice you'll change your mind.	◢ (1) Se você considerar a questão sem nenhum preconceito, mudará de ideia.
▼ (2) Without prejudice to the truth.	◢ (2) Sem prejuízo da verdade.,
Without so much as [to]	**Sem sequer, sem nem, sem nem ao menos**
▼ The teenagers left without so much as to close the door.	◢ Os adolescentes saíram sem nem ao menos fechar a porta.
WITNESS TO	**Testemunha de**
▼ Here is the witness to the crime.	◢ Aqui está a testemunha do crime.
Word out [about]	**Espalhar-se notícia sobre**
▼ The word was out about the great new chef, and hundreds of patrons lined up at the restaurant door that Sunday.	◢ A notícia sobre o ótimo novo "chef" se espalhou e, no domingo, centenas de fregueses fizeram fila na porta do restaurante.
WORDS TO	**Palavras, as falas da**
▼ You need a dictionary to understand all the words to the opera unless you know Italian.	◢ Você precisa de um dicionário para entender todas as falas da ópera a menos que saiba italiano.
WORK -x- jobs	**Trabalhar em "x" empregos**
➤ v.	
▼ Justice Sotomayor's mother worked two jobs after her father died.	◢ A mãe da Juíza Sotomayor trabalhou em dois empregos depois que seu pai morreu.
Work at capacity	**Operar, trabalhar, funcionar na capacidade máxima**
WORKS BY	**Obras da autoria de**
▼ Isn't it great that works by Renoir can be admired even in the other world?	◢ Não é ótimo que obras de Renoir possam ser admiradas até no outro mundo?

WORK FOR

My customers are from the capital, so I go, work, and come back, which works for me.

Funcionar, dar certo para

Meus clientes são da capital. Assim eu vou, trabalho e volto, o que dá certo para mim.

WORK FOR, WITH

He worked for/with a Finnish multinational for many years.

Trabalhar para, com

Ele trabalhou para uma multinacional finlandesa por muitos anos.

Work off

Weary from working their hands off, some laborers are fleeing the sweatshops.

Matar-se de trabalhar, dar o sangue

Exaustos de se matarem de trabalhar, alguns empregados estão fugindo de fábricas [ou lojas] onde trabalham demais e em péssimas condições.

Work your butt off

informal, irreverente

Trabalhar até ficar um bagaço

Work out

(1) Bolar, inventar; desenvolver ideia, plano (2) Resolver problemas; pensar qual ação tomar; tirar conclusões, entender; dar um jeito (= figure out) (3) Funcionar, dar certo (4) Fazer exercícios físicos (5) Trabalhar fora

(1) We have to work out a good plan, or else.

(2) It's easier than working out math problems.

(3) Let's pray that the physics experiment will work out right.

(4) Now, to the gym: working out will do us good!

(5) Especially if you work out all day and spend more than 2 hours in commuting to your workplace.

(1) Nós temos que bolar um bom plano, senão...

(2) É mais fácil do que resolver problemas de matemática.

(3) Vamos rezar para que o experimento de física dê certo.

(4) Agora, p'rá academia: malhar nos fará bem.

(5) Especialmente se você trabalha fora e passa mais de 2 horas no trânsito para chegar ao seu local de trabalho.

Work it out

Anything wrong? Well, work it out!

Dar um jeito

Algo errado? Bem, dê um jeito!

Work through	**Passar por, através; deixar para trás com esforço; Dedicar-se passo a passo até conseguir**
▼ Somebody, help me work through the bitterness at/for having had my legs blown off in the war.	▲ Alguém, ajude-me a deixar para trás a amargura por ter perdido minhas pernas num bombardeio na Guerra.
Work up [to, into]	**Subir, crescer, aumentar, progredir; Trabalhar no máximo até atingir certo ponto; Avançar aos poucos, ir trabalhando seu objetivo**
▼ He worked his way up from middle management all the way to CEO.	▲ Ele foi subindo na carreira, desde a gerência média até se tornar o executivo principal.
Work up [over]	**Enervar-se, inflamar, insuflar emoções; "esquentar" o ambiente, excitar(se)**
▼ He used to get all worked up easily over small potatoes.	▲ Ele costumava ficar todo nervoso facilmente, por qualquer coisinha.
▼ The cheerleaders worked up the crowd before the team came onto the field.	▲ As animadoras de torcida esquentaram a multidão antes de o time entrar no campo.
Work up an appetite	**Desenvolver, fazer crescer o apetite**
▼ After all that exercise, the teenagers sure worked up an appetite. They could eat a horse!	▲ Depois de todo aquele exercício, as adolescentes ficaram com uma baita fome. Elas queriam devorar tudo.
WORRY ABOUT	**Preocupar-se em, com**
▼ So worried was he about not missing the flight that he put the sweater on inside out.	▲ Tão preocupado ele estava em não perder o voo que vestiu o suéter do avesso.
Wrap up	**Fazer um embrulho, empacotar; agasalhar muito bem** **Finalizar; dar a amarração final de aulas, apresentações, ideias**
Write down	**Anotar**
▼ You'd better write the messages down or you'll forget them	▲ Seria melhor você anotar as mensagens, ou vai esquece-las.

WRITE FOR 👁 WRITE TO ▶ The old retired teacher used to write for the illiterate.	Escrever para alguém (no lugar dela) ◢ A velha professora aposentada escrevia para os analfabetos.
Write off ▶ Our accountant is a talented poet. He can write off (dash off) haikus just as quickly as he can write off an entry from the records.	**Anotar imediatamente, criar/compor rapidamente; Dar baixa contábil** ◢ Nosso contador é um talentoso poeta. Ele consegue compor um haicai com a mesma rapidez com que dá baixa numa entrada nos lançamentos contábeis.
Write out ▶ Could you write out your address on the back of the check you are writing?	Escrever por completo (= in full) Preencher cheque 👁 Write a check for ◢ Você poderia escrever seu endereço completo no verso do cheque que está preenchendo?
Write [out] a check for ▶ The director asked the accountant to write him a check for a large sum, to bearer, and that is highly suspicious.	**Fazer um cheque no valor de** ◢ O diretor pediu ao contador para preparar-lhe um cheque numa alta soma ao portador, e isso é altamente suspeito.
WRITE TO ▶ They usually wrote to their families or other loved ones.	Escrever para (para enviar para alguém) ◢ Eles geralmente escreviam para suas famílias ou outros entes queridos.
Write up ⇄ write down	Escrever; escrever elogiando (write down: fazer comentários negativos); lançar por escrito, fazer relatório de erro, fazer registro Aumentar o preço, o valor (mark up: economia)

YIELD TO	**Ceder a, submeter-se; dar lugar a**
▼ Asterix and his cronies did not yield to the Romans – they held out!	▲ Asterix e seus companheiros não cederam aos romanos – eles resistiram!

Zero in [on]	**Focar em, sobre; assestar as baterias sobre**
▼ We have to zero in on this project.	▲ Temos que focar neste projeto.
Zone out [from, on]	**Dar branco por efeito de medicamentos ou tóxicos**
▼ I am zoned out from the migraine drug.	▲ Fiquei com a cabeça "zoada" com o remédio para a enxaqueca.
Zonk out	**"Apagar", cair no sono de exaustão**
▼ I know I'll zonk out on the sofa as soon as I get home.	▲ Eu sei que vou "apagar" no sofá assim que chegar em casa.
Zoom in, zoom out	**Dar "zoom" sobre algo, focando de perto, ou o oposto: afastar a câmera, mostrando algo à distância**
▼ You zoom in for a close-up and zoom out for the big picture.	▲ Você dá um "zoom" para tirar um "close" e afasta para dar o quadro grande.
Zoom off	**Sumir, sair rapidamente**

ANEXO

UNDER - BELOW - UNDERNEATH - BENEATH

Apesar desses termos serem por vezes intercambiáveis, existem diferenças ou usos preferenciais que podem confundir.

UNDER: é a forma mais **geral e simples** de dizer que está "sob, embaixo de algo".

Como preposição:

1. *Lugar: embaixo de algo*

   ➤ The little boy hid under the table. (O menininho escondeu-se sob a mesa)

   ➤ The ball rolled under the car. (A bola rolou para debaixo do carro)

2. *Sob: em sentido não físico*

   ➤ I feel stressed because I've been working under pressure. (Sinto-me estressado porque venho trabalhando sob pressão).

   ➤ The company is under a new management team. (A empresa está sob nova direção).

Idéia de menos: abaixo de, inferior a algo, menos que (less than)

   ➤ She is under 30. (Ela tem menos de 30).

   ➤ My son is under age. (Meu filho é menor de idade).

   ➤ The house was sold under the minimum asked price. (A casa foi vendida abaixo do preço mínimo solicitado).

   ➤ I ran the 10K in under one hour! (Terminei a corrida de 10 KMs em menos de uma hora!)

Veja mais significados no corpo do livro, em ordem alfabética.

UNDERNEATH: seu uso é menos comum, considerado mais formal do que "under"

1. *Como preposição significa o mesmo que under (para coisas materiais) e beneath.*

    ➤ She wore a T-shirt underneath her jacket. (Ela usava uma camiseta por baixo do casaco)
    = She wore a T-shirt under her jacket.
    = She wore a T-shirt beneath her jacket.

    ➤ We sat underneath a weeping willow tree. (Sentamos embaixo de um chorão)
    = We sat under a weeping willow tree.
    = We sat beneath a weeping willow tree.

2. *"Por baixo de algo":* implica relação direta ao objeto que está acima. Visualize algo mais diretamente "sob", completamente coberto, debaixo de algo, do que apenas "under". Pode-se aqui chamar de uso preferencial, porém não obrigatório. Under ou beneath são também usados.

    ➤ This morning I could not find my name tag. It was underneath a stack of reports to review. (Esta manhã eu não conseguia encontrar meu crachá de identificação. Estava [escondido] por baixo de uma pilha de relatórios para revisar.).

    ➤ After the earthquake our loved cat Felix was found underneath the rubble. (Depois do terremoto, nosso querido gato Felix foi encontrado debaixo dos escombros).

3. *Underneath* é também substantivo e advérbio

    ➤ The underneath of the sofa is torn. (A parte de baixo do sofá está rasgada).

    ➤ The top of the wedding cake was wonderful but the underneath was just plain. (Em cima, o bolo de casamento era maravilhoso, mas **o interior** era apenas comum.)

    ➤ Leave the bottles on the table and the cases underneath. (Deixe as garrafas na mesa e os engradados **embaixo**).

    ➤ Look underneath. (Olhe **embaixo**).

    ➤ They caught a cold because they wore thin blouses and nothing underneath. (Elas pegaram resfriado porque usavam blusas finas e nada **por baixo**).

BELOW refere-se a uma posição relativa a outra onde haja ou espaço entre elas ou camadas, em que a visualização seja vertical. Assim, tanto "below" como seu oposto "above", são usados para falar sobre altura, colocação ou mensuração em sentido vertical; ocorre frequentemente ao falar de torres, prédios, montanhas, temperatura, grau, nota, escala.

1. *Como preposição significa em nível mais baixo que.*

    ➤ The temperature goes easily below 20 degrees Celsius during Winter.
    (A temperatura cai facilmente para menos de 20 graus Celsius no inverno).

    ➤ Look below the surface: there are many layers. (Olhe abaixo da superfície: há muitas camadas).

    ➤ It is not fair play to hit the opponent below the belt. (Não é jogo limpo golpear o oponente abaixo da cintura).

    ➤ She was not admitted because her marks were way below the minimum passing grade. (Ela não foi admitida porque as suas notas eram muito abaixo da nota mínima de aprovação.).

    ➤ Below the horizon, below the top of the mountain. (Abaixo da linha do horizonte, abaixo do topo da montanha).

    ➤ Below expectation. (Abaixo da expectativa: envolve a idéia de escala, grau).

2. *Como advérbio significa em posição inferior, relativo a "down", a embaixo.*

    ➤ Look down into the valley below. (Olhe para o vale lá **embaixo**).

    ➤ We give more details below. (Damos mais detalhes **abaixo**).

3. *Diferença com "under"*: under é mais diretamente embaixo, cobrindo, ou para falar sobre ter menos idade, menor número de pessoas = sin. "less than". Veja acima, sob "under".

4. *Tanto below como under ou underneath:* para referir-se ao nível em que se encontra em prédios, armários, estantes.

    ➤ My sister lives in the apartment below mine.
    (É o de uso mais comum. Preposição: ... **abaixo do meu**).

    ➤ My sister lives in the apartment below.
    (Advérbio: ... no apartamento **abaixo**).

> She lives in the apartment under mine.
> (Preposição: ... no apartamento **debaixo do meu**).

> She lives in the apartment underneath.
> (Advérbio: ... no apartamento **debaixo**).

NOTA: como preposição, também estão corretos "in the apartment underneath mine" ou "beneath mine", apesar de menos usados).

BENEATH dá idéia de "mais coberto" pelo que está acima. Beneath é sinônimo de under ou underneath, mas por vezes soa como algo mais profundo, mais abaixo do que underneath. É de uso formal, mais comum em escritos.

1. *Como preposição significa o mesmo que under.*

   > The cat is beneath the bed. = The cat is under the bed.
   > (O gato está embaixo da cama)

2. *Como advérbio significa o mesmo que underneath e below.*

   > If you look out through the window of a 20th floor, the people beneath/below look as small as ants. (Se você olhar pela janela de um 20° andar, as pessoas lá embaixo parecem do tamanho de formigas.)

Mais exemplos:

> He thinks the position offered is beneath him = Ele acha que o cargo oferecido está abaixo dele..

> Beneath the surface = Por baixo da superfície; sentido figurado. Soa melhor do que com underneath; dá mais formalidade, significância.

> Observe que "below the surface" é o mais usado ao falar de assuntos científicos, por exemplo, em pesquisas envolvendo a terra, o mar.

RESUMO GERAL

> Abaixo ....Below, under

> Embaixo.....................Under, beneath

> Debaixo ....Below, beneath,

> Por debaixo................Under

Under e underneath são sinônimos, mas under é muito mais usado, de forma comum. Mas para usar como advérbio, underneath é melhor.

Under dá idéia de contato, como em "under the blanket".

Diferença com below: below dá idéia vertical, visualizando de cima para baixo, envolvendo por exemplo prédios, graus, medições, montanhas.

Beneath é mais formal, literário; usado por exemplo para falar de coisas abstratas.

Também, beneath carrega o significado de inferioridade, de ser "abaixo", por exemplo ao falar de nível social, posição, ocupação.

Sobre localizações em ruas, avenidas ou corredores, onde a visualização é horizontal, ao invés de below ou under usa-se "down", por ex.: Go down the street. There is a public phone right down the bakery = Siga rua abaixo. Tem um telefone público logo abaixo da padaria.

PARA DIREÇÕES, TODOS SERVEM.

The subway runs under/underneath, below/beneath the street.

OBRAS CONSULTADAS

BENSON, M. et al. *The BBI Dictionary of English Word Combinations*. Philadelphia: John Benjamins Publishing Co., 1986.

COLLINS COBUILD ENGLISH LANGUAGE DICTIONARY. Collins Publishers. The University of Birmingham.

COURTNEY, R. *Longman Dictionary of Phrasal Verbs*. Longman Group Limited, 1983.

DARBYSHIRE, J., HILEY, J. Org. *Oxford Collocations – Dictionary for Students of English*, Oxford: Oxford University Press, 2003.

FERREIRA, A. B. H. *Novo Dicionário Aurélio*. Rio de Janeiro: Nova Fronteira, 1ª edição.

HOGAN, J. T., IGREJA, J. R. A. *PHRASAL VERBS*. Barueri: Disal Editora, 2004.

HORNBY, A. S. *Oxford Advanced Learner's Dictionary of Current English*. Oxford: Oxford University Press, 1974.

HOUAISS, A. *Webster's Dicionário Inglês-Português*. Rio de Janeiro: Record, 1982.

IGREJA, J. R. A., YOUNG, R. C. *Como Falar Inglês Como um Americano*. Barueri: Disal Editora, 2010.

LANDO, I. M. *Vocabulando - Vocabulário Prático Inglês-Português*. Barueri: DISAL Editora, 2006.

MCCARTHY, M. & O'DELL, F. *English Phrasal Verbs in Use*. Cambridge University Press, 2004.

MICHAELIS MODERNO DICIONÁRIO - Inglês-Português Português-Inglês. São Paulo: Melhoramentos, 2ª. edição, 2006.

MORGAN, J. R. *Expressões Idiomáticas Inglês-Português*. São Paulo: Clio Editora, 2004.

SANTOS, A. S. *Guia Prático de Tradução Inglesa.* Campus Elsevier Editora Ltda., 2007.

SPEARS, R. A. *McGraw-Hill's Dictionary of American Idioms and Phrasal Verbs.* McGraw-Hill, 2004.

TORRES, N. *Dicionário Prático de Expressões Idiomáticas e Phrasal Verbs.* Barueri: DISAL Editora, 2003.

The American Heritage Dictionary of the English Language. 47th editon - Houghton Mifflin Company.

THE RANDOM HOUSE DICTIONARY – abridged edition. Random House, Inc., 1980.

Webster's New World Dictionary - 2nd College edition. The World Publishing Company.

YATES, J. *The Ins and Outs of Prepositions.* Barron's.

Fontes de conteúdo e de exemplos:

- Livros de preparo para o TOEFL, TOEIC, GMAT, FCE, IELTS

- Sites da internet, matérias de vestibulares, jornais e revistas nacionais e internacionais.

- Extraí phrasal verbs e expressões dos livros:

- *Teacher Man, A Memoir*, de Frank McCourt (Scribner, 2006)

- *Freakonomics*, de Steven Levitt e Stephen J. Dubner (Penguin, 2007)

Este livro foi composto na fonte Humanist 521 e impresso em agosto de 2011, na Gráfica Vida e Consciência sobre papel offset 75g/m².